착각의시학 시끌리오 제19호
한국착각의시학작가회

시 무 릇

착각의 시학 시끌리오 제19호 참여 작가 (가나다순)

초대시인 1

김년균 전북 김제 출생. 1972년 이동주 선생 추천으로 등단. 24대 한국문인협회 이사장 역임. 시집 『자연을 생각하며』 『사람을 생각하며』 등 다수. 한국현대시인상, 들소리문학상 대상, 윤병로문학상, 윤동주문학상, 김기림문학상 대상 등 수상.

김유조 국제PEN한국본부 부이사장, 건국대 명예교수(부총장 역임). 코리안드림 문학회 회장, 한국작가 주간, 서초문협 고문.

류병구 전 가천대 교수. 철학박사. 『월간문학』 등단. 시집 『달빛 한 줌』, 『쇠꽃이 필 때』, 『낮은 음역의 가락』, 『당신이 필요하다』, 『12인의 성난 시인들』(공저) 등.

마경덕 2003년 세계일보 신춘문예 시 당선. 시집 『신발론』 『글러브 중독자』 『사물의 입』 『그녀의 외로움은 B형』 『악어의 입속으로 들어가는 밤』. 북한강문학상 대상, 두레문학상, 선경상상인문학상, 모던포엠문학상, 김기림문학상 본상 수상.

박이도 1938년 평안북도 선천 출생. 2003년 경희대학교 교수 정년. 1959년 《자유신문》 신춘문예 시 『음성』 당선. 1962년 《한국일보》 신춘문예 시 『황제(皇帝)와 나』 당선. 시집 『불꽃놀이』 『홀로 상수리 나무를 바라볼 때』 『빛과 그늘』 『있는 듯 없는 듯』 등. 대한민국문학상, 편운문학상, 문덕수 문학상 등 수상.

백운순 원광대학교 외래교수, 한국문인협회 회원, 군산·전북문인협회 회원, 계간 『착각의시학』 편집자문위원. 김기림문학상 본상 수상. 노산 문학상 수상. 군산대학교 평생교육원(시, 시조, 수필, 창작반) 교수. 공저 『詩에게 말 걸기』 『쉼』 『고독, 한 송이 꽃』 외 다수.

손필영 서울 출생. 조선일보 신춘 문예 당선. 제1회 아시아 창작 거점 파견시인 (한국문화예술위원회). 국민대학교 교양대학 교수. 계간 『착각의시학』 편집위원. 김기림문학상 대상 수상. 시집 『빛을 기억하라고』, 『타이하르 촐로』, 『그 바람이 어찌 좋던지』 공저 『詩에게 말 걸기』 외 다수.

손해일 서울대 졸업, 홍익대학원 졸업(1991 문학박사). 시문학 등단(1978). 시집 『신자산어보』 등 저서 15권. 시문학상, 소월문학상, 매천황현문학대상, 대한민국기독예술대상 등. 국제펜한국본부 35대이사장, 한국현대시협 23대이사장 등 역임.

신을소 『월간문예』로 시 발표. 총회신학교 교수 역임. 한국기독시인협회, 남양주시협 회장 역임. 현대시협회 이사 역임. 원주문인협회 고문. 제1회 한국기독시문학상 등 다수 수상. 시집 『황금 꽃바구니』 『시인의 안부』 『잊었던 세월 한 자락』 『낯선 풍경』 등. 시선집 『어느 간이역』.

유승우 『현대문학』 등단(1966년, 박목월 추천). 강원도 춘성산. 인천대학교 명예교수(현). (사)한국현대시인협회와 (사)한국기독교문인협회 이사장 역임. 경희문학상, 후광문학상, 한국기독교문화예술대상, 창조문예문학상, 심연수문학상 등 수상. 시집 『바람 변주곡』 『나비야 나비야』 『물에는 뼈가 없습니다』 『숲의 나라』 『노래와 춤』 등 11권. 저서 『한글시론』 『몸의 시학』 등 5권. 자서전 『시인 유승우』.

유자효 1968년 신아일보(시), 불교신문(시조)로 작품 활동 시작. 신작 시집 『포옹』, 시선집 『세한도』, 『시간의 길이』 프랑스에서 시선집 『은하계 통신 (Communication intergalactique)』 출간. 만해문예대상 수상. 한국시인협회장 역임.

이옥희 부산 대학교 졸업. 76년 『현대문학』에서 첫 시집 『햇살이 엉겨 흐르듯』(서정주 서문) 출간 등단. 시집 『들판을 서성이는 바람이어라』 외 7권. 수필집 『내안의 영원한 꽃밭』 외 논문 등. 한국여성문학인회 회장 역임. 현, 국제 펜 한국본부이사. 용산문학인회 회장. 조연현문학상, 펜문학상, 현대시협상, 영랑문학상, 용산예술인상(문학부문), 김기림 문학상 수상.

최창일 1993년 『시와 사람』으로 시를 쓰기 시작. 시집 『시원의 입술』 외 9권. 산문집 『살아있는 동안 꼭 해야 할 101가지』 7년 연속 스테디셀러.

김경수 1980년 『해변문학』 시작(詩作) 활동. 현, (사)한국시인협회 이사 역임(현 심의위원). 계간 『착각의 시학』 발행인 및 주간. 시민예술대학 문예창작반 지도시인 시집 『기수역의 탈선』 외 9권. 평론집 『상상의 결이 청바지를 입다』 외. 한국농민문학상, 한국문협작가상 외 수상.

이성림 『문예사조』 수필 등단. 강단비평가. 명지대학 명예교수. 한국신문학인협회 및 한국문인협회 은평지부 고문. 숙대문인회 회장 역임. 『한국문학과 규훈연구』 『마음으로 마음 만나기』 등 출간.

강명숙 『한국시학』 등단. 계간 『계간시원』 편집국장, 한국문인협회, 한국시인협회, 한국근로자문화예술인협회, 청송시인회 회원. (사)한국통일문인협회 사무국장 역임. 시집 『은유의 집 짓다』 『높이를 잘라내다』 외, 공저 『바람에게 길을 묻지마오』 외 다수. 춘우문학상, 한국시원시문학상 수상.

고은주 전북 순창 출생. 2015년 월간 『문학세계』 등단. 한국시인협회, 한국문인협회, 전북문인협회, 전주문인협회 회원. 『착각의시학』, 『미당문학』 회원. 제2회 詩끌리오 작가상, 제2회 베이비박스 문학상 수상.

오세영 1942년 전남 영광 출생. 전남의 장성과 광주, 전북의 전주에서 성장. 1965-68 박목월에 의해 《현대문학》 추천으로 등단. 시집 『사랑의 저쪽』, 『바람의 그림자』, 학술서 『시론』, 『한국현대시분석적 읽기』 등이 있음.

유안진 1965, 66, 67년 고 박목월시인의 현대문학 3회 추천으로 등단. 신작 시집 『달하』 『둥근 세모꼴』 『다보탑을 줍다』 등 18권과 시선집 『세한도 가는 길』 외 다수와 산문집문집 『지란지교를 꿈꾸며』 등 다수 상재.

이무권 《한맥문학》 등단. 『간절기』 외 시집 5권. 산문집 1권, 시선집 1권. 한국기독시인협회 회장.

임문혁 1983년 『한국일보』 신춘문예에 시 『물노래』 당선. 시집 『외딴 별에서』, 『이 땅에 집 한 채』, 『귀·눈·입·코』, 『반가운 엽서』, 『웃는 나무』 등. 한국현대시인상, 시와함께 작품상 등 수상. 한국현대시인협회 부이사장.

허형만 1973년 『월간문학』 등단. 시집 『황홀』 『바람칼』 『만났다』 등. 중국어 시집 『許烱萬詩賞析』, 일본어 시집 『耳を葬る』, 한국시인협회상, 영랑시문학상, 공초문학상, 김기림문학상 대상 등 수상. 현재 국립목포대학교 명예교수. 한국가톨릭문인협회 이사장 역임.

권수홍 계간 『시와 시론』 시 등단. (사)한국문인협회 회원, (사)국제펜한국본부회원, (사)한국미술협회 회원, (사)강화미협회원, 강화여류작가회원. 농민문학 시부문 수상(2004), 경향미술제 입선(2012). 저서: 『바람의 노래』 『네가 머무는 곳에 내가 있지』 『거울 속 낯선 여자』 외 동인지 다수 발표.

강구원 2019년 시집 『오디에 서린 얼굴』 발간. 2019 착각의 시학 주관 제14회 한국창작문학상 수상. 한국신춘문예 시 부문 당선. 계간 『착각의 시학』 시 부문 수상(『안개』, 『솜이불』, 『님의 산수(象壽)에 올림』). 1972년 8월 한국시인협회(풀과 별 月刊詩誌) 시부문 추천(『별빛 속의 추억』, 『오디에 서린 얼굴』)

고원구 계간 『열린문학』 시 등단. 한국문인협회 회원. 국제펜한국본부 회원. 경북문인협회 회원. 영천문인협회 청하문학 회원. 착각의 시학 대구·경북 지회장. 계간 『착각의시학』 편집위원. 시집 『구름 나그네』 『길이 없어도 별은 뜬다』 『시간을 빚으며』 외 다수. 한국창작문학상 수상.

공선희 교육학석사. 1995년 詩와 詩論에 시로 등단. 아동문예문학상 수상. 공무원문인협회 편집국장. 서울교원문학회(전)회장, 한국문인협회 회원, 상현문학회 사무총장. 희(熹)그림책 연구회 대표. 시집 『당신을 위한 노래』, 동화책 『조롱이의 어느 날』, 대한민국 황조근정훈장 수훈.

권아올 본명 권중화. 계간 『문학과 현실』 시 등단. 한국착각의시학작가회 기획위원. 공저 『詩, 길을 묻다』 『꽃으로 오너라, 사랑으로 오너라』 『詩가 아프다고 말할 때』 『詩, 물구나무서기』 『詩와 時사이』 『詩끌리오』 『모국어 외상장부』 『고독, 한 송이 꽃』 외 다수.

김근성 전북 정읍 출생. 숲 해설가. 계간 『착각의 시학』 시 등단. 한국착각의시학작가회 회원. 백마문학 동인. 시집 『사위질빵 꽃』 『화산』 『돌탑』 공저 『모국어 외상장부』 『쉼』 『고독, 한 송이 꽃』. 대한 충효대상(문학) 수상.

김다솔 1993년 《문예한국》 수필, 2002년 월간 《문학공간》 시 등단. 부산시인협회 시협상, 한국바다문학 작가상, 부산향토상 대상, 착각의시학 제1회 시끌리오 작가상, 한국 꽃 문학상 수상. 통영문인협회 회장 역임. 시집 『궁항리바다』 『바다와 시인』 『편지를 쓰고싶다』 외 다수. 한국문인협회 회원, 한국착각의시학작가회 회원.

김도희 2020년 계간 『착각의 시학』 시 부문 등단. 한국착각의시학작가회 회원, 마포문인협회 회원. '시와 삶' 동인. 시집 『슬픔을 모아 불 지퍼요』 공저 『고독, 한 송이 꽃』 『키보드에서 단내 나다』.

김두녀 1994년 『해명시』 「바다가 불렸다」 외 9편 상재 작품 활동. 한국작가회의 고양지부장 역임, 상황문학 회장 역임. 한국시인협회 회원. 서울시인상, 경기도문학상 본상, 김기림문학상 본상 수상. 시집 『여자가 씨를 뿌린다』 『삐비꽃이 비상한다』 『꽃에게 묻다』 『빛의 정釘에 맞다』 외 공저 다수.

김명실 본명 김명숙. 공주교대, 단국대대학원 국어교육과 졸업. 1992년 월간 『한국시』 시 부문 등단. 한국문인 협회, 착각의시학작가 회원. 해명시 동인. 상황문학회 동인. 제18회 한국창작문학상 대상 수상. 시집 『꿈꾸기』.

김미순 1987년 『문학과 의식』 등단. 시집 『선인장카시, 그 붉은 꿈』 『사과나무, 그 체온』 『바람, 침묵의 감각』 등 11권. 부산문학상 본상, 사)부산시인협회상 본상, 한국해양문학상 우수상 수상. 사)부산시인협회 이사장 역임.

김석림 충남 당진 출생. 1997년 계간 『믿음의 문학』 등단. 시집 『어둠 후에 빛은 오리라』 제4회 詩끌리오 한국작가상 수상. 한국문인협회 회원, 한국기독교문인협회 상임이사, 한빛동산교회 설교목사.

구신자 충남 서천 출생. 고려대학교 원예학과 졸업. 계간 『착각의 시학』 시 등단. 강화문학회 회원, 강화미술협회 회원, 한국착각의시학작가회 회원. 시집 『꽃뱀, 굴을 나오다』 『옹이가 봄꽃처럼 찬란하다』 외. 2020년 꽃의 향연 구신자 개인전 (토포하우스,서울) 더리미미술관(강화). 한국창작문학상 수상.

김계영 1998년 『포스트모던』 한국문학예술 신인상으로 등단. 전,전주MBC 아나운서. 2012년 시산맥회 활동 시작. 한국시인협회, 한국문인협회 홍보위원, 시산맥회 자문위원. 강남시문학회, 한국가톨릭문학회, 착각의 시학, 문학의 집 회원. 시집 『시간의 무늬』 외. 동인지 『쉼표에 잠수하다』 등 다수. 수필집 7인 공저 『이 땅에 사는 뜻은』. 김기림문학상 수상.

김기성 2012년 『한맥문학』 시 부문 등단. 사) 한국 문인협회 정읍지부회원. 정읍 내장 문학동인. 현대문학 사조 문인협회 회원. 대한 해석회 회원. 동인지 『사람의 가슴에 시를 쓰려라』 공저 『고독, 한 송이 꽃』 외. 시집 『고독, 그 여정의 끝』 『나를 갖고 싶으면 가지세요』. 詩끌리오 한국작가상(제5회) 수상.

김도남 본명 김갑승. 전남 장흥 출생. 계간 『착각의 시학』 시 등단. 한국문인협회 회원. 장흥 별곡문학 회원, 한국착각의시학작가회 간사. 울지로 시동인. 공저 『詩 물구나무서기』 『詩와 時 사이』 『詩끌리오』 『모국어 외상장부』 『고독, 한 송이 꽃』. 동인시집 『빈 젓, 그 비탈진 그리움』 『그 숲에서 향기를 듣다』.

김돈영 월간 《문예사조》 시 신인상 등단, 자유문예 민조시 추천 완료. 시·사진집 『바람이 전하는 속삭임』 『허공의 곡예사』 공저 『세계시문학』 『다음역에서 내린다』 『문과 쟁이』 외. 한국문인협회 은평지부 영상분과위원장, 세계시문학 편집국장, 한국창작사진가협회 부회장. 한국비경찰영단 회원, 한국문인협회 공로상, 세계시문학회 본상 수상.

김명숙 2023년 『착각의 시학』 등단. 착각의 시학 작가회, 시마을 낭송 작가회. 마포문인협회 회원. '시, 시절을 읽다' 동인.

김무영 1982년 『거제문학』 태동과 함께 문단 활동. 거제문인협회·거제시청문학회 회장 역임. 계간 『착각의 시학』 편집위원, 한국착각의시학작가회 경남 지역 회장. 한국창작가곡협회 회원. 한국바다문학상, 거제예술상 외 수상. 시집 『그림자 戀書』, 작품집 『황칠』.

김미외 『예술세계』 등단. 철도문학상 우수상(시), 백산전국여성백일장 최우수상(시), 동서문학상 맥심상 (수필) 외 다수 수상. 시집 『둥근 세상의 춤을 추겠습니다』 『동백꽃 저리 곱게 피었잖아』 『기억나무에 남아있는 시간들』.

김수노기 본명 김순옥. 경기도 양주 출생. 2006년 『해동문학』시 등단. 한국문인협회회원, 동두천문인협회 회원. 경기도문인협회 문학공로상, 제6회 동두천 예술상, 제4회 착각의시학 시글리오 한국작품상 수상. 시집 『소소한 이별 예정』.

김정자 필명 유빈. 경기도 화성 출생. 이화여대 졸업. 2014 계간 『다층』등 등단. 착각의시학작가회 회원. 詩글리오한국문학상(작가상) 수상. 시집 『책이라는 구석』.

김종권 충북 청주 출생. 계간 『착각의 시학』시 등단. 한국착각의시학작가회 회원. 시와 등산, 사진과 더불어 세상을 여행 중. 공저 『詩, 길을 묻다』, 『詩가 아프다고 말할 때』, 『詩에게 말 걸기』, 『詩, 물구나무서기』, 『詩와 詩 사이』, 『고독, 한 송이 꽃』 외.

더성범 서울 출생. 2019년 계간 『착각의 시학』시 등단. 통영바람문화회 편집국장. 통영시 장애인식개선 공모전 심사위원. 통영시 호국보훈 어린이 사생대회 심사위원. 공저 『쉼』, 한국 문인 육필 걸작선 『활어』, 『고독 꽃 한송이』.

민이숙 계간 『착각의 시학』시 등단. 사)한국문인협회회원, 한국문인협회 동두천지부회원. 한국착각의시학작가회 회원. 경기문화예술 부문 국회의원 표창, 제13회 동두천 예술상 수상. 시집 『싸리꽃 날리는 새را길』 공저 『키보드에서 단내 나다』외.

박두련 경남 사천 출생. 『시대문학』시 등단(1999). 한국착각의시학작가회 회원. 작품 『여울』외 다수. 공저 『詩가 아프다고 말할 때』『詩에게 말걸기』, 『詩, 물구나무서기』, 『詩와 詩 사이』『詩글리오』, 『모국어 외상장부』, 『쉼』, 『活語』『고독, 한 송이 꽃』외 다수.

박용진 2019 『시와반시』 소시집, 2022 『불교문예』『대구문학』 평론 활동 시작. 시집 『파란꽃이 피었습니다』. 제5회 詩글리오 한국작품상 수상.

박홍균 서울 출생. 계간 『착각의 시학』시 등단. 한국 착각의시학 작가회 회원. 공저 『詩가 아프다고 말할 때』『詩 물구나무서기』『詩와 詩사이』『詩글리오』『모국어 외상장부』『쉼』『活語』외. 2017년 착각의 시학 특별상 수상. 시집 『여백의 길』.

서동안 전북 장수 출생. 월간 『문예사조』시 등단. 시와 공간, 옴시, 김삿갓 시인대회 운영위원. 동강문학회, 진안문학, 장수문학 문학청춘, 착각의 시학, 문예사조 동인. 월간 『문예사조』 최우수상(2013) 외 다수. 시집 『꽃의 인사법』 동인지 『동강에 뜨는 별법』 외 다수. 현재 월간문예사조 詩 연재 중.

김영미 2003년 『문예사조』시 등단. 2009년 시집 『지렁이는 밟히면 마비된 과거를 잘라버린다』외 공저 다수. '詩글리오' 작가상, 『문예계간』 시와 수상 문학 문학상 및 예술공로상 다수. 경기 광주 문인협회 9대 지부장 역임. 착각의시학작가회 이사.

김정희 시인 시낭송가. 시집 『오늘 시작했어요』 동두천문인협회 총무 역임(2015년 01월~2017년 12월). 경기여성기예경진대회 시 부문 우수상 수상(2018년). 문화 예술부문 국회의원 표창(2020년) (현) 두드림장애인학교 교사. 동두천인협회 회장.

김행숙 파주 출생. 월간 시문학으로 등단(1995). 수필과 비평으로 등단(2011). 한국문인협회회원, 펜클럽 한국본부 이사. 한국현대시인협회 이사. 한국여성문인회 이사. 시집 『유리창나비』 『햇살 한 줌』등. 영역시집 『As a lamp is lit』 『멀고 먼 숲』. 시선집 『우리들의 봄날』 『적막한 손』 등. 수필집 『바다로 가는 길』. 기독교문학상 이화문학상 아름다운 문학상 김기림 문학상 미당시맥상 수상.

문용식 전북 익산 출생. 익산시청 정년퇴임. 『착각의 시학』시 등단. 익산문인협회, 한국착각의시학작가회 회원. 공저 『詩글리오』 『모국어 외상장부』『쉼』『活語』『고독, 한 송이 꽃』『키보드에서 단내 나다』.

박강남 1995년 『한맥문학』 신인상으로 등단. 시집 『바람 없이도 흩날리는 꽃잎』(2020. 시문학사) 외 4권. 2013. 영랑문학상 수상. 2021년 농민문학작가상 수상. 한국현대시인협회 이사. 국제펜한국본부회장. 농민문학운영이사. 국제계간시인연합한국본부 회원. 글핀샘문학 회장 역임.

박수화 2004년 『평화신문』 신춘문예 등단. 시집 『새에게 길을 묻다』, 『물방울의 여행』『체리나무가 있는 풍경』『흐린 날 샤갈의 하늘을 날다』ebook. 한국꽃문학상, 화랑대문학상 대상 수상. 한국시인협회, 한국여성문인회, 국제계간시인연합 한국위원회 회원. 국제PEN 한국본부 여성작가위원. 한국가톨릭문인회 이사 역임. 화랑대문인회, 계간문예작가회 이사.

박정현 계간 『착각의 시학』시 등단. 전북대학교 간호학박사. 초등교사. 성악가. 한국시치료학회이사.

방지원 서울 출생. 1999년 『문예한국』 등단. 시집 『왼쪽 귀에 바닷소리가 산다』 등 6권. 시선집 『사막의 혀』 출간. 김기림문학상대상. 계간문예문학상. 한국시원문학상대상 수상. 국제펜한국본부이사. 한국시인협회이사 한국문인협회이사역임. 한국가톨릭문인협회이사. 숙명여대문학인회회원.

송승태 『착각의 시학』 시, 『아동문예』 동시 등단. 저서 『푸념 끝에 희망』 『책 보러 왔어요』 『별난 세상 별난 이야기』 외.

신재미 2004 『문학공간』 추천 등단(박건호 시인&작사가). 국제PEN한국본부 이사. 한국문인협회 회원. 옛정시인회 회장 역임. 저서 『춘당지의 봄』, 『사랑의 희망의 날개』, 『영원한 사랑을 위하여』. 세종문학상, 한글문학상 수상 외.

양애경 계간 『현대작가』 시 등단. 시집 『향기는 피아노를 친다』, 수필집 『가슴이 뛰는 곳으로 가라』 외 다수. 저서 『사람중심의 리더십』 『부모교육』 『창의성론』. 한서대학교 교수, 교육학박사, 한국교육개발원(KEDI) 연구위원 역임. 교육부 대학 평가위원, 한국방과후학회 회장 역임. 교육부장관상 수상. 현대작가회 회원. 팔공구시 동인으로 활동.

원연희 서울 출생. 성신여대 미대 졸업. 계간 『문학과 현실』 시 등단. 착각의시학 회원, 모던포엠 작가회 회원. 사인사색 동인, 방촌문학 동인. 동인시집 『별은 잠들지 않는다』 등. 공저 『詩끌리오』 『모국어 외상장부』 『話談』 『고독, 한 송이 꽃』 외. 제3회 시끌리오 한국 작품상 수상.

유경화 가톨릭대학교 간호대학 대학원 간호학박사. 계간 『착각의 시학』 시 등단. 착각의시학작가회 회원. 시집 『시작』.

이난숙 경북 김천 출생. 전 보건직 공무원. 북매니저. 계간 『착각의 시학』 시 등단. 착각의시학작가회 회원.

이미라 월간 『문학세계』 시 등단(1998년). 동두천문인협회 회장 역임. 한국시인협회 회원, 한국문인협회 회원. 동두천문학 부원장. 한국착각의시학작가회 이사. 제3회 춘우문학상 대상 수상. 산문집 『The Way』 시집 『봄날의 반란』 『茶 이야기』 『바람의 결』 외 다수.

이복자 국제펜한국본부 이사, 한국문인협회 평생교육위원, 한국현대시인협회 지도위원, 한국시인협회·강남시문학회·착각의시학·한국아동문학인협회 이사 외. 김기림문학상, 교단문학상, 대한민국동요대상, 한정동아동문학상 수상 외. 시집 『피에로의 반나절』 외 7권, 동시집 『삐딱한 윙크』 외 6권 외 다수.

이상복 강화 출생. 강화군 지역농협 전무 역임. (현) 농업인. 2023년 『착각의 시학』 시 등단. 시집 『바람이려오』

신동환 강원도 영월 출생. 목원대 졸업, 호서대 대학원 졸업. 계간 『착각의 시학』 시 등단. 착각의시학작가회 회원. 공저 『시끌리오』 『모국어 외상장부』 『쉼』.

심명숙 아호 청휘. 시인, 여행작가. 시집 『가끔, 흔들리고 싶을 때면』 외 2권. 계간 『현대작가』 편집국장.

양희올 계간 『신문예』 시 등단. 한국문인협회, 한국현대시인협회 회원. 한국착각의시학작가회 회원. 공저 『詩, 길을 묻다』 『詩가 아프다고 말할 때』 『詩에게 말 걸기』 『詩, 물구나무서기』 『詩와 詩 사이』 『詩끌리오』 『모국어 외상장부』 『話談』 『고독, 한 송이 꽃』 외 다수.

위형윤 안양대학교 명예교수. 독일튀빙겐대학교 (Ph. D.). 사)한국문인협회, 사)한국시인협회, 사)팡명문인협회, 착각의 시학, 한국공무원문인협회 회원. 저서 『기도로 쓴 시편』 『나는 늘 집으로 간다』. 한국기독교학회 소망학술상, Best Researcher Award, 대한민국교육문학 대상, 공무원문학 문학상 수상.

유나영 전북 익산 출생. 월간 『한국시』 시, 『현대문학사조』 시조 등단. 한국문인협회 회원, 익산문인협회 회원. 한국착각의시학작가회 회원. 봉황문학 동인. 시집 『풀섶에 앉은 이슬』 『마실 가는 길』 『겨울 밭에서 나는 꿈』 『풀 각시야』 『그 겨울의 노래』 외 다수. 시조집 『낮달의 여행』 외. 공저 『고독, 한 송이 꽃』 외 다수. 한국창작문학회 본상 수상.

이늦닢 계간 『문예운동』 시 등단. 중앙대학교 예술대학원 문예창작과. 사)한국시인협회, 사)한국문인협회 회원. 계간 『착각의 시학』 편집국장. 제3회 한국창작문학상 대상 수상. 시집 『날탱이 보고서』 공저 『모국어 외상장부』 『쉼』 『話談』 『고독, 한 송이 꽃』 외 다수.

이병연 공주 출생. 공주사범대학 국어교육과 졸업, 2001년 공주대 문학석사. 계간 『시세계』 시 등단(2016년). 한국시인협회, 한국여성문인회 등 회원. 2021년 한국창작문학상 대상 수상. 시집 『꽃이 보이는 날』, 『적막은 새로운 길을 낸다』, 『바위를 낚다』.

이상미 2020년 계간 『착각의 시학』 시 부문 등단. 공저 『꽃우물 詩우물』, 『어제와 다른 오늘』, 저서 『bg artist 이상미의 배경화로 보는 애니메이션 세계』(전자책). (사)한국애니메이션예술인협회 이사. 한양대학교 특수대학원 문화콘텐츠학과 졸업.

이세규 2004년 시인 등단, 漢詩人. 시집 『시간의 이랑을 넘는 햇살』, 『건물 벽면 동그라미의 이야기』외. 공무원문학상 수상, 전국 문학인대회 집행위원, 한국한자문학교육학회 이사, 한·중·일 한자심의위원, 예장회(藝長會) 회장 역임. 별곡문학회, 용산문학회 회원. 가락 역사 심의위원, 한국고서연구회 감사, 한국공무원문인협회 명예회장.

이순희 2002년 『심상』 등단. 가곡 독집 「어디로 가는가」, 「아무도(島)」, 가곡 음반 「그냥」, 「산 그림」, 「하늘을 보고 있으면」 등. 창작 의병가 「의병, 겨레의 횃불이어」. 시집 『꽃보다 잎으로 남아』. 동국문학상, 애지문학상, 한국창작문학상 대상 수상.

이애진 서울 마포 출생. 2000년 『문학시대』 등단, 한국문인협회, 한국시인협회, 문학의집서울 회원, 한국 가톨릭 문인회 감사. 시집 『꽃이어서 행복해라』. 공저 『오늘처럼 비가 내리면』 외 다수. 전국 지역신문 연합회 문화예술 대상, 중구신문 문학상 수상.

이인헌 전북 고창 출생. 원광대학교 대학원 졸업, 전 전주대학교 외래교수. 2019년 『착각의 시학』 시 등단. 도예가.

이정수 서울 출생. 2020년 『문학과의식』 시 부문 등단. 2021년 『월간시』 추천. 저서 『시와복음』(e북). 詩글리오한국작품상 수상. 착각의 시학 작가회 회원. 목동교회 목사.

이종영 월간 『문학공간』 시 등단. (전)한국문인협회 정책개발원. 전)문학신문 이사. 전)한국공간시인협회 사무국장. 시집 『붉은사과는 열리지 않았다』, 『물꽃』. 공저 『아홉고랑』, 『쉼』, 『고독, 한송이꽃』, 『들꽃같은 사람』, 『키보드에서 단내 나다』 외 다수. 한하운문학상. 황희문학상. 푸쉬킨 문학상. 시글리오한국작가상 수상 외 다수.

이형철 서울 출생. 2021년 계간 『착각의 시학』 가을호 「신인상」으로 등단. 대표작으로는 「소녀의 집」, 「탯줄」, 「커피 얼룩」 등. 착각의 시학 회원. 고양시 '화정시회' 회원. 동인지 《꽃우물 詩우물》 출간.

장수현 연기군 출생. 월간 『신문예』 등단. 사)한국문인협회 제25대 제28대 감사, 서울지회 제25~28대 감사. 한국시인협회 회원, 국제PEN한국본부 회원, 계간 착각의 시학 기획위원장, 계간 문예작가회 중앙위원. 제27회 예총 예술문화상(문학), 제2회 전국 무궁화문학상 공모전 금상(산림청장), 방촌문학상 수상. 시집 『새벽달은 별을 품고』, 『아내의 머리를 염색하며』 공저 『인사동 시인들』 6권 외.

전순선 2005년 월간 『문예사조』 시 등단. 한국문인협회 문학생활화 위원, 착각의시학작가회 이사, 한국현대시인협회 이사, 한국시인협회, 경기문협(지회) 저작권 옹호 위원장. 샘문그룹이사. 시집 『별동별 마을』, 『풀잎의 등』, 『직립의 울음소리』, 『바람의 둥지를 찾아』. 제5회 춘우문학상, 백교문학상, 아태문학작품상 수상.

이순옥 2004년 월간 『모던포엠』 시 등단. 한국문인협회 회원, 착각의 시학 회원, 경기 광주문인협회 회원, 한국신문예 회원, 현대문학사조 부회장. 제1회 매헌문학상 본상, 제12회 모던포엠 문학상 대상, 제15회 착각의시학 한국창작문학상 대상, 샘문한용운문학상 계관부문 우수상 등 수상. 저서 『월영가』, 『하월가』, 『상월가』, 『개기일식』.

이 숨 2018 『착각의 시학』 시 등단. 시집 『구름 아나키스트』(2020). 시치료전문가. 12회 정음사문학상 대상. 한세대학교 겸임교수.

이연홍 경북 안동 출생. 은평시립복지관에서 13년 문학수업. 2022년 『착각의 시학』 시 등단. 시집 『단추』.

이정님 한국기독교시인협회, 전국공무원 문인협회, 상록수문학회 이사. 서울교원문학회 지도위원, 문학방송 운영위원, 아동문학세상 중앙위원, 인천복지방송 문화국장, 실버넷뉴스 기자. 항일민족시인문학상(이상화 부문), 한국전쟁문학상(소설) 김기림문학상 수상 외. 『토닥토닥』, 『별을 닦는 아이들』 외 다수.

이정화 2017년 『계간문예』 시, 2023년 『현대작가』 수필 등단. 시집 『그립다는 말보다』. 2019 서울 지하철 창작시 공모전 입상. 2023 진도명량문학상 신인상 수상.

이창환 충남 아산 출생. 동두천 시민예술대학 문예창작상 수상. 2022년 『착각의 시학』 시 등단. 동두천 문인협회 회원. 광진구 전국 시 낭송대회 동상, 동두천 시민 시 낭송 대회 대상 수상.

장문영 『한국문인』 시 등단. 시집 『가을 편지』, 『숲 속의 푸른 언어』, 『소금의 눈』. 공저 한국대표 명시선집(황금찬 외) 외 동인지 다수. 문학공간문학상 본상, 동두천 문학상, 김기림 문학상 본상 수상. 현)한국문인협회 정회원, 국제펜한국본부 이사, 한국시인연대부회장 역임. 한국문화예술연대 이사. 계간 착각의시학 편집 고문.

장재홍 논산 출생. 계간 『착각의 시학』 시 등단. 한국착각의시학작가회 이사. 시집 『사람을 합치면』, 『별을 쫓는 목동』. 공저 『詩에게 말 걸기』, 『詩글리오』, 『모국어 외상장부』, 『쉼』, 『話語』, 『고독, 한 송이 꽃』 외 다수.

정순 월간 『한국시』시 부문, 『수필문학』수필 부문 등단. 한국시인협회회원, 한국문인협회 회원. 조선문학에서 조선문학 작가상, 최남선 문학상 수상.

정해현 월간 『한국시』등단. 한국문인협회 회원. 한국착각의시학작가회 사무국장. 공저 『詩에게 말걸기』『詩, 물구나무서기』『詩와 時 사이』『詩클리오』『모국어 외상장부』『고독, 한 송이 꽃』외 다수. 제3회 시클리오 한국 작가상 수상.

조경화 필명 다연. 2008년 월간 『문학저널』시 등단. 한국문인협회회원. 경기시인협회이사, 양평예총이사, 양평문인협회사무국장 시집 제4집 『봄 눈 녹듯』제5집 『이승 계산은 엉터리다』외. 대한민국불후명작상, 황순원문학상, 한국창작문학상, 시원문학상, 한국불교문학작가상, 경기예총예술대상, 경기시인상 외 수상.

주윤신 전북 전주 출생. 국민대학교 문예창작대학원 문학석사. 2008년 『월간문학』詩부문 등단. 2008년 〈기독교 타임즈문학상〉수상. 2022년 산문집 『詩에게』시집 《묶인 손》. 계간문예 기획위원. 한국문인협회, 한국현대시인협회, 한국기독교문인협회, 한국착각의시학작가회 회원.

최명숙 아호 청리. 2019년 계간 『착각의 시학』시 등단. 화정시회 회원, 상황문학 회원. 한국착각의시학작가 간사. 단무도 강사. 시집 『동백의 뜰에서』.

최수일 경북 김천 출생. 제8회 포에트리문학상, 종합문예지 포에트리 아바(2024). 제3회 한국힐링문학상(시 부문). 한국힐링문인협회(2022). 제18회 풀잎문학상 시 부문 대상(월간 시사문단, 2021). 『문학비평』신인 우수상 수상(2019년).

한명숙 2003년 월간 『수필과 비평』수필, 2007년 계간 『문예운동』시 등단. 한국문협, 군포문협, 동서문학, 착각의시학작가회 회원. 2003년 시흥문학상(시), 2014년 한울문학상(시) 한국창작문학상 수상. 수필집 『남자의 눈물은 뜨거웠다』시집 『붕어빵아줌마』『담쟁이 손』『그랬으면 좋겠네』『오래된 통장』등.

한수남 아호 한림(翰林). 1931년 일본 동경도 출생(재일교포3세). 2012 계간 『문학과 현실』시 등단. 용인시민신문기자(1908~2011년) 역임, 일어동시통역원 역임 (한국관광공사). 88올림픽 보도본부 통역기자 역임. 시집 《맹골애가(孟里哀歌)》외 5권.

현미정 『월간문학』등단(2006). 한국문인협회 회원. 열린시 서울 자문위원. 불교문학 부회장. 불교문학 대상, 순수문학상 수상. 시집 『밀어』. 동화집 『썬그라스를 쓴 두더지와 한강제비』. 공저 『詩클리오』『모국어 외상장부』『쉼』『活語』『고독, 한 송이 꽃』외.

정수경 경북 문경 출생. 서강대학교 영어영문과 졸업. 계간 『착각의 시학』시 부문 등단. 한국착각의시학작가회, 용산문학인회 회원. 시집 『바람에 기대어』공저 『그 울림, 시공의 벽을 넘어』『시와 그림의 향연』외.

조경순 1950년 대구 출생. 체신청 공무원 역임. 중앙일보 광고 기획 차장. 현 광고 기획 Freelancer. 한국문인협회 동두천 지부 회원. 사)한국예술인총연합회 동두천지부장, 사)한국문인협회 동두천지부장 표창. 2020년 『착각의 시학』수필 등단. 착각의 시학 작가회 회원. 수필집 『아침을 여는 나팔꽃』.

조은설 2013년 계간 『미네르바』시 등단. 한국일보 여성 생활수기 당선. 『월간문학』동화 등단. 아르코 문예기금 수혜. 한국아동문학회 작품상, 미네르바 문학상, 월간문학 작품상(동화) 수상. 시집 『겨울 뉴런』『천 개의 비번을 풀다』외.

차명숙 계간 『착각의 시학』시 부문 등단. 2020년 동두천문인협회 사무국장(현)

최수경 『해동문학』시 등단(1996). 한국문협 동두천지부회장 역임, 현 한국문인협회동두천지부 고문. 계간 『착각의시학』편집자문위원. 시집 『잔디 깎는 남자』『멀어지는 풍경』『긍정을 걸었다』외 다수. 산문집 『정다운 마음』. 경기문학 우수상, 한국창작문학상 대상, 김기림문학상 본상 외 수상.

최희양 2023년 계간 『착각의 시학』시 부문 등단. 착각의 시학 회원, 현대작가 회원. 공저 『인성교육』『부모교육』등.

한봉수 전주고, 외대이태리어과 졸업. 계간 『착각의 시학』시, 문학평론 등단. 한국문인협회회원, 한국착각의시학작가회원. 시집 『날더러 숲처럼 살라 하네』. 강동구 [시로 꿈꾸는 마을] 대표.

허가은 본명 허영남. 강원 홍천 출생. 계간 『착각의 시학』시 등단. 한국착각의시학작가회 회원. 시집 『일어나』『그 길을 가고 싶다』. 동인지 『우리는 희미한 것을 가지고 있다』. 공저 『쉼』『活語』『고독, 한 송이 꽃』외.

황옥자 2014년 『순수문학』 등단. 용산 문학인회, 용산 문화원 발전위원, 착각의 시학 작가회 회원. 순수문학상 수상 용산 백일장 장원, 용산 예술인상(문학 부문) 수상. 용산 예술인 초대 시화전13회. 시집 『유리창을 닦는 것처럼』. 공저 『산 그림자 보듬고』, 『흐름과 흐름사이』 『멈춘 시간의 흔적』 외 다수.

김 우 2002년 『公務員文學』으로 시와 수필로 등단. 칼럼니스트, 현재 사단법인 자행회(慈行會) 회장 및 한국공무원문인협회 회장. 수필집 『천천히』. 시집 『조선의 하얀 박꽃』 등.

김정자 『글의 세계』 수필 등단(2016). 글의 세계 회원. 청담수필 동인 활동. 편지쓰기 대회 우수상(2016).

박순생 2003년 『조선문학』 수필 신인상. 수향수필문학회 회장 역임, 통영문인협회 부회장 역임. 경남문인협회, 통영문인협회, 수향수필문학회 회원. 수필집 『옆으로 가는 어미 게』.

이율녀 2022년 계간 『착각의 시학』 시 등단. 강화 여류작가회원.

이종필 경기 이천 출생. 계간 『착각의 시학』 수필 등단. 착각의 시학 작가회 회원. 공저 『모국어 외 상장부』, 『쉼』, 『話讀』 『키보드에서 단내 나다』 외.

차혜숙 국제PEN한국본부 이사, 계간 문예작가회 이사. 한국문인협회 회원. 수필집 『무무무』 『주머니 속의 기(氣) 행운을 가져온다』 『복기생』 『그래도 사랑하는 사람들 (공저)』 송강 정철 추모백일장(장려상, 한글학회 주최 시 부문) 한맥문학상(수필). 불교문학상. 작가상(본상). 서포 김만중(대상). 상상탐구(작가상) 수상.

최정옥 대전 출생. 2017년 『현대계간문학』 시, 2020년 『현대계간문학』 수필 등단. 시인, 수필가, 시낭송가, 동화구연가. 한국동화구연지도사협회 자문위원. 서울양천문협이사. 저서 『개척자의 삶』(E북), 『엄마의 화상』(E북) 외.

이정미 서울 출생. 중앙대학교 국어국문학과 졸업. 동대학원 박사과정 수료. 『월간문학』 평론부문 등단. 계간 『착각의 시학』 부주간. 한국작가회의 부천지부. 부천소설가협회원. 한국창작문학상 대상 수상(평론). 저서 『글쓰기의 시작은 자서전 쓰기에서』 공저 『쉼』, 『話讀』 『고독, 한 송이 꽃』 『키보드에서 단내 나다』 외.

초대수필가 2

김낙완 전주성심여고 교장 퇴임. 계간 『착각의 시학』 시 등단(2018), 『월간문학』 수필 등단(2022) 백마문학회 동인. 공저 『고독, 한 송이 꽃』 외. 시집 『그루터기의 꿈』. 문집 『김씨네 조손 만두계록』. 서간집 『그루터기 서간집』. 수필집 『바람떡』.

김윤자 제주 출생. 제주대학교 대학원(석사)졸업. 계간 『착각의 시학』 수필 등단. 한국착각의시학작가회 회원. 전주대학교 백마문학회 동인.

김현찬 1993년 『시 2001』 시 등단. 『현대수필』 수필 등단. 한국 문인협회 회원. 국제펜한국본부 위원. 수필 작가회 회원, 착각의 시학 회원. 『현대 수필』 운영이사. 시집 『수줍은 자화상』 수필집 『삶의 정원을 거닐며』

안재덕 거제대학교 사회복지학과 졸업. 방송통신대학교 청소년교육학과 졸업. 서울사이버대학교 웹 창작학과 졸업. 2021년 계간 『착각의시학』 시, 수필 신인상. 2021년 시집 『땅따먹기』. 공저 『話讀』 『고독, 한 송이 꽃』 『키보드에서 단내 나다』.

이은용 2022년 계간 『착각의 시학』 수필 등단. 한국착각의시학작가회 회원. 한국문인협회 회원. 사)한국문인협회 강화지부 회원.

이현원 2013년 월간 『문예사조』 시 부문 신인상 수상. 2015년 월간 『한국수필』 수필 부문 신인상 수상. 한국문인협회 회원, 한국현대시인협회 회원, 한국수필가협회 회원, 미국 워싱턴문인회 회원. 청솟골문학회 회장. 문예사조문학상 수상. 시집 『그림자 따라가기』.

최재순 2021년 계간 『착각의 시학』 수필 등단. 한국미술협회 회원, 강화미술협회 여성분과장, 강화서예가협회 회장 역임, 강화여류작가회 회장 역임. 초당서예원 원장. 2016년 개인전(수필 서예작품) 저서 『먹꽃』 등.

초대평론

발간사 _

'시무룻'

한국착각의시학작가회
계간 『착각의 시학』
대표 김경수

　세계 각국이 기후위기 시대에 대처하기 위해 재난 경보 시스템과 예방책을 개선해야 한다는 목소리가 커지고 있는 가운데에 우리나라도 올해 유례없는 폭염과 집중호우 현상이 연속적으로 나타나 이제는 과거의 여름다운 여름은 없다는 말을 실감하게 되었다.
　이러한 기후변화에 지구 지표면 평균기온 상승 폭이 1.5도를 넘어섰다는 보도가 있다. 말하자면 지구가 펄펄 끓고 있다는 증거이다.

　그래도 자연의 순리는 아직은 어김없이 찾아왔다. 가을을 만끽하는 시절이다.
　잭 갠 필드의 말을 변용하여 쓰면 '시를 쓰지 못한다는 건 죽음보다 더한 고통이다'.
　이 말은 우리 문인들에게는 진실이 되기에 충분하다는 말일 것이다.
　미국의 시인이며 철학자인 '헨리 데이비드 소로'는 이렇게 말을 했다.

"귓가를 두드리는 새의 노랫소리에도 전율이 일어나지 않는다면, 그대 인생의 아침과 봄은 이미 지나갔음을 알아야 한다"고…….
참으로 문학인들에게는 의미심장한 말이 아닐 수 없다.

문학과 문학이 만나고 사람과 사람이 마주하는 오늘 이 자리, 시의 길을 물으며, 앞으로 더 걸어야 할 길, 더 진실해져야 할 길, 이 두 길은 끊임없는 도전과 용기를 주는 희망의 길이라 생각을 해봅니다.

24년 제19호 시붉는 집 '詩끌리오' 사화집인 『시무릇』에 文心을 두툼하게 얹어주신 작가님께 고마움과 감사의 말씀을 올리며 언제나 착각의 시학이 함께 응원해 드릴 것을 약속합니다.

2024년 11월 1일

목차_

발간사_

'시무룻' / 김경수 …9

초대시 1_

꽃값 / 김년균 …19

시 모호한 구월 / 김유조 …21

모하慕霞 / 류병구 …22

꽃등심 / 마경덕 …23

비·1 / 박이도 …24

기억의 문 / 백운순 …25

오래된 사람 / 손필영 …27

좌광우도전 / 손해일 …28

잡초 / 신을소 …31

바람의 노래 / 오세영 …32

풀과 나무 / 유승우 …33

가장의 구두 / 유안진 …34

내 그대를 그리워함은 / 유자효 …36

개망초 / 이무권 …37

자화상 / 이옥희 …38

묵화墨畵 / 임문혁 …39

빙로氷露 / 최창일 …40

주일 아침 / 허형만 …41

씨앗 하나 / 김경수 …42

자화상 / 권수홍 …43

목차_

초대시 2_

더 나은 본향 외 2편 / 강구원 ···44

버들치의 여가 외 2편 / 강명숙 ···48

순리의 계단 외 2편 / 고원구 ···51

맘대로 외 2편 / 고은주 ···54

가을 외 2편 / 공선희 ···57

목련이 지면 외 2편 / 구신자 ···60

산으로 갑니다 외 2편 / 권아올 ···63

기도는 타이밍 외 2편 / 김계영 ···67

아이 엠 코리언 외 2편 / 김근성 ···70

21세기 사랑의 방정식 외 2편 / 김기성 ···75

충무 김밥 외 2편 / 김다솔 ···78

아뿔싸~! 내가 쫓기고 있었구나 외 2편 / 김도남 ···82

청탁 외 2편 / 김도희 ···86

소리꾼 외 2편 / 김돈영 ···89

눈길에서 외 2편 / 김두녀 ···92

시오름에 올라 외 2편 / 김명숙 ···95

봄비 내리는 날 외 2편 / 김명실 ···98

다리 외 2편 / 김무영 ···101

곤드레나물밥 외 2편 / 김미순 ···104

달을 보며 옥수수를 먹고 싶다 외 2편 / 김미외 ···107

초대시 2

선도蟬島·1 외 2편 / 김석림 ···110

가을 유감 외 2편 / 김수노기 ···113

연둣빛 외출 외 2편 / 김영미 ···116

떨어지는 도토리 소리는 누가 셀까 외 2편 / 김정자(유빈) ···122

생각의 오류 외 2편 / 김정희 ···128

여백 외 2편 / 김종권 ···133

강물 외 2편 / 김행숙 ···136

할로윈 가을 외 2편 / 더성범 ···139

그런 사람 외 2편 / 문용식 ···142

사모곡 외 2편 / 민이숙 ···145

떠나가는 것들 외 2편 / 박강남 ···148

어머니 외 2편 / 박두련 ···151

봉헌 외 2편 / 박수화 ···154

홀시의 형식 외 2편 / 박용진 ···157

사랑앓이 외 2편 / 박정현 ···160

위축된 하루 외 2편 / 박홍균 ···165

빛의 벙커 외 2편 / 방지원 ···168

우체통이 있는 아침 풍경 외 2편 / 서동안 ···171

꽃잎 하나 외 2편 / 송승태 ···175

카더라 통신 외 2편 / 신동환 ···178

목차 * 13

목차_

초대시 2_

울림길 외 2편 / 신재미 …181

나의 여름 풍속도風俗圖 외 2편 / 심명숙 …186

뱃고동 소리 외 2편 / 양애경 …190

새벽 그림 외 2편 / 양회올 …195

기도 그리고 외 2편 / 원연희 …198

아버지 외 2편 / 위형윤 …202

선線과 선善 외 2편 / 유경화 …205

그믐밤에 외 2편 / 유나영 …208

병원 외 2편 / 이난숙 …211

팔월 炎天 외 2편 / 이늦닢 …214

걷다 보면 생각나는 사람 외 2편 / 이미라 …217

탈곡하다 외 2편 / 이병연 …220

단풍나무 숲, 거기로 외 2편 / 이복자 …223

기대 외 2편 / 이상미 …226

붓 외 2편 / 이상복 …229

바위틈 외 2편 / 이세규 …232

해당화 외 2편 / 이순옥 …235

탑쌓기 외 2편 / 이순희 …238

내 눈 속의 백두산 외 2편 / 이숨 …241

시간의 흔적 외 2편 / 이애진 …247

초대시 2

동백꽃 외 2편 / 이연홍 ···250

조서도 쓰지 못하고 외 2편 / 이인헌 ···253

사랑 그리고 뒷이야기 외 2편 / 이정님 ···257

봄날의 눈빛 외 2편 / 이정수 ···262

물안개 외 2편 / 이정화 ···265

비밀 외 2편 / 이종영 ···268

나들잇길 외 2편 / 이창환 ···271

꽃눈 내리던 날 외 2편 / 이형철 ···274

계곡물 외 2편 / 장문영 ···277

일상 3 외 2편 / 장수현 ···280

회갑맞이 외 2편 / 장재흥 ···283

꽃 숨처럼 외 2편 / 전순선 ···286

약속 외 2편 / 정순 ···289

비 오는 아침 외 2편 / 정수경 ···292

여름이 뜨거운 이유 외 2편 / 정해현 ···295

왜가리 외 2편 / 조경순 ···298

몽중설몽 외 2편 / 조경화 ···301

연꽃 외 2편 / 조은설 ···304

아랫목에 메주콩 외 2편 / 주윤신 ···307

찐빵 외 2편 / 차명숙 ···310

목차_

초대시 2_

해녀 외 2편 / 최명숙 ⋯313

능소화의 배웅 외 2편 / 최수경 ⋯316

그 흙냄새 외 2편 / 최수일 ⋯319

객수客愁 외 2편 / 최희양 ⋯324

마음달래기 외 2편 / 한명숙 ⋯327

10월 소감 외 2편 / 한봉수 ⋯331

모르면서 외 2편 / 한수남 ⋯334

모닥불 외 2편 / 허가은 ⋯337

아우슈비츠를 고발한다 외 2편 / 현미정 ⋯340

강물 위의 저녁 카페에서 외 2편 / 황옥자 ⋯343

초대 수필 1_

벌목, 틈새의 미학 / 이성림 ⋯348

초대 수필 2_

은빛 종소리에 실려 온 선물 외 1편 / 김낙완 ⋯351

탁구! 정말 좋은가? 외 1편 / 김우 ⋯357

냉장고 영접 외 1편 / 김윤자 ⋯364

겨 묻은 개 똥 묻은 개 외 1편 / 김정자 ⋯370

사랑이라는 이름으로 외 1편 / 김현찬 ⋯376

옆으로 가는 어미 게 외 1편 / 박순생 ⋯384

거제도 1 외 1편 / 안재덕 ⋯389

이집트 청년의 교훈 외 1편 / 이율녀 ⋯396

빨간 우체통 외1편 / 이은용 ···404

추모공원의 단상 외1편 / 이종필 ···410

미장아빔 외1편 / 이현원 ···416

어찌할까요 외1편 / 차혜숙 ···422

산사의 오후 외1편 / 최재순 ···426

엄마의 화상火傷 / 최정옥 ···430

초대 평론 시지프를 매개로 한 현대인의 자아성찰 / 이정미 ···440

꽃값

길가의 꽃가게에서 꽃나무를 산다
초록빛 바다처럼 출렁이는 잎사귀에
금세라도 벌 나비들이 날아들 듯이 화사한 꽃들,
못다 핀 꽃망울이 가지마다 줄줄이 맺혀 있다
꽃나무가 불현듯 욕심나서 값을 물으니
비싸진 않지만, 타고난 버릇을 놓지 못해
기어이 깎아내린다

손주놈 받들듯 조심스레 안고 집에 돌아와
꽃나무를 큰 화분에 옮겨 심는다
처음엔 아무렇지도 않은 듯했으나
나무는 무엇이 못마땅한지 차츰 시큰둥해진다
몸값을 깎았다고 심통이 난 것일까?
남에게 무시당한 게 억울했을까?
시간이 지나도 나무는 아무 소식이 없다
맺혀 있던 꽃망울은 벌어질 기미가 없고
출렁이던 잎사귀들은 되레 기운을 잃고 축 늘어진다

어쩌면 좋을까? 며칠이고 마음 졸이다가
문득, 언젠가 윗집 어른께서 하신 말씀이 떠오른다

-싸구려는 믿지 마라 비쌀수록 보석이다
내가 잘못했구나!
나는 벌거숭이가 되어 한밤내 서성이다
마침내 고집을 꺾고 백기를 든다

시 모호한 구월

지친 가로수 그늘에서
망연히 더위에 부채질 하다 보니
부르는 건지 쫓는 건지

남녀 구별 안 되는 젊은 한 쌍
입은 듯 벗은 듯 지나가고

늘어진 팔월을
구월이 주워 담지도 못하는
열대야의 연장전 시대

하필 고갈의 문학 장르도 요즘은 모호한 경계라니
더위 먹은 시대정신인가
여의나루에서 철 지난 줄도 모르고
첨벙대는 지난 시대 숫자 모임들 같기도

초대시 1 류병구

모하慕霞

굳이
내색은 않겠지만,

멀리 달아나는 노을빛을
남이 눈치채지 못하게시리
들이쏠 수 없을까요

나폴리가
나이 든 풍경을 먹고 살 듯이
익숙한 시간을 되돌려
요긴하게 가용할 순 없을까요

아,
저녁밥 지을 때 쯤의 당신이
더욱
사랑스럽습니다

꽃등심

둥근 접시에
선홍색 꽃잎이 활짝 피었다

되새김질로
등에 꽃을 심고 쓰러진 소여,

피처럼 붉은 저 꽃은
죽어야 피는 꽃이었구나

초대시 1 박이도

비·1

먼 곳에서
조심스레 찾아오는
비의 입김은
이른 아침, 나팔꽃의 입술에
생기로 스며드는

천연색 비타민
비는 항상 부활한다
대지에서
죽고 다시 사는 초목으로
머나먼 강물처럼
살아오는 부활이다

비의 생명은
천리 밖
우레 소리에
놀라 깬
함석지붕 위의 낮잠이다

후드득 후드득
내 가슴을 치고 가는
건반 위의 그림자이다.

기억의 문

새벽 산책길에 만난
어둠은
고요한 빛의 속도로
청결한 공기를 마시게 하네.

가두어 놓은 기억의 문 안에서
철석거리는 푸른 마음
새치의 흰머리도
새벽바람에 스쳐
우러러본 하늘가

내 젊음이 말라가고 있는
이 목마름 깊은 곳에
숨겨진 순리의 열정

하얀 망초 꽃이 흐드러지게 핀
광활한 언덕 위
저만치에 선홍색 꽃 배롱나무 한 그루
정적을 돌아보아
기억의 문을 열게 하는 것
안개 속 살빛 바람소리다.

이별 뒤에 찾아온 것은
서늘한 바람뿐
이제 가을은 말갛게 곁으로 오고
새롭게 그대를 그리워하고 싶어라.

오래된 사람
-천전리*에서

달빛에 홀린 달맞이꽃이 길도 뿌옇게 흐려놓았습니다.

어둠을 돌아 계곡 앞에 서자 숲 기운에 몸이 환해집니다. 천전리 암벽에 물결무늬 흐릅니다. 동그라미 돋아 오르고 네모 속에서 누가 다가옵니다. 그 사람은 나무에서 바람 풀어내고, 나무에서 정적을 풀어냅니다. 그 사람이 다가올수록 나에게서 오래된 사람만 남습니다.

모든 소리가 따뜻하네요.

*태화강 줄기 대곡천 중류의 울주 천전리, 그곳 바위에는 신석기 후기와 청동기시대에 해당하는 그림이 새겨져 있다. 강 옆으로 공룡 발자국이 있고 신라 법흥왕 때의 화랑도들의 기록도 남아 있다.

초대시 1 손해일

좌광우도전
-新자산어보·8

21세기 지구촌 동방 어류민국에
광어와 도다리가 있었다.
넙데데한 몸에 흘깃흘깃 실눈을 하고
늘 배를 깔고 지냈다.
무수기* 까치놀* 때면 이따금
돌물 너울*에 밀려 합수머리로 나왔다.

그들은 본시 한 핏줄이되
튀어나온 두 눈이 각기 좌우로 몰렸기에
시각이 다르고 주장이 달랐다.
횟집 수족관에 '위리안치*'된 그들을
사람들은 '좌광우도'로 불렀다.
이를테면 좌익진보 광어,
우익보수 도다리.

그들은 서로 원조 넙치임을 강변하며
좌익 빨갱이라는 둥, 수구 꼴통이라는 둥,
사색팔색 선명성 논쟁에 게거품을 물었고
멱살과 머리끄덩이도 잡았다.

사람들이 생계망게한* 색깔다툼에 염증을 내자,
이번엔 세계 일류 어류민국의
민생과 경제를 책임지겠다며,
지금껏 사꾸라로 몰던 중도에다
무슨무슨 미래혁신, 대통합이니 하며
별색을 덧칠했다.

왕초를 뽑는 중대사를 앞두고
종갓집 광어, 도다리에다
넙치, 가자미, 홍어, 가오리까지
너부데데한 것들은 다 모였다.
뱃바닥 깨끗한 자연산이 한물가고
얼룩 점박이 양식 광어 도다리가 판쳤다.
넙치와 점도다리 교배종
개량 범가지미도 나왔다.

"오픈, 세사미!"
"열려라, 참깨!"
알리바바와 40인의 도적처럼

도깨비 땅재주로 변신을 거듭하자
물고기나라 패거리도 늘어났다.
대통합 도로닫힌 남의당, 생뚱딴나라당,
민초주인당, 물고기중심당, 미래혁신당, 왕끝발 진보당,
무슨무슨, 아무개 아무당 등등등등……

너른 천지 큰 바다, 고래 상어 존재도 모른 채
우렁잇속 어류민국 색깔 다툼 여전하다.
웃동네 문어는 뻥뻥 먹물로 허풍 쏘고
사상思想횟집 빅브라더 주방장은
스윽-슥 날선 칼을 벼린다.
어허참! 시난고난*한 물고기나라에
동살* 꽃무지개는 언제 뜰 건지?

*무수기: 썰물과 밀물 조수 간만의 차이.
*까치놀 : 석양에 먼바다 수평선에서 울긋불긋 희번덕이는 물결.
*돌물 너울: 일정한 지역의 소용돌이로 가장 거칠고 사나운 물결.
*위리안치: 죄인을 귀양 보낸 뒤 획정한 울타리 밖으로 못나오게 하는 형벌(예: 청령포의 단종)
*생계망계하다: 하는 일이 뜻밖이며 갑작스럽고 터무니 없어 도무지 알 수 없다.
*시난고난: 병이 심하지는 않지만 쉽게 낫지도 않고 오래 끄는 모양.
*동살: 새벽에 동이 트면서 환히 비치는 햇살.

잡초

잡초가 고개를 든다.
용케도 견뎌온 찬바람 속
봄이 되려면 아직 멀었다.

사람들에게 밟히고 밟혀도
아프다는 말 대신, 땅 밑으로 잦아든 뿌리
아무도 기억해 주지 않았다.

그러나 잊지 않았다.
비와 바람으로 아침을 깨우는
하늘의 뜻

말이 아닌 몸짓으로 확인하는
이 땅의 주인.

초대시 1

오세영

바람의 노래

바람 소리였던가.
돌아보면 길섶의 동자꽃 하나.
물소리였던가.
돌아보면
여울 가 조약돌 하나.
들리는 건 분명 네 목소린데
돌아보면 너는 어디에도 없고
아무 데도 없는 네가 또 아무 데나 있는
가을 산 해질녘은
울고 싶어라.
내 귀에 짚이는 건 네 목소린데
돌아보면 세상은 갈바람 소리.
갈바람에 흩날리는
나뭇잎 소리,

풀과 나무

풀과 나무는
땅에 뿌리를 박고 있지만
하늘만을 그리며 삽니다.
높푸른 하늘만을 바라다가
풀잎과 나뭇잎은 모두
초록의 하늘물이 듭니다.
바람이 남몰래 찾아와
초록의 손을 잡아주면
하늘나라 백성이 되어
푸르게 출렁입니다.

초대시 1 유안진

가장의 구두

현관문이 열리면 제일 먼저 보이는 자리에
항상 의젓간 남자 구두 두 켤레
구겨져 주름진 사이사이 먼지를 털고 약칠도 하고
호호 입김 불어 윤기도 만드는
오늘은 10주기 기일忌日

이 구두를 신고
날마다 출근하고 퇴근 귀가했다고
뒤틀린 세상을 반듯하게 걷느라고
밑창 바닥도 뒷 축 옆 측이 삐뚜름 닳았다고
손바닥으로 쓰다듬어가며
지난 10년의 애통 불안 공포도
구두가 있어 견디어 냈다고
스스로를 기특했다고 장했다고
덩달아 더 강하고 담대하고 굳세어질 수 있었다고

직업인의 사명과 가장의 소명에도
거룩하게도 성실해주었다고
따라서 우리가족도 나의 일상도
안전하게 누릴 만치 누릴 수 있었다고

함께 해온 40년
가족을 이뤄 살아 가장 자랑스런 업적業績이었다고
행운이었다고 행복했었다고
너무 늦은 고백을 밑창에 입 맞추며
앞으로도 절대 혼자가 아니라고
제대로 먹고 입고 일도 잘하며 버젓이 살겠다고
절두산 부활의 집도 설레며 찾겠다고.

초대시 1 유자효

내 그대를 그리워함은

내 그대를 그리워함은
꿈꾸는 아이였다가
대서양을 휘감는 바람이었다가
먼 이국의 낯선 마을에 떠올라
향수에 몸을 떠는 넋이었다가
전쟁이, 질병이 앗아간 숱한 생명들
살아 있는 자들이 벌이는 축제
숨어보던 방관자
회한의 생애
이제는 그리던 고국에서
고국 그리며
쓸쓸히 쓸쓸히 늙어가노니
내 그대를 그리워함은

개망초

국적 없는 자의
의지도 의식도 없는 밀입국
여름 들판을 새하얗게 지나고 있다.
3대 100년, 그 토박이 요건의 기한이 찬 걸까
기저귀 차고 들어와 환갑 나이에
타지他地 것들이라 폄하되는 척박한 이 땅에서
주인인지 객인지 분간이 가지 않는다.

제 어미 국적 표시가 국내산이 아닌 베트남 산이라는
차별과 배제, 그 미래의 언어를 알 리 없는
친지의 돌맞이 손녀가 깔깔대며
온 집안을 화사하게 장식하고 있다.
초록별의 표피, 그 흙의 보편성
"개망초만 같아라"
돌상에 슬그머니 올려놓는 선물 한 꾸러미.

초대시 1

李玉熙

자화상

정박하고도 포구인 줄 모르는
목선이다
갑판 가득 폭설을 실었다가도
만선의 햇살을 싣고
무적霧笛을 울리는 면밀함
완전 연소되지 않는
목선이다

묵화墨畵

목련나무가 뜰에 묵화를 친다
굵었다 가늘었다 변화무쌍한 선

그림자로 그린 그림
길어진 그림자 담 넘어 사라지면
하루가 간다

나무가 어찌 제 마음대로 그림을 그리랴
그림은 빛에 따라 그려지는 것을

세상 뜰에 나를 세우신 하느님
내 그림자로 어떤 그림 그리시려는지

초대시 1 최창일

빙로 氷露

나는 고드름만 보면 수정 반지를 끼고 싶어진다
나는 고드름만 보면 하얀 손가락에 수정 반지이고
고드름 속의 살점이 되고 싶다
나보다 어리디어린 고드름에게
나의 정신을 보태버리고 싶다
보태버릴수록 차고 맑디맑은 나의 정신이
투명한 돋보기 속의 고드름이고 싶다
나는 맑은 정신이 만들어질 때까지
고드름으로 매달리기도 하고 들어 내리기도 하면서
나는 고드름만 보면 투명한 눈망울까지 갖고 싶어진다

주일 아침

　엘에이에서의 주일 아침이다 간밤 푸른 별들이 잠 못 이루며 뒤척였을 세인트 바실 성당 주차장으로 미사 차량들이 서서히 자리 잡는다 건너편 BBCN 은행 유리창마다 여린 햇살들이 맑은 낯빛으로 반짝이기 시작한다 흑인 노인이 성당 문 앞에서 나에게 손을 흔들어 아침 인사를 건네고 나도 손을 흔들며 환한 웃음으로 화답한다 트럼펫트리의 분홍꽃이 개를 껴안고 있는 노숙자 머리 위에 오늘 하루 하느님의 화사한 은총으로 뿌려진다 세상에서 죄 많은 나는 성당으로 들어가 무릎을 꿇는다

초대시 1 김경수

씨앗 하나

인생의 오솔길을
오금 저리게 걷는다

마른 잎 같은
다툼 일어나면
반지 꽃을 선사하고

슬픔이 깊어지면
하얀 모란꽃을 올리는

가난하지만, 어리석지 않은 자유로운 방향으로
가슴팍 드러내 놓는 이해와 오해 사이 씨앗 한 톨 날아와
시와 시인 사이 우정으로 자리 잡았다

자화상

거울 속에는
낯선 여자가 있다
어디선가 본 듯한 모습
기억을 더듬어도 생각나지 않는
이유는 무엇일까

어느 날은
괜찮은 여자가
어느 날은
수척한 여자로
누구를 미워하는 날에는
영락없는 심술쟁이로

거울에게 물어 본다
그 속의 너는 누구냐고
또 하나의 얼굴은 빙긋이 웃으며
세월 따라 익어가는 거라고.

초대시 2 강구원

더 나은 본향 외 2편

젖내 나는
배냇저고리 입고
육체 밖에서 그분을 보리라

까까머리에
검정 고무신 신고
육체 밖에서 그분을 보리라

검정 교복에
도시락 담긴 무거운 책가방을 들고
육체 밖에서 그분을 보리라

내 삶의
가장 기뻤던 순간 들과
가장 슬펐던 순간들이
늘 같은 무게로
서로가 이긴 적이 없지만
언젠가는 홀연히
육체 밖에서 그분을 보리라

희고도 붉은 옷을 입고

육체 밖에서 그분을 보리라

피에 적신 흰옷을 입고
육체 밖에서 그분을 보리라

그때 나는 이렇게 말하리라
이럴 줄 알았지만
이럴 줄은 몰랐노라고

눈물의 세레나데

눈물 젖은 미소는
때로는 나를 무섭게 한다

눈물 젖은 웃음은
때로는 나를 걱정되게 한다

눈물 젖은 포옹은
때로는 나를 의심되게 한다

누가 뭐래도
네 눈물을 생각하여 너 보기를 원한다

눈물의 진실을 모두 다 도둑맞는 한이 있더라도…

별 하나의 찬미

나의 별 하나
당신의 별 하나

당신과 나의 별 하나
나와 당신의 별 하나

창세 전에 예비된
더 밝은 별 하나 보내심이여

마침내
열국의 어미별 하나를 얻었다

구름아 바람 속에 숨어라
바람아 구름 속에 숨어라

눈부신 열국의 어미별을
가리우지 않도록…

초대시 2 강명숙

버들치의 여가 외 2편

비 오는 개천
무리 지어 오르락내리락
여가를 즐기는데
물오리 몇 마리 둥둥 떠다니다
기회 포착하여 집중 포격한다
파장 일으키며
순간 흩어졌던 생명체들
어느새 돌아와
다시 대열에 참여한다
거친 비바람과 심히 맞서는 날에도
장착한 무기 없이
대범하게 시작하는 하루
가끔 순환법칙에 의해
먼 길 돌고 돌아온 물이
꿈속에서 일렁이는 대양 이야기 조곤조곤 들려주면
작은 가슴에 벅찬 꿈 그려보며
힘차게 활보한다.

회양목

가족과 떨어져 아파트 화단으로 옮겨진
작은 회양목,
날씨 좋은 날
날렵한 전동 칼날 아래
후드득 잘려나간다
피우지 못한 꽃들
맺지 못한 열매들 널브러져
며칠간 짙은 향기 가득하다
그동안 잘 버티고 견뎌왔기에
아직은 남아있는 시간
한껏 헐거워진 마음으로
어두운 밤,
별들 잠시 쉬어갈
가벼운 집 한 채 짓는다.

여행

비 그친 날
조용한 공간으로 새 한 마리 날아든다
잔가지 오르내리더니
날개를 활짝 펴고
시야를 가로질러 숲을 향한다
다시 찾아든 정적,
어떠한 것이든
공간은 모든 것을 삭제한다
매 순간 수많은 흔적
일제히 지워버리는
그의 변함없는 허공 속에다
참이 될 좌표 한 점 찍기 위해
오늘도 X는 Y를 찾아 길을 떠나고
Y는 X를 찾아 긴 길을 간다.

순리의 계단 외 2편

무더위로 친근했던
여름의 소리가

울긋불긋 단풍의 계절
풍성한 가을바람 소리에

몰아온 더위를 감싸 안은 채
잰걸음으로 잽싸게

인사도 나눔 없이
허겁지겁 제 갈 길을 찾아
어디론가 자취를 감춰 버렸네

이것이
순리의 계단이려나

이상의 세계

서글픈 시간 잠재우려
돌멩이와 벗이 되어

소소한 바람결에
청솔의 빛 은은하게
흩날리는 계곡에
다람쥐가 쪼르르 달려와
힘을 북돋우어 주고

인고의 사랑 한 땀씩 몸에 담아
젊음을 불태우며
쌓아 올린 돌탑

지친 몸은 세월을 채찍질하며
불사신 같은 마음으로
행복을 불러 앉히고
이상의 세계에 정착했구려

인생무상

조용한 외침 속으로
고요하게 빠져 본다

우주를 섭렵하듯
갈바람 유도하는 곳으로
발걸음 옮겨

높고 푸른 하늘이
소리 없이 흐르는
황혼 열차에 몸을 싣고

유수 같은 세월 속에
오감이 풍성한 가을
그 터널을 또 지나는구려

초대시 2 고은주

맘대로 외 2편

메아리도 없는 여기
벌거벗은 너의 속살도 부끄럽지 않아
펄럭이는 푸른 깃발을 들고
네 힘껏 소리 질러보렴
고막이 터지도록……

밤하늘 폭죽 터지듯
요란한 천 개의 함성
하나의 촛불로 타오르는 광장에서
이 어둠을 맘껏 살라보렴
새벽이 곧 오리니!

늦여름

어느 무심한 오후
피로에 지쳐 늘어진 병약한 내 육신
혈류를 타고 뿜어내는 독에 짓눌려
숨쉬기도 버거운 오늘을 살고 있는데
인적 드문 도로에 오롯이 느껴지는
꽃댕강나무 꽃잎들의 치열한 숨결!

여기, 보이지 않고 닿을 수 없는
자유의 소리꽃이 오늘도 피어나는
광화문광장에 배인 진한 향기 속에
부끄런 내 여름의 숨결을
소나기처럼 내뱉고 싶다.

뒤틀린 대기 사이로
복병전을 하듯 숨은 구름 떼가 몰려
한바탕 시원하게 소나기 퍼붓는 오후
동굴에 갇혀 재갈 물린 말들이
둑을 허물고 쏟아져 내리는 언어의 강물을
나도 여기서 지금 보고 싶다.

노을 단상

보랏빛 너울을 타다
개미취에 흠뻑 취한 나비
허공에 첩첩 현란한 날갯짓으로
포물선을 그리다 뉘엿뉘엿
해 지는 한 점

한철 허공에 너울거리는
나비의 몸짓에 두서없이
대롱대롱 걸려든 빈말들
투명한 유리알 유희

어둠을 삭인 불의 시대
가래 끓는 음습한 목구멍에서
이제야 뱉어진 닳고 닳은 해묵은 시어들
놀란 박쥐 떼와 함께 날아드는데
슬픈 내 언어도 한 점으로
노을빛에 물들며 떨어져 내린다.

가을 외 2편

파란 하늘
숨었던
이슬 내려와
강이 되고
코스모스로 피어난다
아이들 뛰노는 골목
고추잠자리 등에 올라
아슬아슬 날아간다
황금빛 들판에
누워
하늘 바라본다
무지개를 찾아서

가을 하늘

"밥 먹었니?"
마음 울리는 소리
"밥은 먹었니?"
가슴에 담겨있는 소리
안부를 전하려고
"엄마"
하고 부르면
전화기 타고
들려오던 목소리
"희야, 밥은 먹었니?"
그 목소리
듣고 싶어서
가을 하늘 그 너머
먼 먼 곳 바라보며
"엄마!"
목청껏 부르면
대답은 없고
눈물 머금은 구름만
쓸쓸히 흘러간다

손수건

땀
눈물
먼지로
얼룩진 손수건
손으로 싹싹 비비고
말간 물로 헹구어
탁탁 털고
다림질 한다

땀
눈물
얼룩 싹싹 다린다
손수건을 다리며
마음도 함께 다린다.
꽃무늬 고운 손수건
살포시 접으며
내일 연다

초대시 2

구신자

목련이 지면 외 2편

겨울을 이겨낸 꽃눈에서야
흠없는 순백의 목련이 피어나지.
고귀한 자태를 뽐내며 피어나
한 열흘 피고지고
봄비와 봄바람이 시샘을 부려
질투와 한숨에 멍든
얼룩진 꽃잎이 힘없이 뚝뚝 떨어져
발밑에서 나뒹굴고
험한 세상에 부질없는 정의를 보는 듯
무력해진 마음이 어지러운데
조용히 곁을 지키던 연보랏빛 라일락이
그래도 살맛나는 세상이라고
향기에 향기를 더해 눈길을 끌고 있네.

밤을 달리는 사람들

어둠속에서는 조금 더 용감해지고
타인의 시선에서 자유로워지지.
눈만 쳐 박고 숨는 궁지에 몰린 닭처럼
몸통은 휜히 보이는데도

세상을 바꾸고 싶은 사람들은
오늘밤 흘린 땀으로
창조 에너지를 얻어 내일을 산다.
젊은 게 부럽기도 하고
열심인 게 존경스럽기도 하고
나도 용기를 내어
앞에 보이는 지점까지
목표를 정하고 달려보는데
오래 고인 물 같은 쾌쾌한 생각들이
빠져나가는 느낌이다.
어쩌나, 내 무릎이 시큰거리는 것을

양재천의 밤을 달리는 사람들
가로등이 등줄기 마다
고단한 눈물처럼 젖어든다.

매미의 노래

맴- 맴- 맴- 매앰-
맴- 맴- 맴- 맴- 맴- 매앰-

여름날이 간다.
청춘도 간다.
젊음이여!
한번쯤 매미처럼 처절하게
울어 보았는가.
머지않아 제 육신이
껍데기만 남는 걸 안다고 해도
기꺼이 몸 바쳐 사랑을 찾는 노래

여름날이 간다
나무들은 기꺼이 너른 품을 내어주고
숲속엔 장엄한 합창곡으로 가득해지지
젊음을 그냥
이대로 보낼 수는 없지 않은가.
입이 찢어져도
귀가 멀어도
한번쯤 처절하게 울어보아야 하지 않겠나.
매미의 울음에 얹어

맴- 맴- 맴- 매앰-
맴- 맴- 맴- 맴- 맴- 매앰-

초대시 2

산으로 갑니다 외 2편

권아올

하늘을 밀고 있는 낮달을 품고 파아란 봉오리에 서서
능선 바람에 서로의 몸을 부딪는 오롯한 두 송이 원추리는
흐르는 한 송이 구름에 엄마의 젊던 얼굴을 새기고
맑은 햇살에선 아롱진 여동생 내외의 따스한 커피향기를 맡고
바람을 가르는 산새는 아들이 펼친 비상의 깃털입니다
간밤에 내린 이슬을 털어내는 패랭이 꽃 무리에 담긴 딸이 겨워
가슴 깊이 간직한 그들의 의자를 펼치고 싶습니다
우리는 사랑을 했고 사랑을 하고 또 사랑할 것입니다
그래서 휴일이면 나는 푸른 별빛이 되어 산으로 갑니다.

사랑하는 내 남자가 어느덧

한 순배 돌고 돌 듯 찾아온 60년
어느덧 돌고 나니 바로 그 자리

철산에 잎새 돋워 푸르름 짓고
사랑을 되새기며 지나온 그 흐름
이랑이랑 엮은 뱃머리에 함께 앉아
석양을 맞이합니다

당신과 함께 걸어오며
눈물이 앞을 가리던 그 먼 날들도
그래도 가끔씩은 행복하였습니다

이제야 딸년과 아들놈 제자리 찾아드니
허리 펴고 고개 들어 걸어온 길 찾습니다

어느새
당신의 그 눈가엔 잔주름 깊고
메마른 눈가에는 눈물 맺힙니다

이제야 흘린 눈물 씻어 내리고
눈 내리고 바람 불던 그 서글픔도

세월의 흐름과 함께 넘기고
지금 아름다운 자리 당신의 60년

오늘 당신의 아내는
당신이 걸어온 이 한 세상
살면서 흘린 눈물 훔치고
당신과 맞불 놓은 짚불이 되고 싶습니다
진정 당신을 사랑하고 또 사랑할 거예요

홀로 걸으며

간밤 비에 젖은 솔가지
앞산 계곡 아궁이에 꽃 피우니
저녁밥 짓는 냄새 생생하다
누군가 앞서간 냉기에
나를 짚어 삼킨 질편한 어둠
헛것으로 다가서는 시든 나무
능선 넘어 달빛에 젖는다

기억 저편에 날던 이름 모를 산새
끔찍한 슬픔을 입에 물고
벼랑 아래로 나를 밀친다
흐릿한 기억에 박힌 다리
나무로 숨어 살까
오라고 손짓하는
앞산 기슭 골짜기에 숨어
구름 한 점으로 살아볼까
온몸으로 날뛰는 냉혹한 길에서
나는 오늘도 몸이 아프다.

기도는 타이밍 외 2편·

내가 널 사랑하는 이유가 뭔가 생각했어
허술하게 할 말은 아니지만
어떤 따뜻한 위로의 말도 하염없긴 하지

운수가 없는 날마저 좋은 날로 바꿀 수 있기를 기도해

시간이 변수이긴 하겠으나
오르골의 노래 한 곡이
하나의 풍경 속 기억으로 그려질 무렵이면
상처를 벗은 아침이 맑은 얼굴로 네 앞에 다가올 거야

내가 널 사랑하는 이유가 뭔가 생각했어

나뭇잎 화석 같은 이미지로 바닥에 떨어져도
어제 걸어온 샛길에서 생소한 발자국 소리를 듣는 건

또 다른 날을 기대하며
아직 생활인이란 감각이 살아있는 것일 테고
너는 환한 미소를 지을 거야

우아한 휴식

느린 여행을 하려고 바다*에 왔다

불면의 밤을 보낸 시간의 조각들 사이로
멀리서부터 검은색의 철마가 반경을 그리며 다가온다
가까이 기차의 숨결이 섞이어
따라오는 수평선의 길이가 자꾸 길어진다

사이사이 파도의 낮은 굴곡이 두 가지 톤을 조절하고
시원하게 스치는 바람의 숨결
여름의 전령이 아니었음을 알게 하네

기차가 천천히 사라지는 순간
굳어버린 해변의 족쇄를 풀 것 같아
가끔 기다리는 것이 좋을 때가 있다

불면의 시간보다 유연해지고 싶은 아침이면
느리게 흐르는 시간이 알맞은 휴식 같기도 하고

*미국 워싱턴 주 시애틀 북쪽 외곽의 머킬티오 비치이다. 태평양으로 통하는 물길인 퓨젯 사운드와 접해 있다.

지금도 절규

"집에 있던 통조림이랑 한 시간 동안 줄을 서서 받은 밀가루 한 봉지도 다 떨어졌어요. 엄마가 풀이랑 동물사료라도 먹어야 버틸 수 있다고 했어요."

가자지구 어린이의 절규는 누구의 물음에서 시작됐는지

세상은 늘 변한다고 하지
어느 쪽으로 방향을 잡는지가 어려운 문제이겠지만

개인의 배고픔조차 사소한 일로 스쳐 지나가고 마는 전쟁터

대기는 어지러이 돌아가고
굴곡이 높이 치솟는
여기저기 세상의 폭력에
내뱉어 봐도 소용없는 무질서의 시간이 이어지고

아이의 눈동자, 가녀린 손가락, 예상 밖의 두려움으로 울고 있네
그 사이에 멈춰버린 행복의 단어들

불면과 무기력의 아픈 자위로 밤이 더 길어지고

초대시 2 김근성

아이 엠 코리언 외 2편

아이앰에프 저주 속에
공직 생활
후렴 잔치 잃어버렸다

해 질 무렵
고희 짐꾼으로
에메랄드 지중해 오월
노을빛 술 오른 얼굴
셈 값은 바디 랭귀지로

콧날
뾰족한 *아말피 인
"아리가또 고자이마쓰"에
"노노, 아엠 코리언"

일만 삼천 마일 거리 두고
토종 한국인을
왜 나라 소인쯤으로 아는
착각에 심사 뒤틀린다

물론
제 멋대로
지껄이는 인사치레지만
고희 짐꾼
술 넘기는 목젖이 불쾌하고
씁쓸하다

*아말피: 이태리 지중해 남부지역

몽돌의 추억

지중해 카프리 섬 바닷가
쪽빛 물결에
몽글어진 밤톨만한 몽돌 두 개
구석방 진열장에서
파도 소리 꿈꾼다

종아리 걷고
첨벙첨벙 물 튀기고
아무도 모르게
아무 짓도 안 한 듯
슬쩍 주머니 안에 탐석

추억 담긴 소중한 몽돌 두 개
세상 옛 보기 들뜬 고희 心中
햇살 아래 물고기처럼
튀어 오르던 눈부신 물비늘

산타루치아 산타루치아
아른아른 추억 일렁인다

아무르 강

안개 낀 새벽녘
아침을 열어주는 까마귀
까악 깍

연초록 숲길 따라
길섶에 노오란 애기똥풀
이파리 넓은 비단취
동트는 햇살에
수피 투박한 갈참나무
내 고향 숲길로 착각하겠다

아무르 강
사차선 고가도로 꼬리 문 차량
드넓은 발해의 땅
우스리스크로
꿈 하나씩 안고 달린다

아무르 강
강줄기 따라
하얗고 껍질 고운 재질의 자작나무

순혈주의와 맞아떨어지는
러시아 여인의 성정을 닮았다

칠 할이 산림인 이 나라
주종인 자작나무들
부국으로 가는 길 몫의 하나
아무르 강가에서 보았다

21세기 사랑의 방정식 외 2편

언뜻 밀려오는 그리움은 애절한 사랑이 아니다.
21세기 물질 만능 시대라지만 명예와 권력과 부를
일번지로 환산하는 사랑은 진실한 사랑이 못 된다.

그런 사랑은 질투와 허영심뿐이고
사랑의 사치
별 수국은 참 아름답더라

참사랑으로 저미어 오르는 그리움이란
석 달 열흘쯤 속앓이를 하고 나서
백일가량 밤잠을 설쳐대고
챌린저 심해에서 올라오는 진솔함이 있어야 한다

풍선 같은 헛바람은 세월이 흐르고 시간이 지날수록
병명도 없을뿐더러 의사의 처방전도 소용없다

절망적 나르시시즘이 심화할 뿐이고
꽃은 시들어 간다

바람

바람은 자유롭다
바람은 좋아하는 길이 있다
용오름 바람은 굽이굽이 돌고 돌아 구성진 메아리가
뒤쫓아 오는 깊고 깊은 천애 협곡을 매우 좋아한다

내 여친은 하늬바람 타고 날아와 수다를 퍽 떨다가
마파람에 실려 갈잎 휘날리듯 슬그머니 떠나갔다
미인은 4월 꽃바람을 무척 좋아한다

나는 갈잎 부딪치는 스산한 갈바람이 가슴을 치고 달아날 즈음
시상이 퍼뜩 떠올라 꽃구름 길을 걷는다

사람이라면 누구나 바람이 있다
그것은 오욕 칠정이며 미래의 메시아다
나는 나에게 왜 무엇을 위해서 사느냐
아이러니하게 묻고 싶다

오늘은 왠지 바람 따라 덩달아 흐르고 싶다
나의 바람은 시다
바람의 시다.

시의 밭

대흥리 내갈 시오리 산책길을 걷노라면
하얗게 머리 푼 갈대숲에는
자연의 생명 교태가 살아 있었다
백로와 고니 학과 강태공이 호시탐탐 눈총을 심었다.

비룡산 왕솔나무숲은 산새의 요들송 무대
계곡 두어 평 넓적 바위는 다람쥐와 청설모 놀이터
한 소년이 꿈을 먹던 시의 방이다
하지만 꼬리가 아홉 개 달린 흰여우 전설에 가슴이 뜨끔

산과 하늘 땅 사이에는 시인 묵객과 온갖 생명체가
공생 공존 더부살이의 아름다운 가교인데
벌거숭이는 재앙의 예고편이라 정말 싫더라

대흥리 구럭보 49개 폭포수 앞에 서 있노라면
나이아가라처럼 물 춤이 회오리쳤다
학과 백로 고니가 몰입 은빛 생명을 낚아챌 때
오감이 전율 내 붉은 찰토마토에서 시의 분노가 피어올랐다.

이 길은 갈증 난 내 문학을 펌프질하는 반세기 인생길
엄마의 젖가슴처럼 배부른 내 시의 밭

초대시 2
김다솔

충무 김밥 외 2편

비릿한 바다향
수평선 긋는 갈매기 소리
목구멍까지 밀려 올라오는
이건
안개 속 같은 회상의 여울목
무 김치, 오징어 어묵 무침에 시래깃국
뱃머리에서 만나는 그 맛
그곳에서
부두를 품은 사랑이 있었지
포만飽滿의 행복을 만나는 날은
긴 역사를 기록하는 맛의 향연이
배속 깊이 침몰했었지
그런 날은
집채만 한 파도가 가슴으로 밀려오기도 했지
울컥
오래된 그리움 하나 삼킨다.

땀의 결실

뜨거운 태양 땀방울이 빛나던 날 맑은 방울들은 유리알처럼 빛났으며
그늘도 더위에 지쳐 힘겨운 순간들이었다

모든 것이 녹아내릴 것 같은 끝없는 숨 막힘

그 땀방울로 숨겨진 작은 희망의 씨앗이 미래를 꿈꾸는 뿌리로 내려
나를 지탱해주었기에 내 삶의 영양분은 가지를 뻗었다

땀방울은 고통의 증거가 아니라
미래를 위한 작은 약속이라는 귓속말을 기억하며

쉴 새 없이 흐르는 땀을 훔치며 피어나는 희미한 미소

태양이 지고 다시 돌아오는 빛의 여정은 극한 더위를 몰고
불볕더위는 마음을 재순환 시키고 있다

어쩌면 무더운 여름이 우리를 앞으로 나아가게는 하는
원동력으로 자아를 실현하려는 바람이 될는지

가을 연가

내 속에
서서히 자라고 있는 늙음의 나무가
파장의 신호를 보낸다

잠시 스쳐간 인연들
손끝에 닿을 듯 멈추지 않고
바람에 실린 한숨처럼 흩어지네

나락의 시간이
저 멀리 보이는 석양에 맞닿아 있는데

모든 것은 먼지로 돌아가고 기억조차 바람에 흩어지면

오늘 나눈 그 웃음도
내일이면 사라질 그 무엇일 뿐

나는
무엇을 붙잡으려 하는가
허망한 순간에도
아름답다고 말 할 수 있는 것은
삶이 빛났기 때문일 거야

덧없음 속에서 찾아낸
작은 순간에 영원을 꿈꾼다
그래,
덧없음이라도
우리는 사랑하고 살아가며
끝내 무엇이든 남기고 싶다

그 덧없음이 있기에 모든 것이 빛나는 순간이 될 수 있음을

초대시 2 김도남

아뿔싸~! 내가 쫓기고 있었구나 외 2편

복중엔 햇볕이 두려워
길을 걸으며 전봇대 그늘을 찾고
가로수 그늘을 찾으며
제발, 폭염이 빨리 지나갔으면 했는데
처서 지나고 나니
천변에 코스모스가 하나 둘 눈에 띄자
여름이 떠날 준비를 한다

서늘해진 바람에
단풍이 들고 대추가 붉어지기 시작하면
밤에 잠자기 좋다고 하면서
가을이 오래 가기를 바라겠지만
금방 서리 내리고 입김이 나와
옷을 포개 입고도 추워하며
이 계절도 빨리 가기를 바랄 것이다

모든 것은 때가 되어야 한다는 것을
알면서
정작, 매화꽃 진달래꽃 피는 날이 오면
일년이 너무 빠르다고 투덜댈 것이다

시간은 변함없는 속도로
시기에 맞춰 계절을 바꿔 왔을 뿐인데

칠십 고개 코앞에 두고 돌아보니
아등바등한 삶에 빠져
돈에 쫓기고 시간에 쫓기며
허둥지둥 살아온 세월이었다
사랑을 위해서였을까
행복을 위해서일까

조급한 마음에 쫓겨온 내 인생
이제 얼마나 남았으랴
이곳이 천상인 듯
가는 계절은 고맙게 보내주고
오는 계절을 보고, 느끼고, 즐기며
감사하는 마음으로 살자

빨래가 흘리는 눈물

아카시아 꽃 향기 가슴 후비던 날
빨랫줄에 널린 할아버지의 두루마기에서
눈물이 떨어진다
뒷동산 칡꽃 향기 가슴 후비던 날
빨랫줄에 널린 할머니의 치마 저고리에서
눈물이 떨어진다
사방에서 찔래꽃 향기 가슴 후비던 날
빨랫줄에 널린 아버지와 육 남매 옷에서
눈물이 떨어진다
꽃구경 한번 가 보지 못하고
백발이 다 되도록
숨소리도 죽여가며 살아온 세월
바람 타고 온 향기가 시린 가슴 적실 때
줄지어 널린 빨래가 애달프게 운다
아궁이 앞에서
매운 연기 핑계 삼아 눈물 훔치는
어머니의 설운 눈물이다

노송은

비스듬히 휜 허리로
산능선에 서서 세상을 굽어보고 있다
꺾여나간 상처 안고
춤추듯 흔들리며 수백 년을 살아 왔다

어쩌다 이곳에 터 잡았는지
탓도 원망도 하지 않고 모진 세월을 견뎌 왔다
흔들리며 단단해진 속으로
나이테를 숨기고
아픔도 숨기고
당당하고 기품 있게 서 있다

누가 휜 허리만 보고 늙었다 하랴
지금도 청춘인 것을
세상 풍파 견뎌오느라 몸뚱이는 거칠지만
마음의 빛은
완숙되어 사시사철 푸르고 푸릅니다

노년의 마음입니다

초대시 2

김도희

청탁 외 2편

생경한 단어는
삶아내고
무쳐내고

질긴 낱말들은
자르고
다져서

둥그런 접시에 올려놓는다

정성 다해 차렸지만
설익고
간이 덜 된 음식

혀끝에 착착 감기는
시 한 접시 만들고 싶은데

아직도 부족한 2%

전령사

뚜벅이처럼 걷는 걸
좋아합니다

귀룽나무, 때죽나무 꽃이 피면
가장 먼저 알려줍니다

숲 풀 속에 새소리만 듣고도
이름을 압니다

억새 사이에서 야고꽃을
찾아내기도 합니다

그녀의 풀냄새
그녀의 꽃 발자국

자꾸만 따라갑니다

뱅쇼*

오랫동안 묵혀둔 칠레산 포도주에
눈물을 함께 넣어요

씁쓸한 오렌지
떠나간 사과 반쪽
레몬의 고백
슬픈 정향

주문을 외워요

10시와 12시 사이
끓고 있는 감정이
식어버릴 때
안부도 묻지 않습니다

누구의 잘못도 아닙니다
익은 포도의 탓은 더더욱 아닙니다

잠깐 지나가는 계절입니다
누구나 앓고 있는 감기입니다

뱅쇼를 마시면 찾아오는

*프랑스어로 '따뜻한 와인'이란 뜻, 와인에 여러 과일과 향신료를 넣고 끓여 먹는 음료수.

초대시 2

김돈영

소리꾼 외 2편

숨소리 고르고서
부채를 펼쳐 든다

탁, 하고
한 번 치니
허공이 열리고

툭, 하고
무릎을 치니
발아래가
선경이로구나

가을 연가

지금도
가슴속에
잊지 않고 떠오른다

단풍잎
붉어지면
그리워 생각나는

찻잔의
소용돌이로
남아있는 그 사람

그믐달

먼동이 트기 시작하니
한라산 왕관봉 위에 떠 있던
당신의 얼굴이 멀어질 듯
희미해져 갑니다

겨울 칼바람 소리 요란한
바람벽에 기대어
긴 밤을 지새우던
숨죽인 울음소리

밤새 머리맡을 어지럽히던
찬 새벽 가르며 나는
기억의 새 한 마리

한해의 끝자락에 서서
창백하게 여윈
저 그믐달에 걸린
어머니!

당신의 한 생을 생각합니다

초대시 2

김두녀

눈길에서 외 2편

함박눈이 온 세상을 덮는다
지난 시간 작은 세상마저
빠르게 지워버릴 듯
틈이 없다

순백의 세상 아무도 가지 않은 길
뽀드득 밟던 걸음걸음 뒤돌아보니
반듯하다
휘청거림도 헛발질도 없다

눈 앞 펼쳐진 세상
몸이 가는 대로 생각이 머무는 대로
지울 건 다 지우고 차곡차곡 새것을 쌓아
새집을 지으련다

순백의 세상에 뺄셈은 없다

산솜다리 꽃

설악산 높은 절벽
막 탯줄을 끊고 나온 산솜다리 꽃
하얀 분 바르고 파르르 떠네
살그머니 눈을 떠 낯선 세상 살펴보네

절벽에 붙어 모진 비바람 견뎌며
꽃 피운 산솜다리는
하얀 솜털로 세상을 감지하네
털이 보송보송한 노란 속꽃은
아이들이 모여앉아 공기놀이를 하는 듯

까르르 까르르 웃는 소리에
마주치는 사람마다 잘 살았다고
반갑다는 산 사람들 말소리를 알아차리듯
바르르 떠네, 절벽 위 산솜다리는

가을, 가을을 보내며

낙엽 쌓인 약수터 지붕이
따뜻해 보이는 건
혹독한 겨울을 나야 하는
나목을 부러워하기 때문
언제 우리가 낡은 옷 훌훌 벗고
겨울잠을 자본 적 있었던가?

새끼다람쥐 후두둑 길을 비켜주는
늦가을 오솔길에는
무서리를 기다리던 빨간 단풍잎
노을 속 빨려들 듯 서 있네

푸른빛이 사라진 낙엽은
탄성을 실컷 지른 지난날이고
노을빛 단풍 속은 아직 차마 섞지 못한
우리들 얘기가 붉게 타는 거네

가을비에 젖은 가슴이 쓸쓸한 까닭은
바람에 떨어지는 나뭇잎 하나에도
사랑과 이별이 묻어 있기 때문

이제 눈시울 붉힐 것 없네
언제일지 모르는 이별의 그날은 설렘
앞서 잘 가시게 아름다운 그대여!

시오름에 올라 외 2편

치유의 숲 오솔길
가파른 언덕 오르니
시오름 정수리

두 발 넓이 정수리 위에서
한라산 우러르네

오고 가는 구름
백록담 열었다 닫았다

보이지 않아도
당신 목소리 들리네

홀로 선 딸

빼곡하던 신발장
빈자리 휑하다

텅 빈 방
잠시 서성이는데
공기마저 비워졌다

서른이면 홀로서기 할 나이야
우리 엄마도 독립!
막내 목소리 울린다
고맙다 만세 불러야 할까

큰 딸 이사하던 날 떠오른다

불청객

막무가내로
귀 찔러대는 귀뚜라미
찌륵 찌륵 여치
앵앵 모기

자동차 가득하고
탱크소리 요란하다

살충제로도 귀마개로도
물리치지 못했다

먹먹한 귀 비웃듯
공원 매미들 단체로 울어댄다

매미소리는 가을바람이 보쌈해가지만
불청객은 무엇으로 물리치나

초대시 2 김명실

봄비 내리는 날 외 2편

봄비가 내리네요
부엌 한 구석에 놓인 커피 내림기에
헤즐럿 가루를 넣고 물을 부어 내립니다
커피향이 집 안 가득 퍼지네요
당신은 힘들 때 마다 커피를 마시면
힘이 솟는다고 하시며
즐겨 마시곤 하셨지요
작은 찻잔에 커피를 따라 마십니다
입 안 가득 퍼지는 향이
목젖을 타고 내려가며 눈물 나게 하네요
커피향이 내 마음을 적십니다
온몸에 번지는 이 향이
커피 내음인지 당신 내음인지
나도 흠뻑 젖습니다

그리움

봄볕이 마당 가득 내리는
한 낮
뜨락 저 쪽
담장가에 매화 한 송이
눈 비비며 웃고 있네요

산

아버지는 산이었습니다.

찔레꽃 피는 봄 날
나뭇가지를 옮겨가며 날아가는
산새를 쫓아가다 바라보는
산은 참으로 높았습니다.

어느 여름 날
골짜기를 흐르는 도랑물 거슬러 오르며
가재를 잡다 바라보는 산은
여전히 높았습니다.

밤송이 아람 벌어 떨어지고
도토리 익어 온 산을 누빌 때
산은 내게 친구처럼 보이기만 했습니다.

눈 쌓인 겨울 산 양지녘
진달래 꽃망울 부풀어 오르는데
구순의 노쇠한 아버지는
햇빛 닿지 않는 응달 잔설로 남아
가슴 한 구텅이를 시리게 했습니다.

다리 외 2편

다리를 건넌다
뭍으로 가는 보따리를 인 할머니가
가고 있다

아무리 외쳐도
끝이 아닌 시작
대대로 오명을 털어
살아가는 꿈

대를 이어
저 하늘까지
날개 없는 천사가 되어
귀향하는

다리에 든 사람들이 춤을 추고 있다
춤사위로 묵은 시름이 떠가는
숨죽인 바다를 향해 소리 지른다

꽃과 나비

붓의 길이 흐트러지지 않도록
이슬로 내려
화분을 품고 수술을 향해 사뿐거리는 나비의 발길이 아슬하다

한 번 한 번
변이를 일으키지 않으려는 사투가 이어져
마침내 생명을 잉태하는

너머 영적인 믿음으로
시를 일깨움은 동서고금에 이어진 일이거늘
무엇이 무엇을 어쩌랴 하리오

삼라만상
그 원은 오로지 자연으로
이치를 거스르지 않는 길일 뿐

감자를 심을 때

배가 파도에 떠밀려 가고 있다
놀란 숭어가 몸을 움츠린 미역 사이로 숨어들어 바깥 전쟁을 엿듣는다
조청은 찌고 푹 다시 쪄 기운을 다 빼는 것
버틸 힘이 없는 중국집 주인이 짜장면을 비비면 짬뽕이 되는 한을 먹고 있다
식목일은 부작대기를 꽂아도 살아난다는 말이 대지로 간다
더 꼬부라진 할머니의 등을 내밀면
돌덩이가 된 거친 손으로
눈이 어디에 달렸는지 조각나 뒹구는 표면에 재를 묻혀 달랜다
이랑 사이로 하나 하나
수면제 먹은 듯 파닥이던 기운도 포기하고
새살이 돋아나 세상으로 나올 날
꿈꾸고 있다

초대시 2 김미순

곤드레나물밥 외 2편

햇살등진 산그늘이 머문 길목에 잠시 멈춘 오늘
푸른 바람 한 장으로 비워내는 가을 만나러 가는 길

뜨거운 밥 냄새가 지글지글 달궈진 돌솥 한가득
입이 미어질듯 큰 웃음으로 한 술 뜨고 고개 끄덕여지는
잘 익은 흙내음의 점심

산 전체로 달려오는 파란 바람도 한 솥
숨 막힐 듯 힘겹게 넘어가던 매운 시간도 한 솥
만남의 은근한 기쁨도 듬뿍 섞어
제 스스로 키워온 몸 진한 들녘 냄새로
양념장에 풀어내는 곤드레나물밥을 비비며

숟가락에 올라앉는 세월의 아픔과 슬픔까지
고소하고 구수한 맛으로 어우러지는 정선의 하루
한 고개 돌아 돌아 욕심 벗고 눈 비비면
다 비우고 수수밭 머리에 매달린 눈부신 가을빛에
눈먼 마음 활짝 열릴까.

로댕의 키스

꽁꽁 언 맨발의 꽃 한 송이 뜨겁게 한다.

소리 없이 소복소복 쌓이는 폭설 속으로
신발을 벗고
양말을 벗고
뽀얀 맨발로 나선다

하늘의 눈물이 은빛으로 반짝거리고
품어온 꽃들은 허공에서 제 날개를 꺾어버렸다
바람의 칼에 베어져 하얗게 얼어가는 것들의 비명소리
쿵, 쿵, 바다 속을 뒤집으며 발톱을 세우는 푸른심장은 춥다

아찔한 절벽의 기도가 발등을 덮고 무릎을 덮고 어깨를 적실 때
추움을 헤집고 눈 속에 먼저 눕던 빨갛게 부은 갈대의 발가락들
하늘이 무너지게 달려와 입맞춤하는
서로에게 열리지 못한 그 투명한 한마디를 위한

따끔따끔 창백한 부리의 단호한 선택
뜨거운 숨, 펄펄 끓는 그 순간이다.

브랑쿠시의 입맞춤

하늘을 물고 꽃을 물고
내 눈이 네 눈속으로
네 눈이 내 눈 속으로

하늘의 긴 속눈썹, 가까이 깜빡거릴 때 흰 구름은 포근하게 펼쳐지고 등 뒤로 감긴 긴 팔을 따라 해가 돌았다
  서로의 창문을 두드리는 나뭇가지, 두근두근 푸른싹이 돋고 총총 걸어 나온 가슴이 마주보며 일렁이며 출렁 하나로 서는
  차디찬 절벽이 꽃으로 활짝 피어나는 시간, 부리를 내민 잎새 한 껏 흔들리며 안으로 안으로 더 뜨거워지는 그대의 문

돌돌돌 심장 쪽으로 챙챙 감겨드는 숨 하나로 따끈따끈 붉어지는.

달을 보며 옥수수를 먹고 싶다 외 2편

옥수수 껍질을 벗기자
촘촘한 생의 의지가 층층이 박힌
윤기 반지르르한 알갱이가 탐스럽다

고양이 울음으로 밤을 알아채던 기억
흙에 찍힌 고라니 발자국에 대한 기억
서걱서걱 이파리 흔들던 바람의 기억
웃자라는 옥수숫대에 내려앉던 명랑한 새소리의 기억
달이 뜨지 않았던 어둠 속 고요에 머물던 기억들이
여물어가는 평화로운 풍경의 시골집 마당에서

길게 늘어진 하품 베어 물고 평상에 앉아 옥수수를 먹으며
누런 빛깔의 맑은 웃음으로 배를 잡고 웃다가
벌러덩 평상에 누워 알갱이 빠진 옥수수 대를 층층이 올라가

달을 바라보다
별을 세다
잠이 드는
눈부신 그리움의 밤

칼국수를 기다리며

추석 장을 보다 홍두깨 칼국수 집 입구 막아가며
차례 기다리는 사람들 틈에 끼어 줄을 섰다가
겨우 자리 잡고 앉아 주문한 칼국수를 기다리는 중이다
줄어들지 않고 길어만 지는 줄의 손님은 대부분 오래된 고객들
허연 머리카락에 듬성듬성 이빨이 남아있는 할아버지
꽃무늬 모자 쓰고 지팡이에 줄어든 몸을 의지한 할머니
첫 단추 잘못 채운 걸 모른 채 자리 나기만 바라는 초로의 남정네
그 속에 앉아 그들을 바라보는 나
모두 어떻게 살아냈을까
홍두깨에 밀리는 밀가루 반죽처럼
눌리면 눌리는 대로 납작 엎드렸다가
밀면 밀리대로 늘어났다가
접히고 접혀서 설컹설컹 칼에 썰려
뜨거운 멸치 맛국물에 익은 칼국수처럼 살았겠지
등이 굽도록 칼국수 면을 민 주인장처럼
어제와 같은 오늘을 살았겠지
난생처음 본 사람과 마주 앉아
두 그릇도 안 되는 값에 맛있는 칼국수를 먹게 해 주는
주인이 고맙다며 마음 주고받는 시간
아무튼 살아가는 일이 고단으로 허기질 때면 다시 올 일이다
언제든, 언제나처럼

빛깔이 좀 흐리면 어때

커피 메이커로 커피를 내리네
유리 용기에 떨어지는 커피가 흐릿한 갈색이네
뚜껑 열어 보니 반쯤 접혀진 여과지에
젖지 않은 커피 가루가 수북하네
발만 담갔다 뺀 빛깔이
열정 없이 습관으로 사는 매일의 나 같아
여과지를 매만지고 다시 커피를 내리네
줄줄줄 애끓는 소리로
칠흑 같은 어둠의 물이 떨어지네
어둠을 마시지 않아도
슬픔이란 문장을 썼다 지우며
어둠 속에 살건만
굳이 진한 울음 같은 커피 마시며
잠 못 이루는 밤에 묻히나
슬쩍 캄캄한 어제를 한 숟갈 덜어내기로 했네
익숙한 쓴맛이 엷어지고 위로처럼 잠이 오네
내일은 햇살처럼 웃을 수 있겠네
아무렴 빛깔이 좀 흐릿하면 어때
사는 게 쓴 맛만 있는게 아니라는 걸 알게 됐는데

초대시 2 김석림

선도蟬島*·1 외 2편

육지와 결해주는 나룻배의 안내로
선도가 금세 눈에 잡히고
해 저무는 논두렁에
개구리울음
내 가슴에서 잊고 살아온
고향의 기억들이
하나둘 별빛으로 돋아난다
길가 마늘밭엔
객지로 떠나간 자식을 키워낸
어머니의 땀방울이
올해도 토실하게 여문다

조심스런 발자국 소리에도
외지인을 용케 알아채고
심하게 짖어대는 개
새끼를 세 마리나 얻어
당당한 어미 염소의
소란스런 울음
그건 아마도
오랜만에 찾아온 외지 손님을
거나하게 환영하는
섬마을의 인사일 게다

*선도: 전남 신안군 지도읍 소재의 섬(2008년 5월 4일 - 6일 방문)

선도蟬島·2

섬마을 사람들의 순박한 미소가
정갈한 식탁을
천상의 향기로 넘쳐나게 한다
태고의 맛을 간직한
고사리나물, 감태甘苔, 굴국
이웃이 가져온 숭어회
찌들지 않은 신선한 향미가
주린 배와
영혼까지 풍성하게 채운다

범의 기상을 지닌 호덕산
정상에 구름 서리고
떨기나무에 하늘의 불 내렸으니
그대들이여
깨어나 나팔을 높이 울려라
대양에서 밀려온 너울
갯벌에 은빛으로 부서지는
저 청정한 바다를 보라
그물을 손질하고
온 세상을 낚을 고깃배
이제 만선의 돛을 올려라

월척을 꿈꾸며

동면에서 깨어난 나비
야윈 날개에 얹혀가던 봄 햇살
낚시찌에 내려앉아
엊저녁 하룻밤의 꿈을
촘촘히 채색한다

이따금 입질 오는 건
물 위를 떠도는 세월의 그림자와
비린내도 풍기지 않는
피라미 같은 일상의 잡념들
어망을 가득 채운다

낡은 시집 책갈피 속에 갇힌
창백한 초상화
물살에 일그러지고
심연에서 처절하게 침묵하고 있는
또 하나의 나를 건져 올린다

평생 가슴에 묻어두고
아니, 죽어서야 사랑할 수 있는
내 사람아
낚싯대 걸어놓고
기약도 없는 월척의 꿈을 꾼다

가을 유감 외 2편

뒷모습이 너여서 뛰 듯 쫓아 가다가
착각임을 알고 돌아서 숨을 고른다
서로 다른 세상을 흠모 하면서
여기까지 와서도 왜 널 놓지 못할까
밀어 낼수록 달라붙는 허튼 시간 안에서도
느닷없는 네 생각에 마음 덧 들린 날엔
하루가 휘청이고 혼미해져서
지우려는 발버둥은 매양 허사지
지독했던 지난여름 더위에 휘둘려
까맣게 지워졌음 좋았을 너의 기억
스산한 이 가을은 조롱하듯
얼마나 나를 흔들어 댈는지

초대시 2

김수노기

식혜

명절이면 생각나는
엄마표 식혜
엿 길금에 삭힌 깊은 맛
동동 뜨는 흰 밥알
시원해서 달달해서
단숨에 넘어가는
참한 그릇에 넘치던
뽀얀 엄마의 시간들

동창들

가슴 한 쪽에 구름 같은 너희가 있지
지척에 살고 때때로 얼굴 보면서도
채워지지 않는 목마름으로
너희랑 삐딱하게 서서 찍은 사진을 보다가
잘 익어가는 우리 모습을 발견하지
밥집,찻집에서 번개팅 할 때
성가셔도 어깃장 놓지 말고 모여서
우리의 오랜 이름 부르며 웃고 지내자
웃음기 메마르기 쉬운 나이지만 씩씩하고
활기 넘치는 머리 허연 어른들 보기 좋더라
우리도 그렇게 살자꾸나
꼰대 아닌 누군가에게 쉬 잊히지 않는
농익은 어른의 모습으로

초대시 2 김영미

연둣빛 외출 외 2편

오랜만에 황사가 보이지 않는다
누대에 거처 불청객으로 찾아들던
공중의 샛노란 자객
황사가 보이지 않는다는 건
공중의 길이 잠적했다는 것
나는 봄이 올 때마다
황사의 행방을 헤아려 보곤 했다

방금 링거 속을 빠져나온
몇 방울의 이승이 낯선 유언 속으로
방울방울 사라지는 빈사의 끝
그곳에도 늘 황사가 있었다

황사 속의 세상은 청동거울 속 벽화처럼
다시는 은신할 수 없는 재앙이거나
온 봄을 다 바쳐도
해독할 수 없는 혈거의 날이다

공중의 거대한 대륙, 싯누런 전설은
어디로 숨었을까

아무리 눈 감아도 온몸에 휩싸이는
봄날 저쪽의 풍토병
그래서일까
옛날의 뒤꼍 벚나무 밑에는
할아버지가 묻어둔 잘 익은 밀주가
꽃잎과 비틀비틀 춤사위를 불러내곤 했다

나는 희미한 연대기 속 지문을 들여다보곤
대문밖에 웅크린 황사를 보며
신발장에서 움트는
연둣빛 하이힐과 접선 중이다

입춘

이제 겨울은 기소중지 되었다
누군가 실려 온 이삿짐에는
별거라는 딱지가 붙어있었다
베란다 밖 소문들은
자코메티 조형물처럼 길어지기 시작했다

선인장 속 사막이 꽃이 되려면
두 마리의 낙타가 필요할지도 몰라
바코드를 찍을 때마다
나의 신분이 미행당하는 듯한
그 짧은 느낌은 햇살들의 과소비일까
아니면 나만의 조급증일까

한때 나는 먼 시간 저쪽
의문의 근원지를 찾기 위해
팔만대장경을 만난 적 있었다
바다를 넘었고 강화도 선원사에 이르러
지문이 아니고는 읽어낼 수 없는
화석의 시간을 짐작하곤 했다

미래로 가는 일은
시간의 풍랑을 만나는 일이지만
과거로 돌아가는 일은
내 안의 권태를 버린다는 것
봄날은 더디 갈 것이다

마루 속 10년 전의 표정도
영정이라는 계절 속에서
숨은 인연의 증좌를 더디 찾아낼 것이다
발을 헛디딜 때마다
제자리를 찾는 과거의 사연들
나는 조용히 고개를 돌려
천년의 비밀을 햇살 너머로 넘겨본다

낡은 풍경에서 깨어나다

고택에 든다
쇠락한 시간이 이곳저곳 널브러진
조그마한 안마당이 주춤
기억의 뒤로 숨고
뒤꼍으로 향하는 처마 옆
살구나무만이 노란 인사를 하는 곳

이제 다시는
청빈의 주소를 꿈꾸지 않으리라던
쓸쓸한 독백과
절구 속 봄날의 가난을 눈물로 빻던
곤궁한 푸념들이 되살아나고

어쩌면 이맘때는 아니었을까
내가 논두렁 너머로 곡선의 심부름을 하며
아버지의 막걸리에 취한 그날 오후와
풀잎처럼 지친 몸을 맞이하던 고택의 지조

방금 뒤꼍을 한 바퀴 돌아 나온 바람에도
단추 같은 열매를 몇 개 내줄 것 같은
늙은 감나무 풍경을 상상해 보는 일

고택은 그러나 고택을 꿈꾸지 않는다
낡은 풍경을 복사하지도 않으며
그렇다면 지금
고택이 꿈꾸는 건 정작 무엇일까

맨 처음 자신 속에 주소를 열었던
바로 그 시절의 꿈
세상 저쪽 바람이 문지방을 넘을 때마다
풍경소리처럼 닿던 그 체온에 대한 그리움

밖으로 나서자
앞산 뻐꾸기 울음만이
기억의 원근법이라도 익히는지
가까워지다 멀어지곤 한다

떨어지는 도토리 소리는 누가 셀까 외 2편

김정자(유빈)

어떤 나무에선
도토리보다 훨씬 더 많은 소리가
떨어지는 소리가 난다고 한다.

또 어떤 나무에선
도토리보다 훨씬 적은 소리가
톡톡 난다고 한다.

가을은 아무래도
수학자의 피가 흐르는 것 같다.
도토리와 온갖 열매들
숲엔 무수한 숫자들이 생겨나는 계절
그중 다람쥐는
건망증이 많아서
잘생긴 구름 밑에 도토리를
다독다독 묻어놓는단다.

그래도 톡톡
열매들 떨어지는 소리를 세고
합산하여 나누는 직업들이 있다.

땅이 가져가는 소리와
새들을 따라 공중으로 사라지는 소리가 있다.

흙으로 돌아가는 소리
회색빛 구름 사이로 불타오르는 소리
짧은 회상들에 남기는 영혼은
눈물을 살찌우는 소리

한겨울을 살찌우는
소리를 많이 먹은 짐승들은
아주 작은 소리에도 예민하게
쫑긋거리는 도토리의 귀.

버려진 의자

네 개의 다리 중
하나가 부러진 의자가 버려져 있다.
아직 다리가 세 개나 남았지만
의자는 부러진 다리 쪽으로
넘어져 있다.

각자 갖고 있는
중심의 수가 다르다.

하나의 중심에 모두를 맡겨놓은 것들은
흔들리는 반경을 갖고 있지만
여러 개에 중심을 나누어 놓은 것들은
흔들리는 일을 경계하려 함이다.
누가 의자를 바로 세워 놓는다 해도
의자는 또 제 의지대로 넘어질 것이라
그 어떤 설득도 의자의 다리를 대신하지는 못한다.

모두 때가 있는 것이어서
시간이 흐른다 해도 의자가 새처럼 날아가거나
커다란 꽃다지가 되지는 못하듯

마음도 그와 같아서
하나의 마음이 온통 넓은 사람과
여러 개의 마음을 돌려쓰는 사람이 있다.

오늘, 이 마음에서 지친 사람을
저 마음으로 옮겨 놓는다.
그건, 실망을 수리하는 일이라지.
뚝딱뚝딱 수리하다 보면
그 사람을 고장 내킨 이가 다름 아닌
나라는 사실도 알게 되겠지.

한 번 고장 난 의자는
다시 일어설 수 없는 사실도 알게 되겠지.

제 손으로

며칠째 이웃에서
집 짓는 소리가 요란하다.
사람이 발명 해낸 도구들에선 다 소리가 난다.
망치가 그렇고 톱질 소리가 그렇다.

내가 아는 동물 중에서
가장 요란하게 집 짓는 존재는 까치다.
그 외 다른 동물들은 조용히 짓고
조용히 산다.

그리고 모두 제 손으로 짓거나
제 부리로 짓거나 제 앞발로 짓는다.
기술자를 동원하지도 않는다.
그러고 보면 동물들은 모두
제 집 저가 지을 수 있는 기술자들이다.
그 흔한 병원 하나 없어도
식당 하나 없어도
잘 먹고 잘들 산다.

숲을 학교로 쓰고
마트로 쓰고 병원으로 쓴다.

영수증도 신용카드도 계좌번호도 없지만
굶지 않고들 살고 있다.

가장 쉽게 나를 맡길 수 있는
가장 크고 넓은 애인을 두고 있는
가장 행복한 사람인 것 같다.

초대시 2 김정희

생각의 오류 외 2편

잔잔하다고 고요한 것은 아니다
그 아래 처한 형편도 모르면서
보이는 것만 보고 들으며
오해와 착오를 만들지

백조의 아름다운 모습 뒤엔
쉬지 않고 물살 가르는 수고와
수초 위를 지날 땐
사력을 다한 자맥질이 필요하지

부초처럼 나의 섬 안에 갇힌 기억
애닲은 이야기는 깊숙이
마음저미는 이야기는 더 깊이
곰삭아 녹록할 때까지 마음을 말린다

가벼운 입방아에 칼춤 추지만
시간은 약이 되지
모든 기억에는
생각의 오류가 있다

초록은 동색이야

코흘리개 시절 담장 밑에 앉아
깨진 사발 장독뚜껑 소꿉놀이
너는 아빠 나는 엄마
신접살림 꾸렸지
토끼풀꽃 밥 짓고 측백나무 열매 반찬
쇠비름 콩콩 찧어 끓여낸 국
한상 가득 차려낸 초록밥상
해 지는 줄 몰랐다

예순여섯 마지막 날
눈꽃 맞으며 달려간
시골길

연탄난로 가엔 소꿉친구들
오징어 꼴뚜기 명란젓
궁체 시래기 톳나물 한 접시
청국장 된장찌개 무쇠 솥 밥
잡채 녹두전 조기구이
고향냄새 가득한 밥상
정감어린 마음들 신났다

시나브로 주고받는 이야기
동심에 빠진 젖은 눈빛
몇 끼 거른 사람처럼 순삭이다
누룽지탕 숭늉 한사발로 입가심
그제야 돌아보니

아! 초록밥상이네

고요 속의 외침

숲을 걷는다
싱그런 바람 풀냄새
빛나는 고요

굽은 모퉁이 돌아
깊이를 알 수 없는 길
떠밀리듯 들어선 숲에는
물소리 새소리 바람소리
소란하다

폭풍우 할퀸 가지
온몸 휘도록 힘들어도
여전히 그 자리 지키는 나무

내딛는 발걸음
지칠 때마다 홀리듯 날아와
힘내 속삭이는 나비, 함께
숨 고르기 한다

빗방울 씻긴 말간 잎사귀
흔들리는 별빛 시어들

부서진 바람 안고
숲을 걷는다

모든 것에는 끝이 있다

여백 외 2편

초대시 2

김종권

해가 뜨고 지고
달이 뜨고 지고
오늘은 햇살이
내일은 구름이
변화무쌍한 세상 속에
나라는 존재가
여백의 한 점이었네

숨

기쁜 숨
슬픈 숨
궁금한 숨
두려운 숨
울컥한 숨
아픈 숨
행복한 숨
감사한 숨
그리운 숨
꿈꾸는 숨
모든 것에는 숨이 있다
넌 그리운 숨이다

어부

무얼 낚는 걸까
부동자세 눈물겨운 응시
케미가 밤바다를 수놓는다
릴대가 분주하고
갯바위 어부는
별님과 고독을 즐기네

초대시 2 김행숙

강물 외 2편

서너 줄 행간
추락하는 소리

은빛비늘 물고기가 튀어오른다

비상등을 켠 밑줄
음악 소리에 시선이 머문다

연기 가득한
글
바랜 수필을 뒤적이다가

다시 한 번 읽어본다
발이 빠진 밑줄을

기술자

세상이 펑펑 내린다
육각형의
눈발

부러지는
줄기는
체인을 감는다

바람은 미끄럽다
발자국
소리없이 내린다
눈밭이다

창틀이 간밤에 세상을 바꿨다
새하얀 향기는
겨울을 증명한다

세상이
하얗게
숲에 빠졌다

주머니마다속의
축복

진눈개비

아름다운
한낮

얼어붙은
잎새

옷깃에 내리는
찬비를 껴입는다

할로윈 가을 외 2편

차가운 핏빛에 약도 따라
널브러진 고통의 비명 따라
어둠으로부터 낮이 도망치네

찢어진 나뭇잎 살덩이 넘고
낙엽시체를 자근 자근 밟는
잔인한 등산객의 흙파인 발자국

죽음을 암시하는 광기 어린 미소에
산등성이 선혈이 물들어가네

피투성이로 휘감긴 나무들
충혈된 눈동자에 비친
붉은색 끔찍한 이야기

썩은 고름으로 가득 찬
나무의 찢어진 갈비뼈에
부러진 손가락 길게 내밀어
달빛을 가리키어 그대로 녹슬었도다

버킷리스트

죽기 전에 가려던 별 뿌려진 바다
사춘기 때 무한한 가능성과
무엇이든 할 수 있을 거 같았던
유년기 시절의 환상이 뇌에 채워졌던
모두 이루고 살 줄 알았는가

애당초 준비는 됐는데 용기가 없어
현실과 마주할 나의 청춘의 에너지 앞에
인생을 조여매는 눈망울이 서 있고
발이 떨어지지 않았네

영원히 잡고 싶던 권력에 대한 환상도
일시적으로 갖게 되는 여러 가지 권력도
그나마 내 마음대로 할 수 있는
자녀에 대한 권위로 퇴색되어가

결국 삶과 죽음은 라면스프와 라면 사리 같은데
결코 허망한 일이라 볼 수 없는 죽음 문턱에서
발이 떨어지지 않았던 추억의 별 마른 언덕길
이젠 걸어갈 것인가 생각만 할 것인가

남의 편

암탉이 울면 집안이 망한다는데
여자 맨날 울리면 안 망하겠는가

부부싸움은 칼로 물을 벤다 하는 데
다른 곳을 벨 수 없지 않은가

결혼 전 스치는 새끼손가락에
떨리던 풋풋한 얼굴이 어렴풋이 기억나는데

결혼 후 명품 가방 선물에
반짝반짝 이빨 열개 틀림없이 생각난다

시식 담당에서
음식물쓰레기 담당으로
컴퓨터 앞 식은땀은
분리수거장 구슬땀으로

빛나던 사람이 빚 많은 사람이 되기까지
검은 머리 파뿌리 한마디 거름 삼아
살아온 인생에 봉우리는 언제 피울 것이냐

초대시 2 문용식

그런 사람 외 2편

세상에 약삭빠르지 못하고
맡은 직분에만 우직한 사람 있어
톱니바퀴는 어긋나지 않고 돌아
수레가 앞으로 나아가는데

세상에 잽싸게 맞추어 사는 사람들
뒤에서 답답이라고 수군수군

그러다 큰 전도 사고라도 나고 보면
그런 사람 딱 한 사람만 있었어도……
뒤늦게 아쉬워하지만

그런 사람은 그늘에 가려 보이지도 않습니다

소리 없는 아우성

세수할 때는 고개를 숙여야 한다
꼿꼿하다가는 옷이 온통 젖겠다
명분과 함께 실용의 지혜도 필요하다

영혼이 돌아가 머물게 될 자연의 길
나숭개 하나도 소중하게 키우는
자연의 길은 구불구불하다

반듯한 신작로에는
벌건 눈에 불을 켠 차들만 달린다

수많은 역사의 외침이 살아 있는
민초들이 모여드는 저잣거리에서
그들의 소리 없는 아우성을 들어야 한다

우리 사는 것

6월 중순에 접어드는 춘포 들녘을 바라본다
본격적인 모내기 철이다
농수로에는 물이 찰랑찰랑 흐른다

농사일이 대형 기계화 되어
넓은 들에 대형 농기계만 드문드문하다

일찍 심은 논은 모가 들어차서 푸르고
이제 막 심은 논 꾸며 놓은 논
보리나 밀을 아직 베지 않은 논
가지각색의 풍경이 펼쳐져 있다

일찍 심었다고 풍년이 드는 것도
늦었다고 흉년이 드는 것도 아닐 것
태풍이 언제 올지
결실기 날씨가 어떨지 모른다

그저 주어진 여건에서 최선을 다할 뿐이다
우리 사는 것이 그러한 것처럼

사모곡 외 2편

걷히다 못한 안개 하늘을 이고
칠봉산 중턱을 두른 채
고뇌의 한숨을 내뱉는가

밤새 천둥 번개 울어대고
억수같이 퍼붓던 빗줄기
가뭄의 단비란 걸 모른 채

걸어둔 향기 없는 꽃
어머님 계신 그곳은 안전하려나
근심 걱정으로 가득한 탓이겠지

너울너울 손짓하며 산 오르라 하고
짙은 안개 재치고 바라보는 햇살 스민다
웅크린 뒤 솟구치는 몸짓으로 깨어나자

거리감

점점 커지는 그와의 거리
어디서부터 시작인지 모른다
끝없는 터널
빠져나오려 몸부림칠 때
오른발 왼발 발맞춰 준 동행자
멀어져 가는 인연인가
머물러 보자
억지로 엮으려 애쓰지 말아야지

가을날

길을 걷다가
두 발을 낙엽 속에 숨겼지

우리 율이 생각이 났어
네 발을 꼭 모아
사진을 찍어 봐야지

초대시 2 박강남

떠나가는 것들 외 2편

까끄라기 수크령이
시퍼런 하늘을 높이 밀어 올렸다
아직 햇살은 따가워 줄줄거리는 땀

동네 놀이터에 모인 소소리패가
복자기 나무에 엷게 내려앉은 가을을 툭툭 치며
해찰을 부린다
그들은 까닭도 모르고 계절을 타는 게다

긴 여름이 떠나가며 손을 흔든다
뒷모습이 아스라할 때까지 나도 따라 흔들어준다

구월이 깊어 소슬바람 불어온다
사람이 떠나가고
계절 멀어져 갈 때 콧날 시큰해져
별빛이 흐려질 때
시린 마음 고쳐주는 약 한 알 있었으면…

백제의 미소

천리포를 돌아
가야산 용현계곡 층암절벽에 닿아

일천오백여 년 온화하게 웃고 있는
너무도 한국적인,
달항아리 닮은 여래

풍화조차 비껴가 신비롭게 보존된
과거의 부처 제화갈라 보살
현세에 오신 석가모니여래
미래에 오실 미륵 반가사유상

은근한 미소가 서린 백제인 모습에는
가까운 이웃과 우리 얼굴이 살아 움직여

불멸의 미소 띠신
서산마애여래삼존불을 따라
입꼬리를 넌지시 올려보았어 나도

가장 긴 팔을 뻗어

니체는 "신은 죽었다"는데
다급할 때면 나는 체면도 없이 그분을 부른다

이를테면 열차시간을 놓칠 것 같을 땐
날아갈듯 달려가며 "제가 갈 때까지
기차를 손가락 끝으로 살 짝 들고 계시다가
숨 차 쓰러질 듯 도착하면
누구도 알아채지 못하게 가만히 놔 주세요" 하면
내 청 대로 잠시 기차를 잡고 계셨다

어느 날은 운전을 하다
목적지에 도착하니 휠에 불이 붙어있었다
일촉즉발의 찰나 "불 꺼주세요"
소스라치는 내 비명에
낯선 두 사람이 소화기를 들고 뛰어와
일순간에 불을 꺼 주셨다

그럴 때마다 부끄러웠지만
내가 울고 있거나, 슬픔에 허우적거릴 때도
우주를 다스리는 긴 팔을 뻗어
빠르게 나를 꺼주시는 그분

어머니 외 2편

휘영청 눈부신 달빛
영혼의
디딤돌 밟고 오는 소리

묻어뒀던 그리움 속
새벽별들이 두고 간
낮달 되어 미소 짓는 어머니

패인 주름 골 골마다
세월은 깊은 강물 되어 흐르고
젖은 손 마디마디마다 부대낀 삶의 흔적

산새들 산허리 감고 노니는데
내 어머니
무덤 위 꽃으로 피어나셨네

벌초 가는 길

우거진 숲길
풀벌레 소리 요란한 새벽
거미줄에 걸린 이슬방울 영롱하다

산 나리꽃
날개 젖은 호랑나비
솔바람에 습기를 말리고 있다

행여
있을 말벌 습격 피해 가며
당신과의 조우 끝낼 무렵

머리에 앉아
떠날 줄 모르는 호랑나비 한 마리
그대 온기인 듯
향기 큰 숨으로 받아들인다.

하늘 여행

속절없다 바람의 주문
천길만길 별빛 박히는 심란한 파편들
마음 단단히 먹고 떠난
하늘 여행
밤하늘 빛으로 답하는 그대여
흙으로 돌아누운 바람의 끝자락

그대와 만남은
깊은 강물 되어 쪽빛 추억으로 흐르고
비우고 또 채우며 꺼지지 않은 촛불처럼
세상 뒹굴던 마음 다 쏟아 내고
승천의 문턱 고해마다
싱싱한 시간들 머리에 이고
아픔을 견디어온 生命생명
무거운 짐 둥둥 떨치고
올 수 없는 그 길, 하늘 여행

초대시 2 박수화

봉헌 외 2편

장미꽃 아치 아래를 걷다가
셀카 사진을 찍는다, 모자 위에 꽃들이
그대로 오월의 화관이 된다
누구를 위하여
꽃을 바치는 마음 순수하다
정성이 꽃잎꽃잎 쌓여갈수록
꽃을 드리는 자신의 마음까지도
따뜻해지고 풍성해져 그런 것일까

명동성당 작은 루르드 성모 동굴 앞에
강의를 마치고 선물 받은 꽃다발
돌 틈에 바치고 늘 그러신다,
돌아서시던 시인 선생님 한 분
보름달 뜰 때, 리우 코르코바두 언덕 예수상 뒤
성광처럼 떠오를 때의 사진 한 컷처럼
그분 모습도 지고지순해 보였지
잘 자라 흐드러진 제라늄꽃 볼 잘라
봄가을 성모자상 앞 물잔에 꽂아드릴 때
그런 마음이 피어났다, 꽃을 바치는 마음

직립

노점 알뿌리들 사와 그물망 채 화분에 심을 때
한 가족으로, 발코니 카페 마리아 테레지아
구석 눈길조차 없던 그 자리 터 잡을 때
쑥쑥 초록 잎들이 자라 쓰러지자 꽃술 매달고
축포로 가슴이 팡팡 터져 오를 때마다
직립의 꽃대들

스타벅스 청춘들 사이 탁자 위 층층 케이크
한 조각 요트처럼 곁들이고
뜨거운 자몽 허니 블랙 차를 마실 때
서른 해 동안 삭지 않는 그물 뚫고
웅크린 시간이 기지개 켤 때마다
동해의 볼록볼록 알배기 양미리 떼로
알뿌리들의 반란, 그것들이 화분 위까지
발끈발끈 솟아올라 터전 잡을 때

망망한 마음속 분갈이 엄두가 오싹 사그라질 때쯤
가윗날이 지친 그물망 배를 싹둑 갈라놓는다
스스로 묶여있던 시간이 꼿꼿이 풀려나
비로소 푸른 하늘 날아오를 때, 이 자유로움
꽃무릇 꽃잎꽃잎 붉은 상사화 네 이름 바로 세운다

작약꽃 연가

향기가 피어나는
작약 꽃봉오리 시간이
꽃차가 되기까지
상큼상큼 아침 꽃봉오리 따고
덖고 식히고 마르던 땀방울 시간이
찻잔에 말간 얼굴빛으로 스며든다

심심산천 숲속 오두막에 아침이슬
머금은 한 승려의, 꽃다운 모성
그 정성 그 마음이 온 누리 퍼져 향긋향긋
찻잔 속에서 수줍음 감도는 꽃봉오리가
작약꽃 가는 길로 만개
한잎한잎 꽃잎이 찻물 속에 피어난다

홀시의 형식 외 2편

날갯짓은 화려했어
초대받은 사람처럼 공중을 누볐으니

속내를 알고 싶었지만 배경은
영화 속 찌그러진 소품 같았으니

줄어든 수면 세포와 식은땀의 낮

멈춘 장면에서 멈춘 지금
너의 틈을 읽기 전

뭇별로의 여정이라 다독이며

건성과 습성 사이

오랜만에 만난 친구에게
낯설었던 날을 얘기한다
칠곡 천 기의 무연고 시신 기사를
슬프다며 보내지 말라 하곤
가끔 좋은 시를 보내줄 땐
대충 읽으며 좋다고 한 나는
임시숙소로 머물러
종일을 건넌 대화가 숙지는 저녁
창밖 가로등 밑엔 낙엽이
울타리 너머를 보는 건성에도
빈 대접 같은 습성에도
사바나에서 숲을 가꾸며
간유리에 먼동을 담는 친구는

막사발에

창수가 문자 와서 이십만 원 달라한다
줘봐야 막사발에 술 마시고 노닐 것을
통장에 잔고 보이며 없다 하고 잠들었다

어디에 쓸 거냐고 물었으나 어물어물
가족들 부양하며 아껴라 했더니만
오호라 개밥바라기 달과 함께 휘영청

초대시 2 박정현

사랑앓이 외 2편

벽을 뚫고 싶었다
말의 씨 하나 뿌리고 싶었다
닫힌 문 열고 싶었다
마음 하나 얻고 싶었다.
꽃 피우고 싶었다
가을 숲 밤송이 발아래 떨어졌다
때론 아프고 싶었다
간절히 기도하고 싶었다
의미를 알고 싶었다
기다리고 싶었다
굳은 손 잡고 싶었다
살고 싶었다
죽으면 될 줄 알았다
뜨거운 입맞춤에 살아날 줄 알았다
잊을 수 있을 줄 알았다
떠나지 않을 줄 알았다
진실하면 될 줄 알았다
보이는 것이 전부인 줄 알았다
기다리면 올 줄 알았다
그 이름 부르면 말할 줄 알았다
기도가 이루어질 줄 알았다

아픈 만큼 행복해질 줄 알았다
힘껏 밟으면 알맹이 얻을 줄 알았다
마음 하나 얻으면 내 것이 될 줄 알았다
두드리면 열릴 줄 알았다
마른 흙 적셔주면 꽃 필 줄 알았다
벽 하나 뚫으면 될 줄 알았다.

나이브 사막*

어서, 짐을 챙겨 떠나자

낮과 밤, 사이는 없어
너와 나, 우리는 없어
날거나 추락하거나
중간 지대는 없어
축복이거나 형벌이거나
피할 곳은 없어
변명도 용서도 없어

빗방울은 날개를 펼쳐 날아가지만,
여기는 스며드는 곳
바다가 보이고 파도가 일렁이는 곳
태초의 순수함이 남아있는 곳
죽기 아니면 살기, 명암이 있는 곳
달리의 시계가 흐르는 곳
구원자는 없고 유령만이 떠도는 곳
여전히, 붉은 피가 흐르고 있는 곳
아직, 순진한 얼음들이 사는 곳
나이브, 사막으로 가자

* 나미브 사막(Namib desert)의 오역

재즈

소나무 냄새가 났다.
4월의 비를 맞은 갈색 향기가
방안을 채운다.
피아노맨의 어깨 위로 떨어지는
불빛이 무거웠다.
가볍게 전주를 시작한다.
첫 종결로 향하는 손가락이 느려졌다.
태양은 눈을 감았다
황량한 먼지는 골목에 머물고
여기라는 공간
우리는 미스티한 미스테리였어
너의 마음은 어때?
조금 쓸쓸해, 자주 환상 속에 있으니까
순간 피아노맨의 겨울 속에 있던
그림자가 빗나갔다

고고고
나는 쌈바 춤을 춘다
내리는 눈과 함께
심장이 요동치고 파도 소리가 났다
리듬이 발에서 손목에서 활에서 튀어나온다

안부를 묻고 싶은 거야?
나는 즉흥적이고 너는 계획적이라는
어긋나는 리듬
자명종이 3시에서 멈췄다.
뜨겁지도 차갑지도 않다는 건
아프지 않다는 것
붙잡고 있던 음악을 놓는다.

다시 시작해
자유롭지만 비틀거리지는 말자.
미끄러지듯 리듬을 타고 춤을 추자

초대시 2 박홍균

위축된 하루 외 2편

활어의 끝자락에
매달리어
날고 있는

숨 고르기 조차
번거로운
위축된 하루

어제를 제어하고
오늘을 부추기는
헛된 욕망

그렇게
오늘을 살아가는
주눅 든 노부

왠지

꾸긴 채로
덮쳐진 과거
헐거롭다

왠지
거듭되는
울적한 심사

거부감을 상실한 체
권태를 느끼며
찾아가는 하루하루

이대로가 좋은
겸연쩍은 오늘
가소롭다

전혀

빛나는 날들이
점점 사라진
무딘 하루

넘쳐나던
욕망은
주눅이 들어

전혀
새로운 넋은
저 혼자 가고

그렇게
세월은
흘러가네

초대시 2 방지원

빛의 벙커* 외 2편

샤갈을 여기서 만날 줄이야
20년간 잊혀있던 제주 벙커를
빛과 음악으로 구현한 공간

들어서는 순간 와락
빛과 색으로 꾸며낸 현란한 영상은
데시벨 높은 음악으로 관객을 몰아세운다

빛은 천장에서 바닥으로 흐르며 샤갈을 주입시킨다
코발트블루 화면 속의 화려한 피사체들과 훨훨
춤과 노래 오묘하고 웅장한 상황과 화해하며
무아지경 나도 샤갈이 된다

한바탕 막이 내리고
출구를 나와 만나는 아! 눈부신 천지
정답고 익숙한 빛의 포옹
조금 전까지 내가 살던 감사하고 빛나는 세상이다

벙커 안의 빛도 원래 같은 몸 아니었겠나
따듯하고 공평한 봄볕을 두 손으로 받는다.

---

* 2018년 미술과 음악, 공간과 기술이 융합된 국내 최초 몰입형 예술전시관으로 재탄생.

희디흰 기도

눈 퍼부어 기도 한없이 깊어지는 날
세상의 덮일 건 다 덮여서
맘속 검댕도 가려질 듯합니다
들을 지나 산 넘고 개울 건너온
소망들이 희디희게 하늘로 오릅니다

어릴 적 듣던 할머니의 비손 기도엔
"그저~"가 수없이 들었었지요
하느님 알아서 해주시라는 뜻이었을 겁니다
집을 나서거나 다리를 건널 때도
간절하게 "그저~"가 먼저였지요

열정을 다해 기도하는 사람을 보면 부럽습니다
내 기도는 느슨하고 밍밍해서
하늘에 닿지 못할 것 같아서지요
할머니처럼 "그저~"
묵주 꼭 쥔 채 하늘을 봅니다.

빚

"너희는 굶주린 이에게 먹을 것을 주었으며
헐벗은 이에게 입을 것을 주었느냐"

장례미사 때
관棺에 누워 듣는 최후의 말씀이다

어떻게 갚아야 하나
보내는 이들이 먼저 부끄러운 시간

다 갚지 못하고 갈 것이 분명하네 나는
남으면 짊어진 채 높으신 분 앞에 서겠지

사랑하는 이에게 해주지 못한 것이 아주 많네
여리고 까만 눈동자의 간절함도 자주 외면했다네

여태껏
받는 손이 더 크기만 했던 나의 염치를 어쩌나.

우체통이 있는 아침 풍경 외 2편

서동안

아침 출근길
건너편 우체국 앞 빠알간 우체통 옆에
누군가 서 있으면 좋겠다
편지를 부치려는 사람이
천년 후에라도 한 번은 만나야 할 당신이라면
노을보다 먼저 핀 참꽃 한 아름 꺾어 든
옛 풍경 끌어안고 천년을 먼저 가
우체부가 도착하는 지점에서 기다렸다가
호롱불 아래 각인된 약속 받아
이른 새벽에 써 놓았던 엽서를 보낼 수 있을 것이다
자잘한 사랑 이야기 토마토 속보다 더 붉은 속가슴
그 속을 차마 들여다보지 못하고 아물어 버린 상처
고요한 손길로 어루만지는 데는
백년도 기다리기 힘든 찰나인데 천년을 기약했으니
짐짓 잠 못 이루다가 북극성이 떨어지자마자
우체국 건너편까지 달려 나온 내력이라도 들킨 것처럼
얼굴이 홍시처럼 달아올라
사각으로 접은 손 편지를 계면쩍게 내미는
틀림없이 누군가 아침마다 서 있을 것 같은
아침 출근길 건너편
빠알간 우체통 옆을 유심히 바라다보았다

탈출

1
한 갑자 돌아오면 야생화 한 묶음 꺾어 들고
저 푸른 들판을 달리며 너울너울 춤도 추고
나비처럼 훨훨 날아도 보고
고향에 가서 그렇게 한번 살아 보았으면, 그동안 갑갑했잖아

2
한강의 기적이 불러온 찬란한 이 도시(기적은 누가 불러왔지?)
화려한 네온사인 불빛이 심장 멎게 할 때까지
기적을 매일 불러일으키며 그렇게 살 수는 없잖아!
세상이 험하다고? 다 그런 거야, 언제는 안 그랬나, 뭐
누이가 구로공단에서 재봉틀 돌릴 때
나팔바지 입고 장발長髮하고 다니니까 말세라고, 했었거든
새삼스러운 것도 없는데 금방 어떻게 변하는 것처럼
오두방정 떨긴 저나 나나 한평생 사는 것은 다 똑같은데
목에 힘주어 봤자 고래 싸움에 저만 새우 등 터지는 꼴이겠지
우리 같은 서민들은 더 이상 기대할 것 없으니 마음 편하지만

3
그래도 한강의 새벽안개에 가슴 무너지고
저릿한 슬픔이 목울대까지 차오르면
못 이긴 체 그땐 고향으로 가 볼까

원래 내 자리로 가는데 시비할 사람 없을 거야
그래, 까짓거, 눈 부라리며 목에 핏대 세우며 살게뭐있나
모래성 쌓아 놓아 보았자
아들딸 주고 나면 몸뚱이만 남는 삶인데
아무렴, 어쨌거나 그럴 정도면 잘 살아온 것일 거야
다 내려놓고 가는 거야, 서운해도 어쩔 수 없잖아
걸림 없이 가야 하는 것을

4
캄캄한 세월도 달빛 아래 잘 견디어 왔는데
요즘 배우기 시작한 색소폰
고~향~이 그리워도~ 목청껏 함 불어 보는 거야
다 아는 처지에 뭐라 할 사람 없겠지
누가 뭐라 한들 어떠랴, 가끔은 배짱대로 살아 보는 거지
그래봤자 고성방가
아니지 소음 죄로 벌금 좀 내면 될 거야
치맛단이 짧아도 죄가 되는 세월도 있었는데 뭐
그러다 보면 험한 세상도 눈 녹듯 풀어지겠지
그렇게 살기 위해
딱, 안개 걷혀 역광이 비추어질 때 탈출 하는 거야
고향은 그곳에 있으니까

청포도와 고양이

청포도가
아홉 송이 열렸다
잠시 파란 하늘 내려놓고
세상 구경하려는 초록의 눈망울이
쉬었다 가라는 바람의 목소리에
흙담의 경계에 선
날렵한 고양이를 바라본다
오늘만큼은
사과나무와 대추나무 담장 사이
빈집을 이끌고 가는 세월로 남아
고양이의 흰 털을 사랑하고 싶다
흰 고양이의 배가 남산만큼 부풀어 올랐다
유월이 가는 동안 얼마나 사랑했는지
밤하늘 별자리를 탐하다가
때를 놓치고 돌아서는 초록의 눈망울들
풋사과와 풋대추의 접전이 팽팽한 오후
담장 위 햇살을 베고
널브러져 잠이 든 고양이 목에
청포도 넝쿨이 덩굴손 살풋 내밀어
잘랑잘랑한 청춘의 방울을 매달고 있었다

초대시 2 송승태

꽃잎 하나 외 2편

산언덕 진달래꽃 피면
봄이 왔구나, 한다
바람에 살랑이는
어머니의 한복 치마도
한결 가볍고 따뜻해 보인다
고개고개 이어지는 분홍빛 축제
철조망이 가로막았어도
따뜻한 빛까지는 어쩔 수 없다
꽃잎 하나가 철조망을 툭, 치고
날고 날아 사촌의 콧등에 앉으면
어머니는 손을 흔든다
마르지 않는 눈물은
진달래를 북쪽으로 북쪽으로
물들게 하고
내일은 꽃씨 하나가
치마폭에 내려앉기를 마음에 그린다
어머니는 자식들에게 말하고 싶다
아비가 살았던 땅과 하늘과
행복했던 날들에 대해서
기억의 끝자락에 기댄 어머니는
오늘도 시간을 붙잡는다

사이 없는

들에 핀 꽃들을 보라
같아 보여도 다르게 생겼고
다르게 보여도 같다
같다고 다르다고
가깝지도 멀지도 않다
바람 불면 서로 기대고
비가 오면 서로 옷깃이 된다
사이가 없는 곁이다
먹구름 걷히고 해 뜨면
다시 보라
들판도 산도 없고
하늘 아래 들꽃만이 있다
빛나는 들꽃들
정말 아름다운

〈동시〉

햇살

따뜻하다고 한 발
훨씬 따뜻하다고 한 발
앞으로 발을 딛는
꼬맹이 막내에게
엄마는
- 여기 있어도 따뜻해.
말씀하시지만
아이는 하늘 보며 또 한 발
엄마, 누나, 내가
담장 위 참새 가족처럼
한 줄로 섰습니다.
-정, 말, 따, 뜻, 하, 다.

초대시 2 신동환

카더라 통신 외 2편

매미도 더위에 지쳐 울기를 멈춘 해질 녘
동네 어귀 쉼터에
afp upi도 울고 갈 정통한 소식통들이
복덕방 김 영감 소식을 안주로 올렸다

서른 살에 홀로되어
남자의 순정도 춘향이 못지않다 으쓱거리던 그는
터미널 모퉁이 은하수 다방이 문을 연 그날부터
절개가 밥 먹여 주냐며
출근 도장을 거기다 찍었다 카데
열 번 찍어 안 넘어가는 나무 있냐고
큰소리를 치며
콧대 높은 마담에게 치근대기를 서너 달
쫓겨나 듯 보기 좋게 퇴짜를 맞았다 카지
마담 없으면 못 살겠다 울며불며
몇 날 며칠을 술만 퍼대던 그는
퇴물 되어 오갈 데 없는 작부와 눈이 맞았다 카데

내일은 또 그 누가
그들의 술상에 오를까
실없이 웃는 뜨거운 여름날 저녁
서쪽 하늘엔 노을만 붉다

짝사랑

배고픈 고양이
오늘도 문 앞을 기웃거리다
눈이 마주쳐 놀라 후다닥 도망간다
나도 배고픈 고양이처럼
그녀의 집 앞을 기웃거리다
눈이 마주쳐 화들짝 놀라 버렸다

핑계

간밤에 비 내리고 바람 불더니
꽃이 폭설처럼 떨어져 쌓였다
꽃이 졌다고 울 수도 없는 노릇
어쩌겠는가
꽃보다 고운 너를 보러 가야겠다

울림길 외 2편

한 사람의 생명으로 왔다가
여러 사람에게
육신을 나누고 가는 기증의 삶

생명을 잇는 수술실 가는 울림길
생명의 방으로 향하는 등 뒤에서
두 줄로 사열 된 인연의 사람들
고별의 기도 올린다

울음 삼키는 가족
주저앉아 바닥을 치는 연인
명예로운 배웅을 위한 애절함
사랑의 역사를 쓴다

뇌가 멈춰 심장만 팔딱이는 몸
생존 장기 하나씩 적출되어
다른 이의 몸에 옮겨 영생을 심는다
다른 사람의 영혼으로
새 삶을 시작하는 성결의식

육과 분리된 혼 수술대에 누워
나 밖에 모르던 세상이었다고
손가락질 하는 세상에서 예수가 된 청년
내가 죽고 네가 사는 숭고한 헌신
울림길에 부활의 십자가 세워진다

비를 맞다

정오의 하늘에
밤낮 구분할 수 없는 먹구름
성난 울음 울고 있다

허공 유리벽 깨뜨려 뿌려 놓은 듯
단단하게 퍼붓는 세찬 비
세상을 휘몰아친다

천지를 울리는 호령
벼락 칠 곳 찾는 급한 걸음
조명 켜는 번개 칼날
걸음 멈춰 조마조마 움츠린다

햇살 밝으면 평화만 있는 듯
앞만 보고 살다가도
때로 천둥벌거숭이들 맥없이
등 밀치고 옆구리 꼬집는 세상
저 하늘과 다를 게 뭘까

영혼 살피게 하는 번갯불
정신 흔들어 깨우는 천둥
이 얼마나 감사한가

삼라만상 어울려야
좋은 세상 된다는 것을
방울마다 깨우쳐 주는 비
우산 없이 다시 걷는다

국회식당에서

꽃밥 먹고 싸움질하는
의원들은 보라

위장으로 내려 보낼 때
몸 가득 채워 준 향기는
어디로 가고

흩뿌려 지는 언어들은
보지도 듣지도 못한 상형문자

아무리 좋은 것을 먹는다 한들
입맛 잃은 자가 맛을 알까

정수리 뜨겁게 내리 쬐는 태양도
색안경 썼으니 보일까

이래도 저래도 어둠의 세상에
머무는 자들이여
담장 밖 세상은 지금
장미꽃 흩날리는 오월이다

* 국회식당 메뉴가 꽃밥

초대시 2 심명숙

나의 여름 풍속도風俗圖 외 2편

'찬 기운이 무더위에 엎드린다'는
7월 절기
논에는 벼가 쑥쑥 자라 키를 덮고
쉴 틈 없는 노동에도 드높은 희망의 가락
등으로 꽂히는 삼복三伏 불볕 속에서
가뭄 걱정 하늘 우러러 구름 기다리던
아버지 눈빛 가뭇하다.

괭이자루 달구는 구릿빛
8월 태양에게
"시원한 막걸리 한 잔 혀"
바람이 취해 비틀거리며
농부 등에 하얗게 그려지던
소금꽃 풍속화風俗畵

내 가슴 정물화로 그려진
여름 평상平床,
별이 총총한 포도 넝쿨 아래서
세숫대야 물에 발 담그고
모깃불 콜록대며

개구리참외 노란 속살이 달콤하게
입안으로 가득가득 고인다

그때 삶의 노래는
입술이 불볕 같았다.

애기달맞이꽃

웃는 꽃을 보았어
사랑받는 기쁨을 보았어

달빛이 스쳐 가는
창백한 외로움은
그리웠다 말하기조차 떨리는
수줍음도 보았어

아직은 키가 작아
흔들리지 않는 단아한 모습에
넋을 잃고
담벼락으로 흐르는 달빛에
떨고 있는 달맞이꽃을 보았어

그 초롱한 입술에
심장이 화끈거렸어.

침묵을 깨다

세수하고 거울 앞에 앉으니
정신없이 재잘거리던 삶을
기막히게 그려냈다

변형된 눈꼬리, 입꼬리
모양과 크기
무게의 깊이를

어쩌면 전생에 나만 걸었을
넓은 신작로도 좁은 샛길도
차츰 기억으로 묻혀진다

뒤통수 간질거리는 실바람에
정신을 크게 뜨고
거울 속을 들여다보니

빙그레 웃는 하얀 미소
"너는 누구야?"
오늘에서야 침묵을 깼다.

-60대 어느 날, 거울 앞에서

초대시 2 양애경

뱃고동 소리 외 2편

1
정동진 바닷길 은빛 물결
갈매기 울음 사이로
귓가에 퍼지는 뱃고동 소리

행운을 알리는 노래

시작과 쉼의 경계에서 퍼지는 울림
사람과 사람의 만남과 헤어짐이 있는 여정
또 다른 시작을 알리는 고동소리

어서 숨어, 신호탄이야
느닷없이 찾아오는 소리가 있어
배를 부르는 소리가 있어
숨을 멈추게 하는 소리

2
물결로 눈인사를 나누는
바다 위에 너만 보인다

한때, 정박했던 배들

스치고 지나간 흔들리는 햇살
새로운 길을 떠난 소리들
여기까지 찾아와 떨림으로 듣는다

정동진의 울렁임은 그리움이다

사랑의 떨림

문득 글을 쓰다가
책상 위 앉아 나를 보고 있는
못난이 삼형제 인형을 본다

빨강, 노랑 튤립이 꽂아있는
꽃병에 작지만 따스한
사랑의 온기를 느낀다

인간적인 땀내 나는
우리의 젊음이 있기에
가끔은 정상이 아닌
낯선 길을 헤메기도 한다.

좋은 것만을, 즐거운 것만을
보여줌이 아닌 지금 이순간을
모두 보여 주고 싶다

함께 고뇌하고 사랑하기에
삶 앞에 슬픔이더라도, 기쁨이더라도
곰삭이며 행복이고 싶다

믿음이 있기에, 신뢰가 있기에
그리고 따스한 사랑이 있기에
소망을 꿈 꾼다

오늘 같은 날
누군가가 시리도록 그리운 것은
내가 누군가를 사랑하기 때문이다.

나침반

인생을 살아가면서
사람마다 답이 다른 것은 왜일까
나는 이다음에 무어라 말하고 떠날까

가장 좋아하는 일, 잘 할 수 있는 일을 찾아
오늘도 열정을 가지고 뛰어가 보자

내가 좋아하고 쉬운 것이 나의 길이다.
내 가슴을 뛰게 하는 일은 무엇인가
지금 그 일을 시작하라.

때를 놓치지 마라.
내 가슴을 뛰게 하는 일이 있다면 분명,
나의 길이다. 그 곳으로 가라.

인생의 해답을 찾기 위해 살아간다
답을 찾은 순간 난, 미련없이 떠나기로 한다

새벽 그림 외 2편

휘 파랑새 밤새워
울다 떠난
갈 고개 이마 위에는
날마다 푸르디푸른
별들이 무리 지어
이마를 맞대고
밤새 무슨 밀담
저리 속삭이고 있나요

기차

늘 내 기대를 가득 실은 채
미끄러지듯 들어왔다
슬며시 온갖 사연 부려놓고 제멋대로
아무 일 없는 듯
등 돌려 가버리는 너
어쩜 목이 긴 슬픈
노천명의 시
사슴 같은 뒷모습
멀리 사연만 남겨놓고
목서리게 서러운
긴 그림자 남겨 놓은 채
언제나 그랬듯
나를 벼려 놓고
돌아올 약속 없이
떠나 버리는 너
나의 사랑이었나니

거울

방금
누군가 서그적 서그적
갈대숲 눕히며
건너가는 소리

내 심장 한가운데를
푸드덕 금을 긋고
날아오르는 기러기
한 마리

내 집 앞
가로등 동그란 별빛 속에 내 꿈도
내 그리움도 갇혀버린

저 깊고 깊은
심해 속을
누가 건너가고 있는가

초대시 2
원연희

기도 그리고 외 2편

잠시 잠깐 머문 세상에서
당신의 섭리를 알게하신
님이시여,
어쩌다 천하디 천한 내게
이리 귀한 언질을 주시는지요
당신 아니고는
당신께서 하시지 않으셨다면
평생이 울음바다였을, 하필이면
택하시길 그러셨던가 싶다가도
가난하고 빈한한 끝
헐벗은 자녀를 먼저
어루시는
그
손길에
남은 날,
드릴 것 하나 없으나
죽기까지 죄 됨을
낱낱이
고백합니다

놀이로 벗으로

　때 없이 밀려와 한지 한가득 번져 드는 수묵화의 먹빛처럼 먼 데서 온산 그림자 같기도 하염없고 정처 없이 흐르는 강 같기도 한 그리움 혹은 지독한 외로움 어쩌랴, 그저 오래된 벗처럼 반겨 맞고 함께하는 동안은 즐겨 놀아주는 밖에 어릴 적 소꿉놀이하듯 정신 홀딱 빠지도록 그렇게 놀다 보면 해 질 무렵 제 어미 부르는 소리에 뒤도 보지도 않고 달려가던 아이처럼 그렇게 떠나갈 테지 그렇게 살뜰히 함께 어우러져 놀다 살뜰히 배웅하면 되는 거다. 그리움은 그리움으로 가득 채우고 외로움은 외로움으로 가득하니 채워 반기고 배웅하고 그러면 참 족한 것을 가끔 멀어질 듯 멀어질 듯 멀어지지 않는 하늘 웅덩이 머리 위에 출렁이면 가슴 한켠 가득히 물길어 채워두고 그저 넘치거나 모자라거나 말아 들지 않기를 바라보는 거더러 그리 즐겨 안고 사는 거 그런 거다. 사람의 가슴으로 산다는 거

늙음 또는 낡음에 대하여

날이 갈수록
허물어야 할 것들이 많아져 간다
어쩌면 굳이 손대어 허물지 않아도
절로 허무러져 가기도
눈도 귀도 적당히 어두워져 가고
지체란 지체는 한결같이 그렇게
휘청이기도 헛걸음을 치기도 하지
그런거다
나이가 들어간다는 거
알맞게 더러는 적당히 하나 둘
역할에서 멀찌감치 상실되어가는 거처럼
슬그머니
손에서 놓아주어야 할 것들
늘 가던 길을 걷다가도 그만 멈춰서서
바라만 보아도 좋을 그런 때 이기도 하지
향해 그저,
끄덕끄덕
끄덕여주어야 할 때
언젠가부터 새들이 둥지를 튼
귓속에서
꼭 들어야 할 소리와 들릴 듯 들리지 않는 소리들이

먹먹히 모여
먹먹히 묵묵히 그저 그렇게
기울어져 가라 가라 한다
말소리 발소리 한결같이
되도록 고요히
먼지잼 내려앉듯

초대시 2 위형윤

아버지 외 2편

아버지께서 지상에 없으시니
앞서 걸어가시는
아저씨의 뒷모습이 아버지 같다
머릿속에 맴돌고 있어
꿈속에 남남으로 나타나신다

다른 아이와 싸울 때
나를 나무라며
내 아들이 잘못됐다고
용서를 구하는 아버지
내 편도 들어 주지 않는다

아버지 마음은 우윳빛 유리 같아
속이 잘 들여다 보이지 않는다
걱정거리도 괜찮다고
겉으로 늘 말씀하시면서
울 장소가 없기에
혼자 슬픈 사람이다

빗소리

비가 창살을 두드리니
창가로 눈물이 흐른다
눈을 감고 소리 들으니
슬피 울던 어머니 통곡소리다

바람이 지나가고
자동차가 쏜살같이 달리며
비행기 구름 속을 스쳐가는데
이쪽에서 저쪽으로
칼 빚는 소리 같다

하늘에서 내리는 소리
요란하게 호통을 친다
쏜살같이 퍼붓는 조소 소리
슬픔 머금고 눈물 흘리며
눈 굴리며 억울해 하는데
내 마음을 씻어내는
소리 없는 저 소리 나를 울린다

행복

씨앗은 흙을 만나야
생명을 잉태하고
대 가족을 이루어
인류 생태산을 쌓는다

물속 고기는 물을 만나
물속 공기를 마시고
먹잇감이 되어
약육강식의 법칙을 알린다

하늘의 새들은
맑은 공중으로 떠다녀야
숨을 쉬고 살아도
땅에 집을 짓고 살아야 한다

행복은 서로 만나
꿈을 키우며
같이 살아야 번식하고
결국 생명을 버려야
또 다른 삶을 살리라

선線과 선善 외 2편

초등학교 때 짝이 된 남자와 여자는
서로 넘어오지 못하도록 책상에 선을 그어댔다

육이오전쟁 이후 한반도는 남과 북이
서로 넘어오지 못하도록 선을 긋고 철조망을 얹었다

나만의 울타리에 선을 긋고
나와 다름에 선을 긋는다

선을 넘으면 죽는다금만 밟아도 죽었으니

이제 선을 지우며 살고 싶다
선線을 넘어 선善한 꽃 피우고 싶다

가을에는

가을에는
눈부신 햇살이 직진으로 파고 들어와
마음까지 높은 가을 하늘 파랗게 물들인다

가을에는
햇살 박힌 상큼한 꿀사과 빨갛게 다가와
과수원마다 달콤한 사랑 주렁주렁 나눈다

가을에는
들녘의 벼 이삭 사이좋게 어깨춤 넘실대니
농부 눈가의 굵은 주름 덩실덩실 하회탈 춤춘다

가을에는
길게 뻗은 햇살이 밤하늘과도 손을 꼭 잡고
커다란 달빛 밝은 그림자에 강강술래 흥겹다

내 인생의 38번 길

나의 37년간 직장생활은 신호등도 없는
오로지 주어진 목적지를 향한 추월차선을 넘나드는 직진 고속도로
유일하게 오른쪽으로만 샐 수 있는 달콤한 탈출구에는
휴양지보다 더 많은 인파 속 줄서기와 떡볶이 오뎅 감자구이
그리고 시원한 냉커피 한 잔뿐

나의 정년퇴직은 내 인생의 38번 길
발길 닿는 곳이 목적지가 되고
시간에 구애받지도 않고 속도를 늦추니 찾아가는 맛집과
따뜻한 커피 한 잔처럼 모락모락 향기의 여유로움과
곳곳에 서 있는 오랜 친구 같은 신호등

빨강불이 켜지면 멈춰야 할 시간이다
그 자리에 서서는 무언가를 기다려야 한다
노랑불이 깜빡이면 짧지만 매우 중요한 순간으로
다시 움직일 준비를 해야 할 시간이다
초록불이 켜지면 미래를 향한 길을 열어가리라

초대시 2 유나영

그믐밤에 외 2편

그믐밤
질펀거리는 밤인데요
소록소록
눈발이 젖고
화롯불 지피고 앉은 자리에서
정든 사람 그 이름 부르고 싶네요

시간의 창에 걸린
아름다운 시절이 와서
조요로운데
그 자리에 부르던 사람
서성일 것 같아
눈을 감아 보면

겨울 밤
눈은 내리고
밤샘을 한 나는
그리운 사람 이름 부르면서
세월 간 빈 자리 넘겨 보네요

만경강 유역에서

세월은 가고
역류할 기미마저 없어서
나는 아파할 뿐 아니라
울고 있습니다
울음 섞인 물줄기는
쏴-아
고함을 치 듯 소리 내어
나보다 앞서 울고 있습니다

돌무더기 사이에 묻혔다가
돋은
풀잎이
옛 일을
끄집어 내놓고 부르면서

곡예사의 줄타기보다
아스라이
밀린 정에 사무치고
나는 밤별이 뜨는 시각의
뒤켠에서
세월 간 물줄기의 흐르는 소리를
귀에 담아 놓고 있습니다

가기로 하자

구름 가듯이
가야할 길이라 한다면 가기로 하자

아주 오랜 적 전설을 화로처럼 피워놓고
몽실몽실
사랑이 타듯
그렇게 타오르는 자리라면
그 길을 찾아 가기로 하자

이슬보다 영롱한 물빛 고동이 일렁이고
까닭모를 밤에
불빛 치달아 오르는 까닭을
묻는 길이라면
그리로 가기로 하자

꿈은 어울리는 게 아니라
지피다 소진 되어 가는 것
혹 남아 있을지도 모를
거기로 가기로 하자

병원 외 2편

그 병원 뜰에는
오래된 은행나무가 있다
일광욕 나온 환자 한 사람이
샛노란 은행잎을 주워
소망을 담아 기도드리듯 책갈피에 꽂는다

회색빛 바랜 담벼락 같은 생명에
오 헨리의 마지막 잎새도 희망이 되리라

매일 오는 오늘이라는 날이
그들에게는 특별하고 늘 벅차다.
누군가에게는 허락지 않는
오늘 내가 살고 있으니
얼마나 감사한가

우리들이 누리는
모든 것들에 입맞춤을 보낸다
나도 책갈피에 은행잎 하나
아픈 이들을 위해 아니 나를 위하여
꽂아본다

아! 가을 하늘이 눈 시리도록
오늘 더 아름답다

목련꽃 사랑

비 온 날
뽀얀 우유 빛
씻기운 얼굴

햇살 머금고
활짝 피어난 너
내 심장을 앗아가
나붓대는구나

보내야 하기에
삼킨 눈물
꽃비 되어 뚝뚝 떨어지고

부는 바람 야속해
가슴에 품고
밤새 눈물 적시네

하나가 시작 점

한 그루 나무를 심고
하늘 물 길어 뿌려주니
초록이 나고

핏줄 드러난 민둥산
초록은 초록을 불러
숲이 되었다

한 그루 나무 호흡이 모여
숱한 생명이 숨 쉬고
한 사람 맑은 비췻빛 삶이 모여
밝은 세상이 된다

무엇이든 하나가 시작 점

팔월 炎天 외 2편

저 맨드라미 계관화
축 늘어져 숨 몰아쉬고
해바라기도 긴 허리 꺾고
구름에 기대어 휴식을 취한다

옛적, 고향집 머슴 삼용이
눈망울 똘망똘망한 초선이* 데리고
나갔다가 혼자서 돌아왔다

앙칼지게 볶아치는 매미 소리에
방랑의 소임 잊었는지
납작 엎드려 기척도 없는 바람

길가에 심은 토란, 알 배기도 전 수난 시대
길 가던 행인, 토란잎 뚝뚝 꺾어
양산 만들어 쓰고 유유히 사라진다

얼마 전 중복 지나
아직 갈 길 먼데
땀이 눈에 들어가 한 발도 뗄 수가 없다

대책 없이 펄펄 끓는 지상
나도 한때
막무가내 펄펄 끓던 시절 있었지

*초선이:강아지 이름

개미 골목

버스에서 내려
구불구불
송천동 질러가는 길

분주했던
도시의 하루가 소등되면
푸른 달 어슷어슷 찾아와 이야기 나누지

쏟아지는
수직의 햇살은 비밀을 간직할 수 없고
직선의 도로는 바람을 품을 수 없다고

맨들맨들 다져진 미로의 숨바꼭질
가로등 눈 한 번 질끈 감아주면
오줌 꽃 지릿한 전설이 쌓이고

오늘도
누군가
빛의 속도로 바지춤 내렸는지

주인 잃은
노오란 똥 한 덩이
민망한 듯 상기된 얼굴로 앉아 있다

사월의 일기

달착지근한
바람이
뜬소문으로 날아다니는 계절

눈으로,
가슴으로 보아도
비릿하고 날것 냄새 가득한 세상

밤을 잠재운
어둠의 무게가
꽃잎처럼 가벼운 봄밤을 지나면

저기
거름 냄새 나는
봄빛 속에 초목 같은 남자 살고 있네

드넓은 밭에 건강히 자라는 마늘
장딴지 알이 배도록 들판을 헤매는 사람
남자는 날마다 물 주고 가꾸었네

나
봄빛 속
그 남자가 키우는 들판의 푸른 마늘이고 싶네

걷다 보면 생각나는 사람 외 2편

혼자라는 시간 속으로 빠져드는
내 몸 하나가
참으로 가볍다

멀리서 흔들리는 가랑잎 소리도
내 발자국이 남기는 마른 흙의 마찰음
잔설이 녹아 땅 밑을 흐르는
미세한 소리까지도
무심히 스민다

무념의 공백으로 걷다 보면
생각나는 사람
나와 같음 좋겠다

메타세쾨이어 길

이슬 맺힌 잎을 흔드는
고요한 바람 소리에
기억의 문을 두드린다
겨우내 조용하던 숲이 분주하다
어디 갔다 왔을까
울창한 숲을 기다리며
목소리 키우던 시간들
온 숲을 울리는 청아한 소리는
비로소 숲이 있어 극치를 이룬다
새야
새야
높은 가지 끝에 앉아
세상을 살펴보는 너의 생각은
얼마나 커져 있을까
아서라, 눈 감아라
그저 평화를
그저 사랑을 노래하라

가을바다

바다는 수 없이 쏟아놓은
사연이 버거워
끝없이 출렁대며 모래사장으로 밀려오는 건
아픔 때문이야

바다는 수많은 사람들 이야기로 퍼렇게 멍든 가슴
출렁대며 파도로 밀려오는 건
위로받기 위해서야

드넓은 세상을 품고도
헛헛한 가슴 풀어 헤치고
산 같은 파도로 밀려오는 건
수많은 웃음을 흘리고 간
행복한 흔적을 품기 위해서야

파도야
파도야
어미의 품속 같은 바다는 아프다
속 앓이로 멍든 가슴
이제 그만 울음을 멈추어라
잔잔한 너울로 열정의 계절을
잠재워라

초대시 2
이병연

탈곡하다 외 2편

탈곡기로 빨려 들어간 콩대
잘린 콩대와 잎들이 튕겨 나간다
바스러진 것들은 아예 허공을 날고 있다

바닥으로 떨어진 콩은
미끄럼을 타고 자루 안으로 들어간다
탈곡기 주변으로 떨어진 콩들도
자루 안으로 모셔진다

바싹 마른 콩대와 잎들은
할 일을 마치고 손을 털며 돌아가고
무거운 것만 남는다

남거나 남겨진다는 것
아직 할 일이 남아 있다는 것
떠나지 못한 것들을
사랑해야 하는 이유를 알겠다

가벼워지면 떠나거나 떠나보내고
남은 것들은
새로운 길을 간다

물길

온몸으로 전해지는 통증
야간에 비명을 달고 병원으로 달렸다
충격파로 오줌길을 막고 있는 결석 부수는 소리

급체해서 샛노래진 얼굴도
막혀 역주행하는 하수구도 뚫으면 편안해졌다

흐르는 대로 흐르지 못하면 어김없이 통증이 왔다
물길을 막아서는, 예고를 모르는 그 무엇

- 물길을 막으면 안 되는 겨. 물이 흐르는 대로 놔 둬야 혀.
정작 할머니는 강제 징용으로 끌려가 생사조차 알 수 없는
큰아들을 놓아주지 못했다

물이 흐르다 구천동 계곡의 물처럼 큰 소리로 울부짖는 것은
저를 가로막는 바위 때문인데
몸부림치며 흐르던 물도 시간이 흐르면
온순해지고 잠잠해질 것이라고

할머니의 염주 돌리는 손길은 숨이 멎는 날까지 이어졌다

층층나무꽃

오랜 그리움으로 꽃이 핀다

저기 저 돌로 켜켜이 쌓은 돌탑들
무슨 생각을 저리 골똘히 하고 있는가

돌이 꽃으로 피어나고 있다
사람들이 돌탑을 보러 떼로 몰려온다

놀란 눈으로 탑을 보고
헤아릴 수 없는 돌탑에 보이지 않는 눈물 자국
점점 숙연해져

돌탑 하나하나를 보물처럼 받들어 모시고 싶은 마음이
구름처럼 인다

오롯이 너를 생각하면 온 세상이 너와 나뿐인 것처럼

지리산 삼성궁*에는
돌로 피운 층층나무꽃 속에 우리가 있었다.

* 환인, 환웅, 단군을 모신 배달민족성전

단풍나무 숲, 거기로 외 2편

가을 길에 수제비처럼 뚝뚝 내려앉는다.
이미 단풍 물 한바탕 끓은 듯 제법 가을 맛 난다.
소소한 바람에도 금이 갈 듯 쓸쓸한 마음
운동화에 차일 때쯤 푸른 하늘과 눈 마주치면
단풍나무 숲으로 시집을 가라는 말
까치 한 마리가 짜릿하게 던지고 사라진다.
불붙듯 활활 타는 단풍 숲이 그리운 신랑
먼저 당도해 있을까, 단풍잎 내려앉아 고운 길 끝자락
가을 맛 진국으로 우러나 있는 산기슭에
허한 곳 다 채워줄 온기 끓는 집 뜰, 거기
둘이서 가을 타는 환자처럼 나란히 앉고 싶은

바스락바스락 불 지피며
단풍나무 숲으로 벌써 몇 번을 시집갔다 돌아오는
신부, 물들어 부푼 마음 발가니 하늘에 자꾸 들킨다.

낙원

물은 옷을 입지 않은 채
속을 보여줘야 서로 섞인다.
부대끼며 흘러도 처음처럼 깨끗한 알몸이면
맑은 호수, 물의 낙원이다.
사람은 현장에서 돌아와 현관에 신발 벗는 순간
맘 놓고 디디면 자유를 주는
무너짐이 아니라 힘이 솟는 곳
웃음 피는 가족이 있으면 삶의 낙원이다.
그을고 짭짤한 고달픔이라도 해 그늘을 고맙다 여기며
까칠하지 않은 곳에 훌러덩 등짐 내려놓고
알몸으로 누워 마음 펴는 곳
속이지도 말고 속지도 말고
내가 너려니, 네가 나려니
돈 좀 없어도 그렇게 살면 된다.

칼국수 향기

칼국수를 자주 먹는다.
어머니가 자주 드셨던 음식이다.
한 그릇 국물까지 후루룩 마시고 맛있다, 한마디하고 나면
내가 어머니와 똑같이 하고 있구나, 그렇다.

칼국수 드시는 어머니는
채색되지 않은 곱고 순수한 백만 불 미소가
참 보드레하고 순하고 아름다웠다.
화려하지 않고도 조용한 가르침은
기름치지 않아도 항상 구수하게 다가왔다.
얹은 별미, 고명을 벗어나 콧등치기로 솟아올랐던 국숫발은
쫄깃한 어머니의 사랑과 마주치는 순간
고 맛이 좋아 연습도 자주 했다.

혈연으로 반죽 되어 뼛속까지 유전된 탓에
하늘나라와 이승 사이가 코앞인 듯
생각을 똑같이 고집하는 모녀, 칼국수를 좋아한다.

엄마, 어머니처럼 칼국수를 맛있게 먹는다.

초대시 2

이상미

기대 외 2편

창 앞 전봇대에 앉아
한참을 지저귀는 까치무슨 소식
전하러 온 거니?
괜스레 뭔가 두근두근
기대되네, 오늘!

삶

나는 나의 생을 너무 서투르게 살았지
사랑도 미움도 열정도 고통도
한 발짝 건너서 바라보며 타인의 생처럼 산 세월
괜찮아 괜찮아하며 되뇌던 세월은
흐르는 물처럼 흘러 바람처럼 사라졌네

홀로그램처럼 보이던 순간순간의 기억
이제는 아득하니
미련도 아득해져 공허한 삶
언젠가 내가 이 세상 떠날 때
이 나머지 삶, 나의 생을 살았다 할 수 있을까?

한글 예찬

위대한 세종대왕, 창제한 우리 한글
애민의 마음 담은 과학적인 구조로
누구나 쉽게 배우네 자랑스런 우리 글

天地人* 철학 담은 모음의 모양새
말하는 입의 모양 자음의 모양새
소리가 들리는 대로 조합하면 되는 글

ㄱㄴㄷ ㄹㅁㅂㅅ ㅇㅈㅊ ㅋㅌㅍㅎ
ㅏㅑㅓㅕ ㅗㅛㅜㅠㅡㅣ 24자 조합하면
소리를 쓸 수 있다네 세상 글 중 가장 많이

세계에서 가장 편한 우리 글의 쓰임새
하나의 음절이 하나의 글자 되니
압축된 글자와 문장 보기 좋고 읽기 좋고

키보드 글자 배치, 자음과 모음 대칭
글자 치는 좌우 손끝, 장단치는 품새 같아
타다닥 악기 다루듯 리듬감도 신명나지

세계만방 퍼져가는 우리 한글 인기는
우리말과 함께하던 글자만 표기하던
생김도 어여쁘다고 세계인이 사랑하네.

*天地人= 천(·), 지(ㅡ), 인(ㅣ)

붓 외 2편

붓 한 자루 내게 주시오
답답한 속 쏟아내고 싶소이다

서리서리 굴곡진 내 인생
새까맣게 탔소이다

한 많던 세월
끄집어낼 터이니

그대는 옆에서
짙은 구음이나 흘려주면 좋겠소

신들린 붓은
미쳐 날뛰고

까만 먹물은
강물 이여라

답답한 속 비워내니
이제야 살 것 같소

바람이려오

나
떠나거든
동풍 타고 왔다가
서풍에 쓸려간
인생쯤으로 기억해 주오

있는 듯
없는 듯
숨죽이며
땀 흘려 열심히
그리 살아왔소이다

부모님
삶의 터전에 계단 하나 올리니
자식들이 하나 둘 보태고
손주들이 상단에 올라
만세 부르는데
무슨 걱정 있으리오

청춘과 노인

청춘은 맘이
노인은 몸이
아프답니다

가슴이 답답한 청춘들은
시간도 돈이니
젊은 시절 격은 어른에게 길을 물어요

툭툭 던지는 한마디에 답이 있고
멘토가 될 수 있으니
꼰대로만 치부하지 말아요

세상은 넓고 할 일은 많은 청춘
디지털 시대에 아나로그 사고, 노인
우리 서로 존중하고 배려하며 함께 살자구요

초대시 2 이세규

바위틈 외 2편

바위가 흙이더냐 뿌리를 내리다니
여기저기 서성거려도 설 자리가 없구나

햇볕이 쨍쨍 잡초 수목 사라지고
앉을 자리 반반하니 오히려 다행이오

흙먼지가 유일한 식량 땅 기운은 어디 갔소
빗물은 바랄 수도 없어 밤이슬이 반갑구려

틈새기에 사지를 꽂고 하늘 향해 두 팔 벌려
그래도 나를 키웠다 정든 내 고향

안식

비는 퍼붓고
바람은 몰아붙여

꽃은 묻혔고
벌레는 날아가고
우리는 주저앉았지만

내내 서 있다가
이 생애 처음으로
푸른 하늘을 본다

풀은 자빠져 누우니
진짜 행복하다

李村住居 이촌주거
-Life in Ichon

李村風雨定(이촌풍우정)
暮見雁行頻(모견안행빈)
落葉漢江樹(낙엽한강수)
寒燈獨釣民(한등독조민)
綠園白露滴(녹원백로적)
孤客野花賓(고벽야화린)
木覓靑松活(목멱청송활)
何時建此身(하시치차신)

오얏 나무 촌에는 비바람 진정되자
저물 땐 기러기 자주 난 것 보았네.
낙엽이 져버린 한강 변의 나무들과
찬 등 아래 홀로 낚시하는 백성이라.
푸른 동산 흰 이슬 물방울 떨어지고
외로운 나그네는 야생화의 손님이지.
목멱산의 푸른 솔은 활기 넘치는데
어느 때에서야 이내 몸을 세우려나.

해당화 외 2편

초대시 2 이순옥

사랑은 꽃망울 같은 거라며
꽃망울이 터지는 순간을 놓치지 말라고 하신
하지만 내가 놓치는 것이 아니라
꽃망울이 은밀하고 조심스럽게 터트리는 거라고

눈으로 보려고 하지만
언제 왔는지
어떻게 푹 빠져들었는지 알지 못해
그렇게 잠시 한눈을 팔다 보면 어느새
사랑에 빠진 걸 알게 된다고
하루아침에 꽃이 피어나는 것처럼
내 가슴에도 그렇게 꽃이 피었죠

빗속에 파도 소리를 들었나 봐요
갯내음이 담벼락을 두드렸을까요
절절한 그리움으로 피다 진
어머니의 향기가 피어나네요
해당화가 필 때면 아련한 눈동자를 하신, 어머니
이제 제가 그렇습니다

금환일식

한 번, 단 한 번
진실이라는 이름의 씨앗이 터지자
이제는 뜨거운 눈물
심장에 박힌 얼음이 되었어
녹는 것이 아니라 저것이 진실일까 위장일까
그런 두서없는 생각 서서히 달에 잠겼어

천천히 마음이 가라앉기 시작했어
잘못 꽂은 꿈의 푯대처럼 오랜 세월
한 장소에서 붙박인 지박령처럼
확인 한 번 하지 않고 모든 것을
지레짐작하고 비난을 앞세우기 훨씬 전에
나를 위해 혼자
그 많은 것을 감수하고 있었던 걸

잊고 있었어
선연히 빛나는 저 금빛 언약을
찬란해야만 했던 우리의 언약을
가장 아름다워야 할 가치여야만 할 언약을
마음의 새끼손가락으로 매듭 엮었던 그 언약을

조락

파삭 마른 잎사귀가 바스락거리며 나를 읽네
내 인생의 잎사귀들 하나씩 떨어지네
눈꺼풀 축축하게 부풀어 오른 꿈들 백태처럼 쓰네
겹치는 생시 환영의 바람 휘몰아치네
거리마다 슬픈 연가가 흘러넘치네
떨어지는 잎마다 햐 햐 햐 나를 비웃네
불거져 나온 보도블록
두 동강 난 지렁이 집 찾아 헤매고
집을 등에 진 방황하는 민달팽이
비명이 목젖에 엉겨 붙어 버둥대네
이 길 저 길을 두고 맞는 길을 점쳐보네
손바닥에 침 퉤퉤 뱉어 길 물을까
허공 따라 굴곡진 주름의 공허
거리를 빼곡 채우는 나뭇잎의 시체들

초대시 2 이순희

탑쌓기 외 2편

고행하듯 수행하듯
그동안 주워 나른 돌들
모나고 뾰족해도 거칠고 투박해도
그의 손에 닿으면 다 제자릴 찾아 앉는다

아버지 보내 드리고
어머니마저 보내 드리고서
그는 홀로 돌쌓기에
혼신의 힘을 모두 쏟았다

선산 아래
층층이 쌓인 돌탑이
겨울 하늘에 닿을 듯 정갈하다

저 무수히 많은 돌은
그의 가슴에 쌓인 말들이었다
원망의 말, 분노의 말도 삭여서
제자릴 찾아 쌓아 올린 탑은
이제 비바람에도 눈보라에도 흔들리지 않는다

그가 쌓은 탑엔
늘 바람의 길이 열려 있기 때문이다.

어비 魚飛*

본래 태생은 바다였으나
이내 한계를 뛰어넘어 산으로 왔다
적막한 절간 처마 끝에서
너는
밤낮없이 경經을 되뇌이고 있다.

*어비(魚飛): 연비어약(鳶飛魚躍)에서 만든 말. 풍경 속 물고기를 뜻함.

아!

늙은 호박 거죽에 하얗게 핀 분을 닦다가
썩어들기 전에 끓여 먹어야겠다 했더니
호박 듣는데 그런 말 말라고 남편이 한마디 한다
죽은 호박이 뭘 알아듣겠냐 그랬더니
그 안에 씨가 있지 않냐고 한다.

아!

봄이 오면
씨앗을 고루 발라서
양지바른 텃밭 한옆에 심어주겠다고
일부러 크게 말했다.

내 눈 속의 백두산 외 2편

이마에 왕王자가 있는 호랑이 어슬렁거릴
산을 오르는 중이다
우리의 집들은 멀어지고
추위에 흰여우가 굴에서 눈만 번득일 것 같은
고산지대,
자작나무들도 수만 개의 옹이 눈을 슴벅거린다
비 내린 숲은
무지개로 협곡과 협곡 사이를 이으려는지
구부러진 길 틈에
아치형을 빗대어 준다
산은 아래에서 위로 솟구쳤던 날들을
능선에 내려놓고
위에서 아래로 관광객들을 줄 세운다
불과 물은 한통속인지
불이 떠난 자리에
물이 그 자리를 대신한 천지,
그 깊은 속에는 웅크린 천 년이
한꺼번에 치솟을 불을 삼키고 있을 것이다
바위를 삼키고
자작나무 숲을 목탄으로 만드는 일은

다만 아득한 심연 같아서
눈을 감고
호랑이 발자국에 손을 대어본다
백두산에서 가장 오래된
인사법이다

금동느티나무*

노거수 뿌리는 땅속 수십 미터까지 뻗어 있다던데
폭풍에 나뭇가지가 잘려나가면
실뿌리도 알까

서울에서 내가 밤새 아프면
정읍에서 어머니가 아침 일찍 일어난다

눈을 감으면 나무 아래에서 심장이 느껴진다

370여 년 전에
첫 뿌리가 닿은 흙 속의 질감
어머니 입덧에도 있었다

만삭의 배를 두 손으로 받쳐 안고 혼잣말을 건넨다 아니 대화를 한다 가식이 하나도 없다 술술 다 꺼낸다 그때 속마음은 뱃속 아기에게 처음 들킨다

나무는 지상에서 사라진 것들을 빨아들이며 자랐는지 모른다
그것의 결이 나이테에 몰려 있다면

세상의 인연은 한 그루의 가계家系다

노거수 목피를 천천히 쓸어 본다
수많은 기도가
아직도 느티나무 속에서 읊어지고 있다
물관은 사라진 억양으로 흐른다

* 전북기념물 제93호

전공서적

우리 집에 버릴 수 없는 책이 있다
몇 번의 이사에도 번번이 뒤따라왔던

절대 버리지 마!

누렇게 바랜 책 하나를 빼내어 펼쳐본다
눈빛이 흘러내린 자국,
그 사이로 선명하게 밑줄이 나 있다

그는 바위에도 설계도가 있다고 여기는 사람,
이끼가 배근되고 치수대로 이슬이 기입되어야만
깨트릴 수 있단다

과거의 낱장을 털어보면 야독夜讀이 나온다
오직 장학금만이 자신을 바로잡는 것이라고
페이지마다 파랗고 빨간 글자들이
각성되어 있다

책장은 손이 드나들수록
책과 책 사이의 틈을 좁혀준다
그는 책등끼리 기댄 연대야말로

시간의 저편을 데려오는 일이라 한다

살면서 버리지 못한 것이
살아서 버릴 것을 정해준다
꽉 찬 책장 칸에서 철 지난 잡지,
연애시집 몇 권 골라내 박스에 담는다

과거의 그가 현재의 나를 얼마의 축척으로
자신의 설계도에 그려 넣었을까
옛 책 한 권 지키는데 한 질의 전집이 필요했듯
그는 나를 지키기 위해
가끔씩 책의 먼지 속에 들어앉는다

그가 말한다,
너는 나의 전공이야

시간의 흔적 외 2편

모래밭에 멈춘 시간
의미 없는 방게들의 죽음

벌벌
기어 다녔을 시간의 흔적들

밀물의 무책임을
썰물도 외면했다

죽음으로 널브러져 멈춘 부조리
바다를 향한 항변

밀물은 바람을 일으키며
스멀스멀 밀려오고
다시 시작될 삶과 죽음

짜디짠 바다의 시간
수평선 끝에서
붉은 해가 지고 있다

빗장

몸과 마음의 빗장
굳게 닫아걸고 지내온
기나긴 세월
애매하게 위장된 시간

수십 년 갇혀있던
단단한 껍질 깨고 나와
만세를 불러도
결코 통쾌하지 않은

돌이킬 수 없는
잃어버린 체념의 시간

인생의 벼랑 끝
수줍게 웃으며 손 내미는
청초한 꽃 한 송이

조심스레 열어보는 마음의 빗장

비에 젖은 가을

비 오는 아침
투박한 손에 젖은 단풍잎을
움켜쥐고 버스에 탄
중년 여인의 상기된 얼굴에서
깊어가는 가을을 보았다

차창밖에는 여전히 비가 내리고
떨어져 내린 단풍잎들은
아스팔트 위에 엎드려 한 몸을 이루고
차창에 부딪혀 낙엽이 된 빗방울

전혀
가을을 좋아할 것 같지도
가을을 느낄 여유조차도 없어 보이는
남루한 여인의 손에 들려진
젖은 가을

비 내리는 차창 밖 풍경은
만추의 느낌으로 가득한데
온종일 물음표로 남아 있을
이 아침의 가을.

초대시 2
이연홍

동백꽃 외 2편

동백꽃 누운 길
하도나 고와
잠든 꽃 깨울라
조심조심
제겨 디딥니다

하늘나라 왕자별님
밤마다 내려와
꽃 잠자는 아가씨를
참하 못 깨워
자장 노래 불러주고
그냥
돌아 갑니다.

석송령 石松靈

육백 년이 넘도록
지켜온 그 자리
이 마을 전설을 솔잎마다 품고
흐트러짐이 없는
그 기품 앞에서면
옷깃이 여며지고
고개가 저절로 숙여지는 나무
이 반송 말고 또 있을까

밑에서 쳐다보면
황룡이 꿈틀거리듯 양쪽으로 뻗은
가지를 받혀주는
디딤돌 철 기둥
해마다 정월 열 나흗날 자시에
동제를 올리고 술을 듬뿍 부어준다

자식 없이 가신 분이 이름 짓고
토지대장에 올려 나무에 상속했다
신령스러운 등신목
석송령

*경북 예천의 수령 600년이 넘은 세금 내는 소나무

단옷날

단오 전날
동네 사람들이 모여
집집마다 짚 한 단씩 모아
그넷줄을 맨다
해마다 매던 그 나무에

단오에는 쑥떡 먹고
창포 삶은 물에 머리 감아
궁궁이를 머리에 꽂고
깨끼 저고리 반물치마
갑사댕기 하늘하늘
그네를 띈다

한 번 굴러
지붕 위를
두 번 굴러
산허리를 차고 오르면
구름 속에 나부낀다.

* 궁궁이풀은 액을 물리치고 향기가 독특하여 단오날 머리에 꽂는 풍속이 있다.

조서도 쓰지 못하고 외 2편

이인헌

꼬리를 흔들며 나를 반겨주던 천둥이
세월 따라 꽃이 떨어져
흔적 없이 사라지듯
이제 내 눈앞에 보이지 않네.

천둥이가 머물던 고향
나 홀로 집 작업장도
아! 이제는 정말 빈 집이 되어
푸르렀던 추억도 사라져 가고
생명력 잃은 내 마음에 비가 내리네.

소쩍새도 울음 우는 듯
빗소리도 눈물 흘리는 듯
어느 골짜기 어느 들판에서
지척에 있는 집 오지 못하고
홀로 노구의 몸 눕혀
고통과 그리움 안고 어디로 떠났는가,
절망의 눈물도 메마른
너도나도 정든 이별,
마지막 모습 찾지 못해
꽃 한 송이 주지 못한 마음 슬프구나,
무덤도 없이 조서도 쓰지 못하고 마음 아픈 이별
아! 슬픈 이별이라니!

마당에 대나무를 심고

친구들과 정신없이 뛰놀다가
날 저물면 대숲에서
참새 떼들 시끌벅적할 때
밥 먹으라 부르는 어머니 목소리
세한歲寒에 큰 눈이 무겁게 쌓이면
대 꺾이는 소리
쭈욱 처져 고개 숙인 대밭
목화밭처럼 하얗고
파릇파릇 푸르른 모습 가슴 깊게 새겨져 있네.

친구 선산에 있는 대나무
옛 동무 보는 듯하여
내 집 앞에 옮겼더니
죽지 않고 살아
어느새 죽순이 하늘을 뚫고 올라오고
아침저녁으로 물 주고
추억의 정취 찾아와
침묵으로 옛일들 주고받네.

어찌 꼭 세상 시끄럽게
소리를 내는 것만이 친구라 하겠는가,

이것이 바로
고요 속에서 솔바람 불 듯
나를 편안하게 해주는 진정한 옛 친구.

비바람 불어 오갈 때 없어도
댓잎 속삭이는 소리
창가에 사그락사그락
나를 부르는 목소리.

오래된 책은 나를 바라본다

오래된 책을 읽다 보면
그때의 시대상 속에서
삶을 엮어가는 일상을 엿본다.

그 속에서 함께 숨을 쉬고
삶이 힘들다는 생각이 날 때쯤
뇌리를 스치는 생각들이 나를 깨운다.

부와 명예를 짊어진 세대와
빈곤을 등에 업고
한 세상 살아갔던 사람들,
흔적 없는 바람처럼
등을 돌려 어디로 갔는가.

우리들 또한
같은 공간 시간 속에서 살다가
하늘이 부르면 가야 할 인연들,
모든 것이 다 지나가고 있는데
흔적이 살아 숨 쉬는 책 속에서
나도
존재의 의미를 남기고 싶어질 때
오래된 책은
흔들리는 불빛이 되어
나를 지긋이 바라본다.

사랑 그리고 뒷이야기 외 2편

며칠은 가슴이 거북했지만
미루나무 이파리가 흔들리면서
가슴도 풀리고
결국 사랑하지 않기로 마음먹은 대로
그도 나를 잊고
나도 그를 잊고
강물은 여전히 조용하게 흘렀어라

우리가 굳게 믿었던 것들은
눈물이었고
강물이었고
이파리였을 뿐
사랑은 믿을 것이 아니였어라

너무 오래 사용한 탓으로
꺾인 무릎 뼈가 서걱대듯
그렇게 서걱대고
이렇게 펼치려다가
저렇게 펼쳐버리는 아트지에 그린
서툰 초벌구이 같앉어라

내년 봄에는 새 두릅을 심어야지
가시가 다문다문하고
가지 끝에 봄 春자 만 붙여주면
파랗고 탐스러운 싹이 올라
풍경이 되기도 하고
입맛이 되기도 하는.

풋 계절을 만지며
누군가 우리들 곁을 떠나고
지금도 우리 곁을 떠나려 하고

아니.
아니.
우리도 떠날 준비가 거의 된 세월 앞에서.

갈매기 되어

눈을 감아도 꽃은 웃고요
귀를 막아도 새는 울어요.

오늘이 가면
내일이 올 텐데
무얼 그리도
애절하게 기다리나요.

가까울수록 그리움은 멀어요.
내 육체는 우주 속에 작은 프리즘

그대로 가슴 포개고
세월을 안아 봐요
내일은 갈매기 되어
항구를 떠날 텐데요.

천 년의 바람 되어

천 년을 버티며 살고 싶어
바람 부는 언덕에 뿌리 내린 나무로 섰다네
몸에 분신처럼 자리하던 잎사귀들
하르르 하르르 무너져 내리고
바람은 그것들을 모아 싸들고
영원 쪽으로 걸음을 옮기고.

풍경을 보자
풍경만 보자
사람이 풍경이 되는 사진 속에서
뜨거웠던 기억들이 엉키고
언덕 넘어
아! 자 언덕 넘어
하얗게 바랜 사랑이라는 눈물이
강물 되어 흐르는.

가자 이제 우리도 가자
시간도 풍경도 상심도 눈물로 버리고
잠시 피어오르다 사라지는 안개처럼
자유로운 세계로 가자

모두 그렇게 떠나고 나면
겨울처럼 외로울까

그래도 가자
우리 함께 천년의 바람이 되어.

초대시 2
이정수

봄날의 눈빛 외 2편

하얀나비 나래치는
봄날의 교회당 모퉁이 꽃밭
이파리는 이파리대로 서서 재잘거리는데
나뭇가지마다
햇살은 부서지는 걸까
새로운 탄생의 칸타타 아침
자그마한 내 마음 안방에
미소로 가득한
봄날의 눈빛
동네 아이들처럼
치열 사이로
유년의 그림자가 들어선다.

사랑과 걷다

어느 햇살바람 부는 날
피워준 그 가녀린 자태

해맑은 소녀에게 하늘이 지어준
그대의 이름은 우주

비바람을 견디며 부르는
하늘빛 형형색색의 노래

천만 번을 흔들린다 해도 쓰러져 눕지 않을
길을 위하여 서 있는 코스모스 한 송이
영원을 불태우고 있다

나를 생각하는 네 마음이 고와서
하염없이 널 바라보며
흔들리면 흔들리는 만큼
깊은 사랑에 빠지는 나

한들한들 발레리나의 춤사위로 꽃을 준비한
걸음걸음 달콤한 그대 선 길 따라
함께 걷고 또 걷는다.

가로수의 꿈

날마다 기다리다
돌아서는 텅 빈 가슴
쓰러지지 않으려고
바람 앞에 흔들렸다

약속으로 찾아오실 그 날
설렘으로 꿈꾸며
지금도
사랑하고 있다

이 세상 모든 것을 잃고도
당신 한 분 소유할 수 있다면
더 좋을 기쁨으로

오늘 하루가 또 이렇게 지고
어두움이 와도
두렵지 않는 것은
아침이 반드시 온다는
나의 믿음을 그 바람도
꺾을 수는 없었기 때문이다.

물안개 외 2편

강바닥이 호흡을 밀봉한 채
거대한 방언을 내뿜고 있다
물의 족보들이 깨어나
희뿌연 길을 세우고
혼몽한 추억을 흔들기 시작하면
기억 저 편 질문들을 모아 놓고
세상은
행선지를 놓친 선장처럼 물멀미를 한다
그 안에서 오래오래 기다리다
말 없는 소문에 질식되면
수분 가득한 침묵은
고해성사를 한다

금강
-하굿둑

바다의 벽을 본다
바람이 심하게 부는 강둑에서

갯벌로 밀려가는 가쁜 숨소리
그을린 소금기가 또 바다에 빠진다
자라지 않는 해송가지가 비린내 나는 암벽을 붙잡고
밀려도 다시 차오르는 감매빛 물결이
휘청거리며
찢겨진 젊은 날의 부유물들이 쓸어온다
좁고 굽은 골목에 경사진 축대도 밀려오고
이어 붙인 눈자라기 나날들이 얼룩 조각이다

어젯밤 악몽을 지우려다
뒤집어진 거북이는 난생처음 푸른 하늘을 보았다
아팠을까
등 밑에 깔린 모래 틈을 지나가는 칼바람

해지는 바닷가를 본 죄로 빈껍데기 모래 한가득
맨몸뚱이에서 하얀 소금이
꽃으로 떨어진다

위안의 관계

처음, 이별을 배운 나이는
아픔이 숨 차올라
멍이 스민 겨울이었습니다

목소리가 닿지 않는
천국을 찾지 못해
칭얼거리는 계절을 먼 곳에서

매일 하루씩만 걸으며
당신과의 거리를 재어보는 관계

지구 반대편에서 멈춘
천만 가지 위안이
떠나지 않고 멈출 줄 알았습니다

나를 어르는 계절 탓입니다

초대시 2

이종영

비밀 외 2편

너와 나 사이
문지기 따로 없는
사랑의 은신처.

개망초꽃의 억울함

불리워지는 이름,
올가미 씌운 전설 그러거니 한다

하지만
정작 억울한 것은
흉터 하나 가릴 사생활이 없다는 것
설렘과 그리움이 뿌리 품어도
생사의 갈림길이 제 몸 밖에 있다는 것

하여 2% 운명만이 제 몫이라는 거다.

낙서의 위력

세상살이 가끔은 멍게처럼 멍 때리거나
복어 배처럼 더부룩 할 때
낙서는 속풀이용 이다

굳이 팔팔 끓이거나
거품 걷어내지 않아도 된다

혀 차는 소리로 쓰든
욕사발로 쓰든
발꼬랑내로 쓰든

가식 없이 쓰는 낙서,

볼품 없고 무력한 것이
진실 한 줌 건들리지 않아도
속을 우려내는

내밀한 국물이다.

나들잇길 외 2편

자라섬 나들잇길
마음마다 함박웃음

itx 청춘열차에
할머니 표 쑥개떡 향수에 젖고

참기름 고소함에
시심은 봉오리 터트린다

"미루나무에게"
스승의 시를 듣는다

저마다의 가슴
풀어낸 아픔이

꽃잎 위에 사뿐히
오월을 숨 쉰다

파스 한 장

쏜살같은 세월에 빛바랜 얼굴들
거북손 마주 잡고 눈물 나게 그리웠던
엄마 밥상 주문한다

한정식 식당에 둘러앉은 꽃띠들
수다는 들로 산으로 교정으로
풀어놓은 나팔바지 육십 년을 뛰어넘는다

숲에 걸린 노을
눈자위 붉은 눈물 잔주름에 고이고

류머티즘 관절염 마디마디 틀어쥐고
무릎 주저앉힐 때 당연한 보상인 양
안으로 새기며

몰래 붙이는 냄새 없는 파스 한 장

툭 툭

가시 옷 속에
뽀얗게 밤이 살찌고
앞들엔 벼 이삭
가을이 성큼

내 가을도 농익어
툭 툭 주름이 터진다

열정으로
키워낸 여름
아직도 아쉬운 듯
뜨거운 포옹

초대시 2
이형철

꽃눈 내리던 날 외 2편

벚꽃잎 바람에 눈발같이 날리고
흩날리는 꽃잎에 햇살 조명 비치어
스노볼 자그마한 세상에 내리는 반짝이 눈처럼
세상에 아름답게 꽃눈 내리던 날

유모차에 탄 아이와 단둘이 함께 하는 첫 데이트
엄마가 빠져서 아쉽기도 하고
아이와 처음 단둘이 하는 데이트라 설레기도 하고
아빠 혼자 유모차 밀고 가는 모습이 어색하기도 했던 날

동네 한 바퀴,
아빠는 유모차 손잡이를 꼬옥꼬옥 잡고
아이는 꽃눈을 향해 팔을 쭈욱쭈욱 뻗으며
매일 걷던 그 길을 처음 걷는 것처럼 걸었던 그날

올해도 꽃눈 내리는 날
아이와 함께 그 길을 걷는다
아이는 꽃눈을 향해 팔짝팔짝 뛰며 좋아하고
아빠는 뛰는 아이를 찰칵찰칵 사진에 담으며 좋아한다

너 닮은 놈

- 이다음에 결혼해서 애 낳거든
꼭 너 닮은 놈 낳아라

갑작스런 아버지의 말씀에
그게 무슨 말씀이시냐
어떤 의미냐 따져 물으려 했다

나 닮은 놈 낳아서
고생 좀 해 보라는 말씀이시냐 되물으려 했다

- 그럼 아빠가 다 키워 줄 게

되물을 시간도 주시지 아니 하고
바로 이어서 하신 말씀

너 닮은 놈 낳으라는 아버지의 말씀대로
나 닮은 놈 낳았는데

다 키워 주신다던 아버지는…
제가 너무 늦은 건가요?

물고기 똥

수조 안 물을 갈아준다.
물고기들을 임시 거처로 이주시키고
본격적으로 작업을 시작한다.
내가 키우려 했던 것이 아니라 그런지 참 귀찮고 고된 일이다.

 게으른 탓에 자주 환수해 주지 않은 수조 바닥에는 물고기 똥이 수북하다.
 내가 왜 이 물고기 똥이나 치우고 있어야 하나
 이런저런 생각을 하며 수조 안 고인 물을 빼는데
 갑작스럽게 코를 찌르는 가스 냄새
 사람의 그것과 사뭇 비슷하다.

 아! 생명이구나!
 이 수조 안에 있었던 저들도 생명이었구나
 보기에 좋다고 예쁘다고 귀엽다고 가져다 놓은
 나에게는 똥배출자로 낙인 찍혀서 멸시 천대받던 저들이
 사람과 같은 가스 냄새 만들어내는 생명이었다는 것을
 처음 깨닫게 되었다.

계곡물 외 2편

산등성이에서 내려다보면
등골이 서늘하고
아찔한 곳을 벗어나면
계곡 사이사이
실핏줄 같은 물이 흐르고
큰 웅덩이처럼 고인 물이
유리같이 투명해
얼굴을 비춰 본다
주름은 간데없고
곱게도 비추는구나
이 물에 머리 감으면
흰 머리칼 검게
되돌아가려나
나무야 너는 매일
이 물에 머리 감아서
파란 머리칼이 숱도 많구나

매미 울음

불같은 기온
하루종일 가쁜 숨 몰아쉬며
숲은 조용히 쉬고 싶은데

귀가 찢기도록
절절히 울어도
끝이 없는 아우성
짝을 찾지 못한
매미의 애끓는 절규인가

온종일 매미의
애달픈 울음에 시달려
밤에나마 깊은 잠
들고 싶은 맘 간절한데

나무 등에 매달려
밤의 고요를 뒤흔들고
숲을 깨우며
어둠을 휘젓는
그 소리 허공 속을 헤맨다

봄 얼굴

봄날 산등성이
흐드러지게 핀 철쭉꽃
화사하게 생글생글 웃으며
손짓한다

동안거 하는 동안
욕심 찌꺼기
다 걸러 내고 해탈해서
그리 곱게 예쁜 모습으로
찾아오는구나

땅거미 질 무렵
하늘엔 영산홍 빛 물들고
바람은 철쭉꽃 건너다
발톱에 꽃물 들겠네

초대시 2 장수현

일상 3 외 2편

나는 항시 시야가 닿지 못하는
그 너머의 공간에 유혹을 받는다

하지만 나의 시야는
결국 그 너머의 공간을 감당하지 못해
기진한 채 허덕된다

늘 그렇다

랭보에게 묻다

매일 밤 헛소리 같은 작별을 베고 잔다. 길 건너 아파트 숲에 비릿한 바람이 흐르는 동안 저물녘 하늘이 철거되었다. 암병동을 반사하던 거울에 깨져버린 우주의 형상들이 쌓이면 소독약 내음이 불시착한다. 빈구석에서 뱉은 생을 휘젓는 비루한 비명이 떠다닌다. 계절을 모르는 하늘에 고인 고독의 살내가 하얀 가운의 목덜미로 쏟아진다. 8층 병실에 시들고 조각난 결들 후회의 그림자를 먹고 자라난다. 철이 지나 돋은 애증의 뼈만 남은 창백한 시간들, 마른날 집수정 끝에 매달린 가위눌린 조각들, 비틀어 꼭 짠 석양 속 은평뉴타운 속 병원에서 흑백의 경계가 미로에 접어들 때, 일상의 허기로 휘돌던 조바심이 듬성듬성 돋은 들꽃 같은 아린 삶이 너에게 지옥같이 보낸 한 철이냐고 묻다.

죽은 자를 엿보다

저녁 산길에
깨어진 바람 조각으로
북한산 하산길은
자주 시야를 잃는다

개울 건너 두꺼운 절망을 잔뜩 발라놓은
밤골 굿당의 그 소란스러움은
산 자와 죽은 자들
그 사이에 떠도는 물음표 같은 것

그 너머의 공간에 유혹을 받아
상갓집서 늘 밥을 얻어먹었다
고단함이 헐거운 홑이불같이
접혀 머뭇거릴 때

열린 허공에 돋아나는 의문부호 하나
이승과 저승의 매듭에 춤추는
현란한 칼춤을 기웃거리고 있다

회갑맞이 외 2편

스쳐만 지나가도
풀잎에 살갗 베어지듯
작은 흔적이 있다
미워도 고와도
그 흔적은 같다

만나서 아프고 못 만나서 슬퍼지는
가슴에 새겨진 흔적
이제 갓난아이
이 나려고 잇몸이 가렵듯
마음도 가려웁다.

어느새 육갑을 돌아
비로소 인생을 알아간다
'인생은 육십부터다'
있는 듯 없는 듯 자연처럼
흘러가길 바람이다

대청댐 가는 길

아침 안개 아직 남아있는
오백 리길 풀숲에
상수리 열매 떨어져 있다
혹시나 했더니
역시였다 더라고
그저 흐르는 물줄기처럼
그 세월도 덧없다

거미줄에 물방울 맺힌
코스모스 흠뻑 젖은 슬픔만큼
대청댐 가는 길목엔 낙엽이 진다
내 인생은 아직도 봄날
60대 꽃다운 청춘이라고
하지만 몸은 겨울을 준비한다

내게 꽃향기가 난다

국화 꽃향기에
벌들이 날아든다
꽃밭에 머물던 날
내게도 꽃향기가 난다
노란 산국 피어난
산골짜기마다
꽃쟁이들이 모여든다

너는 나비 나는 꿀벌
세상은 어찌 흘러가든
국화꽃 핀 골짜기엔 향기가 가득하다
내게도 꽃향기가 난다
이제 인생의 가을향연
축제의 계절이다

꽃 숨처럼 외 2편

전순선

문밖에 아른거리는 햇살 하나
무딘 감정에 살며시 노크를 해댄다

도시는 겨우내
혹한 얼음골에 박제되고
진종일 스마트폰에 갇혔던 내게

설레는 봄바람
소곤소곤 찾아와
꾸러기 세포들 살며시 부추기어

봄볕이 움트는 골목으로
자꾸 손짓하며 꽃 숨처럼 보채고 있다

저 희망찬 소리들

그곳에 가면 천사들을 볼 수 있다
늘 연둣빛 새싹을 껴입은 맑은 영혼의 모습들
처음엔 그들이 낯설어 선뜻 다가가지 못했다

수업 시간 책 읽는 목소리에는
입안에 갇힌 언어를 꺼내려 안간힘을 쓰고
자신의 감각을 두드리며 받아쓰기하는 몸짓들은
낱말 하나라도 놓치지 않으려는 듯
선생님의 시선을 꼬옥 붙들고 있다

조금은 느리고 불편하지만
씩씩하고 당당하게 자신들의 꿈을 키우며
까르르 구르는 웃음소리는 금빛 우정을 쌓고 있다

소통의 언어들은 순백으로
서로를 챙기고 양보하는 예쁜 마음들
마치 지상에 그들이 먼저 사랑을 전하는 것만 같다

6개월간 장애인학교 자원봉사를 하면서
무기력했던 내 안에 큰 울림이 번지고 있다
선생님, 선생님 귓전에 맴도는 저 희망찬 소리들…

사람의 두 꼬리

사람에겐 두 꼬리가 있단다
그 꼬리를 어떻게 길들이느냐에 따라
행복이 들어오기도 하고
행복이 나가기도 한다고

이왕이면
행복이 들어온다는
꼬리를 만들면 어떨까

눈꼬리 입꼬리 가까이하면 된단다
그냥 큰소리로 웃으면 된단다
거울 앞에서 해보니
내 눈꼬리 입꼬리
정말 민망할 정도로 웃어댄다

약속 외 2편

청소년 때
그와 그녀는 직장 내에서
첫눈에 반해 가슴을 설렜다
새끼손가락을 걸어 사랑을 약속했다
햇수를 거듭하며
아무도 모르게 둘이서만 꿀을 만들었다

남녀 간의 사랑은
채움. 다음의 비움인가
사랑은 영원하다고 외치면서
헤어질 수밖에 없는 묘약을 만들고 있었나

감성으로 맺어진 인연은
현실 속의 이성을 쫓아
사랑을 반죽하고 떼어내고
그래서 그들은 상처를 안고 헤어지자고 했다
고개를 끄덕였다

노년이 되고 보니
사랑의 약속이 사랑의 약손이 되어
삶의 아픔들을 어루만지며 살았구려

눈물

내가 철들기 전 눈물은 투정이었다
철들고부터는 억울하면 울었다

성장하고는 세상의 재미를 좇아 웃다가
노년이 되어 힘이 빠져서 눈물이 찔끔거린다

나의 힘들었던 세상 경험이
남의 경험으로 비추어 감동이 될 때
울컥하고 눈물이 솟는다

세상 이치에 맞지 않는 행동으로
진실로 바뀌지 못할 때
또 목이 메어 사레가 걸리고 눈물이 솟는다
그 모습이 가여워서
울었다

애국

외국 여행으로 비행기를 타고 출타했다
뒤에 오던 비행기가 추락했다
적의 습격이란다

얼떨결에 피난을 먼저 한 셈이다

여행지에 도착했을 때
고국의 이민 친척들이 반가이 맞아주며
소식을 들은 그들은
전쟁이라도 터지면
고국의 군인으로 빨리 입대하여 싸우겠다고

불안했던 얼굴에 진달래꽃 피고
두 손으로 얼굴을 감쌌네

초대시 2 정수경

비 오는 아침 외 2편

창밖에 내리는 비
마음은 안개로 자욱하다
기억의 요철이 급격하게 마모되는 요즘
이름 모를 눈물이 비에 섞여 흐른다

늦은 봄 연두빛 잎새들이
초록으로 화장을 하고
온몸으로 누군가를 부른다
가족을 향해 손짓하던
어머니 생전 모습 초록 잎에 어른거린다

어머니와 함께 하던 끈끈한 삶
무지개 같은 추억들이
세포마다 깊숙이 박히며
갖가지 색의 통증을 일으킨다
기뻤던 날들의 아픔이 보석처럼 빛난다

안개꽃

안개꽃의 하얀 설렘이
허공을 가득 채운다

꿈에 부풀던 시절
미소 띈 눈빛이
꽃잎 사이에 숨어 있다

아이들의 초롱한 마음에
새끼손가락을 걸던 약속은
내 낡은 시간 속에서
꽃잎 되어 바람에 흩날리고

하늘을 향해 날던 이상은
바람 빠진 풍선처럼 가라앉아
담 모퉁이에 주름져 있다

젊은 날의 향기를 잡아보려
안개꽃 가까이 다가섰지만
어디선가 불어오는 바람에
하나씩 꺼져가는 희미한 촛불들

운명

갈매기는 붉은 열매가 가득한
동산을 뒤로 한 채
인어의 노래에 이끌려
검푸른 바다 소용돌이로 날아간다

먼바다로 떠난 연어는
광활한 바다의 자유를 누리다
날카로운 발톱이 포진해 있는
죽음의 계곡을 뚫고
그리운 고향집으로 돌아온다

우리 삶에 무겁게 드리운 슬픈 운명의 그림자
누구든 인생에 한두 번은
우물을 채울 만큼 큰 눈물을 흘리니
그 눈물 받아낼 그릇 하나쯤
가슴 한 켠에 놓아두어야겠다

여름이 뜨거운 이유 외 2편

능소화 그늘에
암컷을 누르는 수사마귀
둘 사이로
온 우주가 흐르고

등까지 구부린 잠자리 한 쌍 바지랑대 위에 몇 번이고 앉았다 날고
울타리 호박 암꽃술은 더욱 노랗게 수꽃술을 부른다

암수의 어루만짐은
꽃잎 사이를 나는 즐거움

벌거벗은 숭고함으로
생명이 뜨거운 이유를 알겠다

내 몸과 영혼도 여름 속에 있다

뒷것*의 나날

초점은 날카롭고 빨라
아프고 아프게 하는 시절이다

홍두깨 하나 마음에 담아
까만 점을 밀다보니
말랑말랑 해지고 옅어져 네 얼굴이 비친다

하늘 드높아지고
마른 화분에 채송화 고와 보이는 날

주연에서 조연으로
조연에서 뒷것으로
목마를 때 물주전자가 되어 주는 나날

* 고 김민기씨가 즐겨 자칭했다는

두고 온 시집

거기 두고 왔다
안목 해변 벤치에
서울로 돌아오는 버스 안에서야 알았다

으슥한 자리에 앉아 읽다가
그냥 온 것이다

어둑해지고 바람 부는데
이끌려 생각 없이 떠나가는 나를 보다

밤새 비 맞고 바람에 펄럭일
그 작고 하찮은 것들에 대한 애착*
대관령 넘는 버스 안에서 손을 모은다

손때 묻혀 읽던 시들이
해송 마른 잎 밑에 쌓였다가
어느 날 벤치에 앉은 누구에게 노래가 되기를

* 시인 안도현의 책 제목에서 가져 옴

초대시 2
조경순

왜가리 외 2편

강 수풀 속 돌 섬
왜가리 긴 목 세우고
저 끝에 이글거리는 외진 바람에
기묘한 떨림으로 서 있다

만수로 요정처럼 오른 청둥오리
수림에 울부짖던 묵은 풀 벌레들을
황금 주둥이 열어 광휘를 한 움큼
그대 입술로 담아 올리고 있다

새벽 달빛 가르며
하늘 열리는
광활하고 희미한 섭리

조금만 더 살찐 몸체로
목을 갸하게 벼려 서시요
더위에 지친 자연이여!

힘겨운 검둥이

사람의 손을 잡고 걷는
강변 뚝
흰견 뒤따르는 검정 견을 몰고
할배는 막대기를 올린다
검둥아 어서 오이라!

빛바레진 긴 혀를
침 사위 바닥에 늘어뜨리고
지구력 잃은 꽁지 흔들거리며
네 발을 무겁게 땅을 짚는다

네 모습이
이제 곧 팔랑이는 곁 눈결에
무덤처럼 노랗게 닮아
천둥 번개 이는 하늘의 동요 속으로
소스라치며 호사한 자리 누우리니

여기 솟구친 풀잎들아
저 오는 바람
어느 세월을 물고 오는지
그대한테 물어 보거라.

저기 트럼펫 소리

광장에 울려 퍼지는
트럼펫 소리
더위를 식히며 내려 앉는다
발걸음 멈춰 얼굴을 들어 올렸다

태양은 이걸거리며
하나의 풀잎마저 마른 숨 고르고

그 고도에 지친 신의 선물은
옷자락 끝 땀방울 튕겨 오르고 있다

수정 같은 맑은 시냇물에
발 고이고
오늘은 쉬고
황혼 빛
저물어 올 때 즈음
고지에 묶어 둔 살고 지는 끈
이제 풀어내려 야지요.

몽중설몽 외 2편

어정쩡 불안한 그림자가 일렁이며
느닷없이 몰려와 아우성치는 엉킴속에서
잊었던 잊혀가는 기억들이 튕겨 나왔다

헤실헤실 웃음 넘치게 좋았던 푸른 시절
미련 없이 지워버린 그 짝사랑들
한 생 이러할 줄 알았으면
그때 그러지 말걸

자꾸만 억울해지는 헐렁해지는
부풀던 자락 호사스러웠던 이야기
아슬랑아슬랑 선을 뭉개며 그 날들이 떠났다

스멀스멀 번져가는 어둠의 적막 저편
한 세상을 뒤집는 시간이 무게를 덜고 있다
그대 뉘십니까
늘 그러한 무표정으로 몽롱하다

살 맛 나는 세상

허탈한 웃음에도 숨찬 입김에도
따사로운 태양이 기분 좋은 바람이 고르다

겨우내 침묵했던 풍경이 덧칠한 초록색 바탕
노란 냉이꽃 앙큼하게 하늘거리고
복숭아꽃 자두꽃 참으로 화사한 연분홍이다
절로 기막힌 날이다 웅얼거리면
채워지지 않던 결핍의 불평들 잠잠하다

그러라고 봄은
생을 벗겨내는 질긴 숨결로 온다

땟국 절은 세월 기워 쓰면서
부질없는 욕심 어떠했다 해도 지나가고
그렇게 또 괜찮아지고

고단한 흔적들 잠드는 무탈한 하루
아직 생은 남아 있고
꽃잎 흐드러진 계절이다

본 것을 말하라면

물수리가 자유를 찾아 하늘 높이 오르듯
장례식장 사진 속에서 당신은 웃고 있었다

멍으로 새겨져 아픈 것은
더 살아야 하는 사람의 나머지 몫이다

언제라도 서먹하지 않은 사람아
이렇게 우리는 잠시 헤어지지만
와글와글 시린 속내
댓돌에 벗어 놓고 이제는 편히 쉬자

예정된 행로
아무리 들춰봐도
딱히 잡히지 않는 소소한 몇 가지
괜시레 가난한 마음으로 살았나 보다

먹먹한 날숨
답답한 들숨
그리움이라는 당신 옹이가 자란다

연꽃 외 2편

너와 나 사이
닫힌 문 하나
밤새 연못물이 닦아놓은 문을 열고
분홍빛 향기의 너울을 쓴
네가 들어섰다

징검다리 건너
흑진주 같은 맨발의 네가 왔다

테라스에 홀로 앉아
백 년 치의 기다림을 퍼마시고 잠든 새벽
천 리 밖에서도
두근거리는 맥박 소리
부활절 아침의 종소리처럼

빗줄기 속에서도
목마르던 그리움
연못 가득 부풀어 오른 향기로 헹군
해맑간 얼굴의
네가 왔다

나는 이제야 그 이름에
붉고 푸른 밑줄을 긋기 시작했다

말의 씨앗

내 입에서 뛰쳐나간 말들은 다 어디로 갔을까? 세상 사람들이 쏟아내는 그 많은 말言, 말 馬들은 다 어디로 달려갔을까? 때로 꽃씨가 되기도 하고 불씨가 되기도 하는 말, 말들
 말의 씨앗들은 가슴에 제 주인의 이름표를 붙이고, 부메랑으로 돌아갈 그날을 기다린다
 불의 혀가 지나간 곳엔 잿더미가 남는다 말을 바꾸자 잿더미는 거름이 되고 드디어 꽃 한 송이 피웠다는 말
 말이 운명을 쥐고 있다

 갈수록 어둠이 짙어지는 세상, 말이 무서워지는 세상이다
 꽃씨가 될 말의 씨앗을 채집하러 가야겠다

입동

　철새들이 돌아간 입동의 강은 살갗이 얇다 강은 마른 갈댓잎에도 자주 마음을 베인다 누군가 물주름 속에 투척한 슬픔의 무게를 끌고 강은 먼 길 떠나고 있다 짐을 져 나르는 건 강물의 오래된 버릇, 거역할 수 없는 순명 같은 것일까

　떠나는 것들은 그림자를 남긴다 그림자는 뇌리 어디쯤 은거의 굴혈을 파고 수시로 제 모습을 드러낸다
　먼 길 떠나는 너의 뒷모습, 모서리가 닳아버린 그리움이 덜컹거리며 굴러간다 언젠가 붉게 충혈된 너의 눈동자에 나를 던진 적이 있다

　갈대숲에서 해오라기 한 마리 젖고 있다 낯익은 풍경이 점점 지워지고 저녁 하늘에 펼쳐지는 수묵화 한 폭,

　그 여백의 먼발치에 네가 서 있다

아랫목에 메주콩 외 2편

푹 삶은 메주콩을 시루에 담고
가지런히 얼러
볏짚으로 한가운데를 꿰어
우리들이 자는 작은방 아랫목에다 놓고
이불을 덮어놓는 할머니
이불 밑으로 발가락들을 꼼지락거리는 우리들

메주와 함께 이불을 덮고 자는 며칠 동안
할머니가 이불을 열면
메주콩처럼 우리는
이불 속에서
빼꼼 머리를 들었다

할머니의 실로 늘어난 차진 청국장처럼

기침

기침이 멈추질 않아
용각산 한 통을 샀다
가루를 한 숟갈 털어 넣고
가방 안에 넣었다

명절 연휴 보내고 돌아오는 날
방문을 열고 어서 가라고 재촉하는 아버지 말소리
버스를 탈 때까지 떨거덕거렸다

내가 기침을 하면
아버지의 쿨룩 소리
가슴에서 튀어나온다

찻잔에 피는 민들레

몇 년 노량진에서 시험 준비하던 제자
취직하고 들고 온 민들레 꽃차

뜨거운 물을 부으니
꽃은 꽃대로 살아나고
꽃대는 꽃대대로 일어나
찻잔에서 피어난다

갇혔던 풀 비린내가
사방에서 올라온다

찐빵 외 2편

차명숙

퇴근길
가슴에 품은 찐빵
아랫목에서 하나씩
나눠 주던 아버지

다음 날 또 기다린다

불룩 나온 주머니 속
슬그머니 만지는 나에게
오늘은 못사왔다 하시며
너털 웃음 웃으신다

오늘 문득
불룩한 주머니와 미소가
생각나 더욱
보고 싶은 아버지

아버지 양반다리

든든한 두 다리
둥지 만들어
포근히 안아 주던
나의 요람

언제든 앉아
옛 이야기 들으며
단잠 자던 곳
가슴 아린
늙은 아버지 양반다리엔
온갖 파스 다 모여
나 처럼 앉았다

나팔꽃

새벽이슬 맞은
손님이 나를 찾아왔다.
혼자 오기 부끄러워
친구들까지
동트는 아침 모두
나를 향해 나팔 분다.

각가의 모습으로 뚜뚜뚜
소리가 예쁘다
박자에 맞춰 춤추는 꽃잎
나도 함께
덩실덩실 더덩실

해녀 외 2편

바닷 향토 축제에서
검정 반바지, 흰 무명 저고리에 흰 수건을 두르고
찬바람이 불어도 맨 다리에 당당하게 웃는 그녀

그날도 날이 차지만 일몰을 보러 포구에 갔다
배에서 십여 명이 내리는데
조개류가 가득한 망사리를 등에 지고
고무옷에서는 물이 뚝뚝 입에서는 말이 술술
바로 이륜차에 싣고는 미련 없이 가버린 그녀

또 하늘과 바다에 끌려 일몰을 보러 갔다
배를 마중간 듯 그녀가 내리며 손짓을 했다
한달음에 달려가 망사리를 끙끙대며 나르고 보냈다

속을 모르는 바다는
그녀의 부엌이고 일터이며 친구이다

무인주문기

한끼를 위해서 음식점에 들어가니
벽에 붙어있는 네모 상자가 말도 없이
음식 이름을 늘어놓고 누르란다

전에는 사람이 웃으며 '어서 오세요'
'앉으세요', '뭐 드시겠어요'
청산유수로 말해줬는데

기계가 하자는 대로 눌러서
하나를 고르고 값을 지불하고
적당한 자리도 스스로 찾아 앉았다

내 번호를 불러 음식을 가져와서
먹기 시작했는데 아뿔사
입안이 얼얼했다

기계야, 매운 정도도 얘기해줘야지
성능을 더 좋게 하던가
사람으로 바꾸든가 선택해라

겨울 스케치

하얀 눈옷을 걸친 차들이
엉금엉금 회색 안개 속으로
묵묵히 기어간다

흰눈 가면을 쓴 나무들은
무대 위에 삐에로가 되어
정면만 응시한다

털북숭이 삽살개
펄펄 휘날리는 눈을 잡으러
이리 뛰고 저리 뛰고 혼자 춤춘다

눈이 그치고 구름 속에서 해가 나오자
흰 물결이 머물다 잠든 것처럼
눈밭 풍경화가 겨울이라고 소리친다

초대시 2 최수경

능소화의 배웅 외 2편

잘 가거라 더위야
좋은 기억 아니라도 함께했던
인연이었으니 어찌 잊으리
한차례 시원한 소나기 그리워하면서
얼마나 많은 땀을 흘려야 했는지

어젯밤 속수무책 모기 한 마리한테
당한 자리가 벌겋게 부어오르고
새벽부터 매미는 그악스레 우는데
오늘도 쉬고 있는 바람은
어디쯤 오고 있는지

파란 벼 이삭 뾰족하게 나오니
머잖아 알곡 단단하게 여물 터
악을 쓰는 막바지 늦더위야
뜨거운 열기에 끝까지 남아
너의 뒷모습에 손 흔드는 능소화
예쁜 배웅에 미련 버리고 어서 가거라

변화

비가 내린다
하염없이 내린다
마당 잔디 위에 내리는 비는
소리 없이 부드럽게 스며든다

장마가 조용히 지나갈 리 없겠지만
여기저기 피해 소식이
뉴스로 채워지고
침수 현장 어이가 없다

이따금 쏟아지는 소나기는
더위를 식혀주지만
기다림이 넘쳐서 어수선하니
아니온만 못하더라도
기후변화를 어찌 막을거나

온갖 변화에 순응하면서
여태껏 살아온 날
지혜를 만들어 헤쳐 나가는
세상사는 묘미도
즐거운 듯 걸어보자
또 다른 기쁨이 기다릴지

호박씨를 심었다

누군가 영역을 침범하더니
제자리인 양 범위를 넓혀 나간다
칡넝쿨인지 호박넝쿨인지
자세히 보기 전엔 분간이 어렵다

손가락만 한 애호박 말갛게 열리니
주인은 칡넝쿨을 뽑아버린다
아랑곳없이 남아있는 칡뿌리는
꾸준하게 싹을 틔우며
우리도 사람에게 좋은 식물이라며
공존의 이유를 들이댄다

비슷한 이파리 속에 숨었던
칡꽃에서 달콤한 향기가 풍기고
다른 이파리 속에는 풋풋한 열매
경쟁하듯 뻗어나가는
끈질긴 생명력에 얽히고설키고 살지만
저녁 된장찌개에 넣을 작은 호박
선택의 여지가 분명하다

그 흙냄새 외 2편

뙤약볕에
완전군장하고 적 진지로 포복하다
쉬어! 구령에
땅바닥에 쿡, 코를 박은 순간
후욱, 콧속으로 뛰어든

그 냄새!

땀과 흙으로 범벅이 된 내 몸을
순식간에 파고들어
내 근육에 불끈 힘을 불어넣고
풀죽어 있던
내 영혼을 화들짝 일깨워

산하山河를 향한 내 가슴에 확, 불을 지폈던
그 흙냄새는

할매를 콩밭에 혼자 두고
외솔나무 그늘에 앉아
먼산에 걸려있는 설익은 뭉게구름을 바라보다
이 골짝 저 골짝을 날아드는

뻐꾸기의 서러운 울음소리를 듣다
하얀 낮달을 타고
하늘나라 구경에 흠뻑 빠져있는 내게

쪼그려 앉았던 무릎을
아이쿠 아이쿠, 펴며
꾸부정한 걸음으로 다가온 할매가
황혼을 등에 지고
흙 뿌옇게 묻은 두 손으로
예닐곱 살 내 두 뺨을 꼬옥 감싸줄 때 났던,

바로 그 할매 냄새였다

경칩 점묘點描

아낙이 밭두렁에서 이른 봄을 캐고 있다

붕어들이 못 바닥에서 방울방울 솟는 봄기운을
물총 쏘듯 공중으로 쏘아 올린다

수양버들이 기다란 붓을 개울에 늘어뜨려
올리브 빛 물감을 듬뿍 적셔 수채화를 그리고

직박구리 한 쌍은 마른 땅을 콕 콕, 쪼아
땅속에서 미적대는 새싹들을 불러낸다

연초록 풀 무더기들이
길바닥에 말라붙은 쇠똥처럼
냇둑에 눌러앉아
엉덩이를 들썩이며 실바람을 쐬고

돌팍 아래 어린 나생이가
급하게 피워올린 가녀린 꽃대를 햇살로 감싸고 있다

하늘 높이 날아오른 솔개가
들과 부락에 무슨 일이 일어나고 있는지 살펴본다

감천甘川

잔솔밭을 감싸고 돌아나와
방죽을 밀개 삼아
들과 마을을 호미산 쪽으로 밀어붙이고
조마 쪽으로 슬그머니 꼬리를 감추는 사행천蛇行川

황토물을 양껏 들이켜고 허겁지겁 달려와
대를 이어온 할배와 몇몇 토박이들을
언덕배기로 밀어낸 병자년 수해

없는 집에 제사 들듯 꼬박꼬박
가뭄이 찾아드는 모내기 철엔
처녀 속살 같은 하얀 모래밭을 수줍게 드러내
수박 서리 감자 서리하는 악동들의 놀이터가 됐다
그 한켠 몽돌밭에서는
조약돌 닮은 서너 개, 알을 품은 흰목물떼새가
아이들 발소리에 애를 태웠다

살얼음에 종아리를 긁혀가며
내川를 건너 학교에 오는 바랫들 사는 순이
비 오는 날은 물이 불기 전 일찌감치 책보를 쌌다

멱감은 사람들이 백사장에 쫄로리 드러누워

옛이야기로 더위를 쫓는 한여름밤
안산 긴골 여우 울음소리가
물비늘을 타고 캥캥, 내를 건너올 때쯤
눈 부비며 하나둘 자리를 뜨곤 했던 감천내

이제는
그 아프고도 정다운 것들을 더는 얘기하지 않는다

객수 客愁 외 2편

최희양

불이 꺼진 알베르게 숙소에
달빛이 찾아온다

정원에 핀 카라와 달빛 인사에
우린 근방 다정해 진다

한 낮의 이글거리는 태양은
오간 데 없고

바람이 쉬어가는
그 시간의 품 안에

온몸으로 다가서는 외로움
수많은 생각이 줄을 선다

고단함은 코골이도 용서가 된다
어둠이 잠들기 전 객수는 조용히 문을 닫는다

몸의 고단함-마음의 고달픔-영혼의 고단함

길이 있는 그 길을 걷는 것
몸의 고됨에서 머물고 있다

누워서 아~무~런 생각이 없이
걸어온 발자국 소리 듣는다

이파리를 닮은 파란 하늘
그 하늘에
내 그림자가 떠가고 있다

길 없는 길 열어가는
새들도 고단함이 있을 것
도전과 극복은 늘 이렇게 고달픈 것

몸의 고단함
마음의 고달픔
영혼의 고단함에서 돌아보는 것이 순례길인가 보다

새 아침이 오면 날자 크게 날자

눈물과 영혼

눈물은 영혼을 정화 시켜준다는 사실

영혼의 호수에 사리舍利를 키우기도 하고
높은 산들이 우뚝 서 있다
영혼 속에는 광야의 세찬 바람이 불기도 하고
삶의 순환은 식물처럼 꽃을 피우기도 한다

영혼은 인간이 처한 상황 속에서 참기 어려울 때
하얀 눈물을 흘리게 준비해 준다
그 눈물은 바라보는 법을 알려주고
감정의 흔적들을 치유해 나가는 방법도 깨닫게 한다

인생이 꼭 즐거울 수만은 없다
때론 눈물을 흘려야만 한다
눈물은 흔들리는 자작나무를 바라보듯
영혼과 육신을 견디게 하는 감각의 담당이다

마음달래기 외 2편

"지랄하고 있네!"
　TV화면을 보다 나도 모르게 터지는 말, 사람을 해하고도 심신미약을 주장하며 감형을 원하는 뻔뻔한 가해자들의 모습에 주마등처럼 지나가는 사십 여 년 전 사건, 세상을 향한 원망도 할 수 없었던, 지금도 주먹을 불끈 움켜쥐게 하는 잊으려 해도 잊을 수 없는 출구가 보이지 않아 차라리 눈을 뜨고 싶지 않았던 날들, 꿈속에서도 억울함에 호흡이 멎을 것 같았던,

　고3 수험생 동생이 학교폭력을 당해 하루아침에 오른쪽 어깨가 부러지고 왼쪽 발목 골절로 1년 동안 병원생활을 했다 첫날 미안하다 사과하던 학부모는 갑자기 아들을 정신병원에 입원시켰다 경찰도 학교 선생님도 선처와 합의만 종용했다 주변사람들이 곤란한 일을 당하면 발 벗고 나서서 해결해주던 해결사 아버지는 지병으로 누워계시고 변호사를 선임할 형편이 아니라 가슴을 쥐어뜯으며 밤마다 진정서를 써야했다 결국은 법률구조공단의 중재로 병원비만 공탁금을 걸고 빠져나갔던 가해자,

　심신미약이라며 빠져나갔던 가해자는 버젓이 학교에 다녔고 동생은 두려움에 검정고시를 선택했던 생각만으로도 뼈가

녹아내리는 긴 시간, 직장을 그만두고 동생의 간호를 했던 스물세 살의 내겐 악몽 같았던, 내 삶에서 지우고 싶은 1년의 기억이 다 비릿한 슬픔으로 얼룩진 그 시절로 돌아간다면, 가해자 아버지에게 의자도 내어주면서 밭일하다 달려온 시커멓게 그을린 엄마에겐 거, 아줌마는 조용히 좀 하라며 소리치던 형사와 뻔뻔함의 극치를 보여준 가해자를 용서하지 않을 거다 당당하게 맞설 수 없었던, 세상이 전부 우리 편이 아니라고 믿었던 그 시절의 우리들에게 애썼다 고생했다 안아주고 싶다

환절기

눈치도 없다
잊지 않고 해마다 찾아오는 불청객
더러는 모르는 척 보내줘도 좋을 텐데
기꺼이 마주하고 앓아 누운 날,

건드리기만 해도
푹 꺼져버릴 것만 같은 몸살
따끈한 쌍화탕, 진통제에도 속수무책
까짓 해볼 테면 해봐라!
뜨끈한 장판 위에 누웠다

삶이 끝나는 날은 어떤 모습일까,
갑자기 툭 끼어드는 생각
이젠 언제든 떠날 준비가 되었다고
큰소리 쳤지만 해놓은 게 없는
물려줄 것도 없는 오늘이 발목을 잡는다

그저 그렇게 살아온 흔적을 돌아보며
뻐근해져 오는 가슴을 쓸어내리며
괜찮아, 괜찮아 다독이며
이불 뒤집어쓰고 꿈속으로 달아난다

도라지꽃

초록의 숲에서 마주한
우뚝 선
보랏빛 별빛 두 송이
눈에 담고

칠월 더위조차도
하얗게 지워버리는
빛나는 자태에 사르르 녹아든다

고단한 일상쯤이야
소문처럼 날려버리고
심중을 꿰뚫는 위로에
마음도 보랏빛 꽃으로 물들어간다

10월 소감 외 2편

가을에는 마음속 여러 샘에서 이야기 문들이 열립니다.
오늘은 두레박으로 흘리지 않고 길어 올리고 싶습니다.

한강 장미정원에 10월에도 피는 장미꽃과 그 향기가 마음을 끕니다.
나의 마음에도 소박한 가을 정원이 가꿔집니다.

광나루 나들목 터널 길에 청년들이 예쁜 벽화를 그리고 있습니다.
나의 길에 무지개가 뜨고 있습니다.

 새재 넘는 주흘관 들녘 한가운데 사과들이 주렁주렁 익어가고 있습니다.
나의 마음이 풍요로워집니다.

 계곡에 가득 찬 물들이 가을바람 속삭임에 유혹되어 에메랄드빛을 비춰줍니다.
나는 오늘 사랑한다는 편지 한 장 보내고 싶습니다.

 푸른 밤이 찾아오니 주흘산 봉우리를 초승달이 기별 없이 넘어가고 있습니다.
말없이 떠난 님이 떠 오릅니다.

가을 이별

아내는 역으로 가는 골목길을 좋아한다. 아침마다 가을바람이 선선해지며 맑아지고 있다. 10월 골목길, 제라늄꽃과 국화꽃들이 아직 포근히 반긴다. 감나무에 감들이 익어가며 홍시 꽃을 피우려 한다.

아내는 일하러 가고 나는 역에서 돌아오는 길에 강가로 갔다. 나의 정원에는 아직도 장미들이 기다린다. 꽃송이는 붉은색이 가장 크고 다음은 분홍 노랑 하얀 빛깔 순서이다. 향기 짙은 순서는 분홍, 빨강, 노랑, 하얀 색깔순이다. 오늘 아침에는 바람을 견디는 장미들에게 미리 이별 인사를 하고 싶다. 대표 분홍 장미에게 짙은 코키스를 하였다.

풀섶에 이슬 맺힌 나팔꽃들이 우리를 물끄러미 바라본다. 보랏빛 편지가 생각난다.
조용히 안녕이라 말했다. 미루나무길 뒤에 서 있는 갈대들이 바람에 마구 흔들리고 있다. 가까이 다가가서 머리를 어루만졌다.

아니 너희들 울고 있었구나!

희망의 공간

육체가 조금 아파 병원에 입원한 건
정신을 위한 복이 되고 영혼을 위한 따스한 위안이 됩니다.

세상 운동을 조금 멈춘 몇 평 병상 공간이란
변화의 꿈을 키우며 삶에 혁명을 가져올 수 있는 희망의 공간입니다.

차창 밖 푸른 하늘을 오래 쳐다보며
어릴 때 운동장과 낮은 산, 들녘, 초록 길들을 생각합니다.

잿빛 구름에 덮인 하늘을 바라볼 때는
지난 잘못된 것들을 돌아보며 마음속에 고쳐 써 봅니다.

오늘은 하늘에서 희망의 물을 조금 떠다가
마음에 담아서 미래의 길에 미리 뿌려보고 싶습니다.

새로 올 아침 오솔길에
내가 갈 길 풀섶에 피는 이슬들을 생각하며 살겠습니다.

초대시 2 한수남

모르면서 외 2편

할매는 사랑해 봤는기요?
고것이 뭐꼬?
할배 팔베개 해 봤는기요?
고것도 뭐꼬?
불쌍한 우리 할매
그것도 모르면서
울엄마는 우째 나왔소!

늙은 시인

늙은 시를 쓰는데 왼 시비인가
늙은이는 젊은 시를 쓸 수 있지만
젊은이는 늙은 시를 쓸 수 없느니라.
늙어보지 않았으니까
백하는 밤배였다고 白河夜舟
서울 가 본 이와 아니가 본이
누가 이길 수 있으랴

* 백하야주(白河夜舟): 일본의 속담 중 하나

땅끝

나는
책을 읽을 때
온 세상을 가슴에 보듬는다.
땅 끝이 어디인지?
내 발 밑을 파 내려가면
그곳일까?
헐벗고 굶주리는 곳인지
내 마음의 끝자락인지
아니야.
내 마음이 멈추는 곳 일거야

모닥불 외 2편

나뭇잎이 쥐고 있던 땅거미
앞마당에 내려앉을 때
무럭무럭 김이 나는 부엌
평온함을 느끼게 했지

타닥타닥 아궁불
히부연 뜨물통에 곶이는
문드러진 부지갱이 꽃
금벅이는 어미소

흙벽돌로 쌓아 만든 난로 앞
두런두런 밤 깊은 줄 모르고
강바람을 서로 마셨지

지난 밤 타버린 마알간 하늘
오랫동안 바라보고 있을 때
가랑비로 스며드는 것

느티나무

흔들리고 있는 나뭇가지
묵묵히 바라보던 동공들
겨울잠에서 기지개를 켜고
봄볕 가득 담은 논에 앉아
모이를 찾고 있다

따끈따끈한 두부가 왔어요!
저렴하게 판다는 생업의 스피커 소리
거리와 거리를 건너고 있다

봄볕을 가득 안고 있는 구름이
잔가지 사이로 봄을 흘려보내고 있을 때
느티나무 기억이 함께 흐르고 있다

황톳빛 속살을 드러낸 옛길
마을 입구 오래된 나무
까치집 머리에 이고
천 개의 손바닥으로
천 개의 길을 안내해 주던
노인을 닮은 나무가 있었는데

초록 언덕

비포장 먼지 속에 소란스러운
봄이 달렸는데

송사리 떼 머물던 큰 개울
돌다리 밟고 건너가면
쑥쑥 자라는 옥수숫대
나지막한 초록 언덕
와자지껄함이 있었는데

산처럼 쌓아 올린 나무 무덤
가지가 휘도록 달려있던
시고 달콤한 이름들
고단한 햇볕 쉬어갈 때
칼국수 반죽이 되기 위해
뽀얀 가루가 날렸는데

찻집 마당 한 켠에 오뚝 선
민들레 홀씨
찻잔으로 스며드는 소소한
기억

초대시 2

현미정

아우슈비츠를 고발한다 외 2편

억겁의
시간이 지나도
그 잔인함에
인간의 존엄성이라 고는

티끌 만큼도 찾아볼 수 없는
아우슈츠의 뼈가 녹아내리는
그 많은 한
어떻게 지워질까

얼마나
억울하면
원망보다는,

한 송이 꽃으로 피어
배시시 웃는 서러움
 구석진 마당 틈바구니
그 많은 한을 대변하여
가냘픈 미소로 고발하네

그대가 없는 그대를 그리며

물푸레 파릇한 물
녹아내리듯
가을이 오면
피부를 감싸는 싸아한 외로움이 몰려온다

채색한 화려한 자연의
그대가 아닌 그대를 그리며
드높은 하늘
푸르름 향해 그냥 떠나고 싶어라

가을바람에 숨어오는 커피 향
라벤더 꽃을 한 아름 안고
그대가 기다릴듯한 갈색의 부드러운 향
파릇한 설렘이 흐르는
그리움이 손짓하는 가을 속으로

스치고 지나가는 바람

인생은 스치고 지나가는 바람이어라
아름다운 꽃을 피우는 바람
갈가리 찢어놓고 가는 바람

나는
온화한 바람
꽃향기 가득 담아
온 세상 향기 피워내는
꽃바람이 고파

인생은 아무것도 없는
스치고 지나가는 바람이어라.

강물 위의 저녁 카페에서 외 2편

한강나루 전망카페
이만치서 되돌아보니
내 그림자에 그녀의 고독이
어른거리고 있다
비바람에 젖은 마음 한 자락
강 건너 창가에 걸어놓고
정지된 풍경속의 내 시간을
뒤척이는 불면의 강물 위
불빛 속으로 달려가는
저 멈춤 없는 행렬 속으로
풀어 보낸다
모두가 이렇게 커튼을 내리는가
저만큼 어둠을 밀고 막차는
강물 소리로 온다

꽃받침

베란다 한쪽에 놓인
시든 철쭉에
시선이 머문다

한잎 두잎 떨어지는
소리 볼 때마다
마음 구겨지는 듯
그 생채기 어루만진다

언젠가 새로운 씨방의 환희 속에서
시듦을 내려놓는 평온함
늘 곁에서 지켜보는
따듯한 손길이다

석모도에서

석모도 가는 길은
바람과 햇살로 가득하다
섬 안에 또 하나의 섬
외포리 항구 빈 선착장
선장은 종일 낚싯대 던져놓고
갈매기 울음에 귀를 세우고 있다
낡은 선박에 깔리는 뱃고동 소리
건너편 카페에서 묻어오는 커피향
출렁이는 파도 속으로
붉게 물든 하늘 한쪽으로 비켜가면서
내 일상의 조각들이
밀물과 썰물 사이를 넘나들었다

隨筆

초대수필 1

이성림

벌목, 틈새의 미학

 연둣빛이 절정을 이루는 4월 말에 들어서자, 식물을 심고 가꾸기 좋은 날씨로 천지가 빛나고 있다.
 지난 4월 26일, '24 여주문학인 나무심기' 행사에 참석하였다. 산림청에서 개최한 '탄소중립 실현과 산림 르네상스 실현'을 위한 문학인 나무 심기는 공부가 많이 되는 행사였다.
 나무 묘목을 심거나 식물을 심을 때는 적당한 간격이 필요하다는 기본적인 이론에 근거하여 주어진 백합나무를 심었다. 이 나무가 20년, 30년 후에 울울창창한 숲이 될 것이라는 상상의 그림을 그려본다. 거목이 되어 빽빽해질 것이다. 어쩌면 숨쉬기 어려워 보일 정도로 답답한 형상을 연출할지도 모르겠다는 원려遠慮의 마음이 앞선다. 틈새는 숲에도 필요하지 싶다.
 이런저런 사색을 하던 터에 귀에 쏙 박히는 남성현 청장님의 말씀이 울림 있게 다가왔다. 틈새와 여유를 위한 생장 공간을 마련하는 유익한 행위가 바로 벌목이라는 것이다.
 이번 문학인의 숲 조성 행사는 심고 가꾸는 행위에서 더 나아가 벌목을 왜 해야 하는지, 순환의 원리에 대하여 공부하는 계기가 되었다. 애써 가꾼 울울한 나무를 베어내지 않으면 안 되는 이유, 베어내야만 하는 이론적인 원리를 학습하게 되었다.
 베어낸 목재는 다양한 쓰임새로 이용되고 있다. 많은 형태로 활용되고 있는 목재는 결국, 벌목을 해야만 마련될 수 있다. 그러나 벌목에 대한 편견으로 인하여 그것이 수월하게 이루어지지 못하고 있는 우리의 실정에 대해 청장님의 설명을 통해 알 수 있었다.

나무도 생애 주기가 있어서 생장하고 성숙한 후 쇠퇴기를 겪게 된다. 살아 있는 생명체는 모두 그와 같은 과정을 겪게 된다.

나무는 온실가스 주범인 이산화탄소를 빨아들인다. 생장기에는 탄소 흡수가 늘다가 쇠퇴기에는 감소한다. 나무가 죽어 분해되면 오히려 탄소를 배출한다고 한다. 국립산림과학원에 따르면, 국내 주요 수종인 참나무 소나무 등은 평균 25년이 지나면 매년 탄소 흡수량이 줄어든다. 소나무의 연간 탄소 흡수량을 분석해 보면 30년생은 12.1t이지만 60년생은 1.8t에 그친다. 탄소 흡수 능력과 목재로서의 활용도 등이 모두 낮은 것이 국내 나무의 현실이다.

탄소 흡수율과 목재로써 사용되는 활용도가 모두 낮은 국내 나무의 실정을 알 수 있었다. 탄소 흡수 능력도 '전성기'가 있어서 폐기 처분하지 않으면 안 될 처지에 놓이게 된 나무들도 많이 있다. 목재는 탄소를 담는 그릇도 되기 때문에 일본이나 프랑스는 목조 건물을 짓는 데에 앞장서고 있단다.

그런데 우리나라 실정은 어떠한가.

숲 곳곳에는 나무들이 다닥다닥 붙어 자란 탓에 광합성이 원활치 않아 지름이 평균 30cm에 불과한 나무들이 많다. 연간 벌채되는 산림 면적도 2만ha 미만으로 전체 산림의 0.3%에 머물다 보니 국내 목재 자급률은 16% 내외다. 일본(42%) 독일(76%) 등에 비해 현저히 낮다. 한국은 매년 약 7조 원의 목재를 수입하는 세계 4위 목재 수입국이다.

나무를 심는 것 못지않게 적절히 벌목해 밀집도를 낮추고 목재 등으로 활용하는 한편, 탄소 흡수력이 뛰어난 새 나무를 심는 선순환이 절실하다는 전문가 제언이 나오는 이유다. 다만 '나무를 베는 행위는 곧 환경 훼손'이란 사회적 인식이 강하다 보니, 우리의 나무와 숲을 어떻게 가꾸고 활용할지에 대한 논의는 여전히 금기시되는 편이다. 환경단체들 또한 "자칫 난개발로 이어져 산림이 훼손될 수 있다"며 벌채를 반대하고 있다.

침묵으로 말하는 나무와 숲을 위하여 간격과 틈새가 필요하다. 틈새가 있어야 마음껏 기지개를 펴고 자라날 수 있다. 여백은 어디에서나 필요하다. 그 여백과 간격을 위하여 적정한 범주 내에서의 벌목은 절대적으로 필요하다.

기후변화를 늦추고 지속 가능한 숲 조성을 위해 '많이 심기'를 넘어 '잘 심고 잘 가꾸고 적절히 활용하는' 방안을 생각해야만 한다. 목재는 집짓기는 물론 종이, 휴지 등 일상 곳곳에서 유용하게 쓰인다. 보존만 외치며 대량으로 목재를 수입하는 불합리한 상황이 더 이상 지속되어서는 안 되는 시점에 와 있음을 이번 기회에 확실히 인식하게 되었다. 지구적 관점에서 보면 국내 숲만 지켜야 할 소중한 자연이고, 다른 나라의 숲은 마구 써도 되는 자원은 아니지 않는가. 전문가의 견해에 대하여 공감하는 바이다.

어떤 관계에서든 간에 적당한 거리가 있어야만 건강한 관계로 발전해 나갈 수 있다. 인간관계에도 유사한 심리적 거리감이 존재해야만 한다. 이러한 거리감이 얼마만큼 적정하게 유지되느냐에 따라서 인간관계의 밀도도 달라질 것이다. 바람이 통해야만 원활한 소통 관계를 이룰 수 있다.

우리의 머리에도 한계가 있다. 머릿속도 적당히 비워지고 채워져야 한다. 비워놓기가 절대적으로 필요하다. 머릿속을 적당히 채우고 비워두는 것이 정신 건강을 유지하는 데도 좋을 듯싶다.

하나의 상실은 또 다른 생성으로 이어져 삶은 존속하게 될 것이다. 벌목이라는 상실은 또 다른 생산으로 이어질 것임이 자명하다. 상실과 소생의 연속으로 이어지는 나무와 우리 삶의 이행 구조는 생이라는 거대한 흐름의 존재 방식인 것이다. 숨을 쉬기 위한 틈새, 간격, 거리감의 미학적 의미를 유추해 보게 된다.

은빛 종소리에 실려 온 선물 외 1편

    그날따라 날씨가 궂었다. 눈발이 사나웠다. 눈이 하늘에서 내리는 게 아니라 땅에서 하늘로 솟구쳐 올랐다. 심란했다. 약속했으니 가지 않을 수도 없었다. 요즈음 날씨 변덕이 왜 이리 심한지 모르겠다. 엊그제만 해도 봄처럼 따뜻했는데 말이다.

    그 며칠 전 함께 글공부했던 벗들의 모임이 있었다. 그중 한 분이 네 번째 시집을 발간해 축하 자리가 마련된 것이다. 그날의 주인공이 나를 한 음악회에 초대하였다. 원래 사모님과 함께 초대받았는데 사모님이 참석할 수 없는 형편이었다. 그분 홀로 가게 할 수는 없었다. 물론 연말 음악회의 낭만이 내 마음을 끌어당기기도 했지만.

    그가 공연자에 대해 간단히 설명해주었다. 소프라노 전공이고 시인이란다. 그런데 그녀가 보건학 박사 학위를 지닌 현직 초등학교 보건교사라는 말을 듣고는 입을 다물 수가 없었다. 도대체 일인 몇 역인가?

    음악회는 아파트 단지 뒤편 골목길의 넓지 않은 카페에서 열렸다. 카페에 들어서자 그녀가 예복을 입은 채 우리를 반갑게 맞아주었다. 몇몇 관객이 이미 자리하고 있었다. 카페 한쪽에 피아노가 관객을 뒤로 한 채 벽을 보고 놓여 있었다.

    안내에 따라 창가에 앉았다. 커피 향이 진하게 전해왔다. 카페 사장님이 차 주문을 받으러 다가왔다. 찻값은 무료란다. 따뜻한 아메리카노 한 잔이 추위에 떤 몸과 마음을 녹여주었다.

    음악회 팸플릿을 받았다. 제목이 'ODIN CONCERT'였다. 'ODIN'은

"지식, 문화, 시가詩歌, 전쟁의 최고의 신'이란 뜻이다. 이름이 아름답고 멋졌다. 두 번째 음악회였다. 첫 번째도 그곳에서 열린 듯했다.

공연 시간이 가까워지면서 관객의 발길이 이어지더니 한 무리의 일행이 들어섰다. 성인용 보행기를 끄는 노인을 몇몇이 부축하였다. 누군가가 "어머니다!"라고 외쳤다. 그날 주인공의 어머니였다. 낙상 사고로 병원에 입원했다가 공연 시간에 맞춰 퇴원하는 길이란다. 관객의 입장이 끝났다. 모두 이십 명 남짓이었다. 그중에는 차 마시러 온 손님도 두셋 있었다.

그녀가 사회와 진행을 도맡았다. 그날의 음악회를 '가족 콘서트'라고 소개하였다. 공연의 일부인 피아노 연주 역시 조카가 맡았다. 관람객은 가족, 직장 동료, 가족 같은 친지가 대부분이었다. 나처럼 낯선 이는 우리 일행 둘뿐인 것 같았다.

자리 정리가 끝날 무렵 주인공이 내게 다가왔다. 공연 중간쯤에 '시 낭송'을 해달라고 하였다. 내가 펄쩍 뛰었다. 한 번도 해본 적이 없었고, 준비가 안 된 일을 맡을 수는 없었다. 그 후에 팸플릿을 보니 공연 부제가 'POEM & ART SONG CONCERT'라고 씌어 있었다.

첫 곡은 피아노 연주였다. 라흐마니노프 〈악흥의 순간 4번〉이었다. 연주자는 한의사인데 그녀의 조카였다. 놀라웠다. 재능이 많은 집안인 모양이다.

이어서 그녀가 세 곡을 노래하였다. 김성태 작곡 〈동심초〉, 이원주의 〈이화우〉, 드보르자크의 〈어머니가 가르쳐주신 노래〉였다. 노래마다 비교적 자상한 해설을 곁들여 줘 곡에 대한 이해와 감상의 즐거움을 더해주었다.

그중 마지막 곡은 《착각의 시학》 올 겨울호에 〈문학 속의 음악 이야기〉라는 제목으로 곡에 대한 해설이 실린 바 있었다. 그녀가 쓴 글이었다. 8쪽에 달하는 분량이다. 이미 읽어 내용을 얼마간 알고 있었던 터라 더욱 깊은 맛을 느낄 수 있었다.

그녀의 노래는 신선했다. 한여름에 대숲에서 불어오는 바람 소리랄까? 때로는 깊은 골짜기에서 흐르는 물소리처럼 맑았다. 청자나 백자의 세련미는 아니었다. 질그릇처럼 소박하고 정감이 가는 목소리였다. 그것이 내게는 더 큰 감동으로 다가왔다.

이런 모습의 공연은 처음이었다. 기획이나 짜임새가 파격이었다. 편안해서 좋았다. 사랑방 좌담 같기도 하고 노변정담 같기도 하였다. 예술이 인정의 옷을 입으니 더욱 고왔다. 사이사이 들려주는 그녀의 이야기가 노래 못지않은 즐거움을 안겨주었다.

시간이 흐르면서 내 마음이 조금씩 흔들렸다. 아름다운 그 자리에 무언가 도움을 주고 싶은 열망이 일었다. 조금 전 '시 낭송' 제안을 받았을 때 거절한 것이, 살짝 후회된 것이다. 해본 일도 없고 잘하지도 못하지만 해보기로 마음먹었다. 시 한 수가 머리에 떠올랐다. 작자 미상의 〈내가 엄마가 되기 전에는〉이라는 시였다. 이것은 불편한 몸을 이끌고 참석한 그녀 어머니 뒷모습을 보면서 떠오른 것이다.

그것은 오래전에 내가 즐겨 암송했던 시였다. 딸 셋을 둔 친정 애비의 마음이었을 것이다. 구구절절 딸의 얼굴과 감정이 덧씌워졌었다. 어느 명절에, 온 가족이 모인 자리에서 낭송한 일이 있었다. 그때 딸들의 눈가에 촉촉이 이슬이 맺히던 기억이 났다.

그러는 사이 그녀의 노래가 끝났다. 다음 순서는 피아노 연주였다. 내가 자리에서 일어났다. 뜻밖의 상황에 모두의 눈길이 내게 쏠렸다. 그녀에게 시 낭송해도 되겠냐고 물었다. 우레와 같은 박수가 터졌다.

스마트 폰을 켜고 시를 찾아 낭독했다. 물론 암송하는 것과는 맛이 천양지차다. 어설픈 시 낭독에도 눈을 반짝이고 귀를 쫑긋하며 감상하는 이들을 보며 힘을 얻었다. 많은 분이 공감해주었다. 거기에는 아이를 낳고 키워본 분들이 많았다. 이로써 그날 음악회의 형식이 제대로 갖추어진 셈이었다.

순서에 따라 피아노 연주가 이어졌다. 조카의 두 번째 출연이었다. 이번에는 라흐마니노프의 〈파가니니 주제에 의한 랩소디 18번〉이었다.

다음에는 '기도'라는 주제로, 그녀가 바비로프의 〈아베 마리아〉와 손경민의 〈여정〉 두 곡을 노래하였다. 마무리로 크리스마스 캐롤 〈실버벨〉을 합창으로 불렀다. 창밖으로 눈이 내리고 있어 운치가 더해졌다. 성탄절 교회 종소리가 들려오는 듯했다.

그날의 보람이 짬짤했다. 우선 내게 글 길잡이가 되어준 분과 즐거움을 함께할 수 있어 뿌듯했다. 올해를 마무리하며 문화의 향기를 온몸과 마음으로 누릴 수 있어 행복했다. 시 낭독을 통해 멋진 음악회에 작은 손길을 보탠 것도 빼놓을 수 없는 기쁨이었다. 주인공의 멋진 인생을 엿본 것은 덤이었다.

은빛 종소리에 실려 온 선물이었다. 쏟아지던 눈과 함께 말이다.

천당 가고 싶지 않아요

전해 들은 실화다.

오래전 우리 고장 산골 성당에 젊은 신부가 부임했다. 그곳은 마을 주민 대부분이 천주교 신자인 '교우 촌'이었다.

경험이 많지 않은 신부는 이런저런 걱정이 많았다. 특히, 나이 든 분들이 많은 곳에서 어떻게 처신할지가 고민거리였다.

그런데 부임해 보니 괜한 걱정이었다. 사람들이 순박하고 인정이 많았다. 조선 시대 박해를 피해 온 사람들의 후손답게 하나같이 신앙심이 깊었다. 미사에 빠지는 이도 없고 기도도 열심히 하였다. 갖가지 성당 행사에 너나 나나 할 것 없이 적극적으로 참여했다.

사제에 대한 공경이 각별했다. 노인들도 진심으로 신부를 섬겨 주었다. 신부의 뜻을 거스르는 이는 아무도 없었다. 순명의 정신이 몸에 밴 사람들이었다.

신부는 금방 안정을 찾았다. 모든 게 순조로웠다. 그런 중에 신부에게 풀리지 않는 수수께끼 하나가 생겼다.

한 사람을 도무지 이해할 수가 없었다. 주민 중에 가장 점잖은 사람이었다. 행실과 예의가 반듯하고 분명하였다. 성품은 온화하고 누구와 다투는 일도 없었다. 그는 누가 보아도 마을에서 으뜸가는 신사였다.

그런데 그가 천주교 신자가 아니었다. 수십 명 중 신자 아닌 사람이 두셋뿐인데, 그가 신자가 아니라니 아무리 생각해도 수수께끼였다. 신자들 여럿에게 까닭을 물었다. 누구도 연유를 알지 못했다.

신부가 그를 찾아갔다. 그가 반가이 맞아주었다. 조심스럽게 천주교 입교 의사를 타진하였다. 그가 깜짝 놀라며 손을 저었다.

한편, 신부의 노력에 힘입어 신자가 아니었던 다른 이들이 세례를 받았다. 마침내 그만 남았다. 마지막 한 사람까지 세례를 베풀고 싶었던 신부가 기회가 닿는 대로 그를 찾아가 입교를 권유했다. 그는 한사코, 그러나 점잖게 거절하였다.

그러던 어느 날 그가 죽을병에 걸렸다. 소식을 들은 신부가 그의 집을 찾았다. 그리고 설득했다.

"곧 세상을 떠날 텐데, 세례를 받고 천당 가셔야지요."

그가 신부에게 물었다.

"신부님, 세례받으면 정말 천당 가나요?"

"그럼요. 확실합니다. 제가 장담해요."

그가 잠시 생각에 잠기더니 신부에게 말했다.

"싫어요. 저 천당 안 갈래요."

"왜요?"

그가 숨을 몰아쉬며 말했다.

"아주 오래전 일입니다만, 우리 마을 내 친구 중에 아주 나쁜 놈이 있었어요. 그런데 그놈이 천주교 신자였습니다. 신자였으니까 지금 천당에 있을 것 아니에요. 그놈을 죽어서 또 만나라고요?"

그는 끝내 세례를 받지 않고 눈을 감았다.

초대수필 2 김우

탁구! 정말 좋은가? 외 1편

금년 6월은 지나치게 덥다. 무더위가 맹렬하니 꼼짝도 하기 싫고 운동은 엄두도 나지 않는다. '넘사벽'이라는 말이 있다. 감히 넘어서기 힘든 사차원 같은 벽이라는 뜻이다. 개인의 인기나 특정한 능력이 출중하여 누구도 이기지 못하거나 스포츠 분야에서 단연 발군의 위치에 있는 것을 말한다. 스포츠계를 본다면 한국의 양궁이나 미국의 농구, 그리고 중국의 탁구 실력이 넘사벽일 것이다. 얼마 전 낭보가 전해졌다. 한국의 탁구선수들이 철옹성 같은 중국의 만리장성에 의미 있는 타격을 가해 조금씩 균열을 내고 있다는 것이다. 신유빈, 전지희, 장우진등의 한국 선수들이 세계적인 중국선수들을 하나하나 격파해가는 모습은 기분 좋은 일이다.

많은 스포츠 중에서 탁구는 은근히 매력적인 장점이 많은 경기이다. 가장 실리적인 장점은 모든 운동이 그러하듯 탁구는 체력을 함양하여 건강한 생활을 하게 한다는 것이다. 특히 탁구의 기본자세인 기마 자세는 하체 근력 강화에 탁월하다.

무게 2.7g의 작은 공을 다루기 때문에 반사적으로 민첩하여야 한다. 민첩성의 향상은 빠른 의사 결정과 판단력, 전략적 사고를 키워준다. 그리고 탁구는 고도의 집중력을 키워준다. 상대방 공의 속도와 회전, 스핀 및 궤적에 주의를 기울이지 않으면 순식간에 승부가 결정 난다. 당연하지만 탁구는 사회적 상호 작용을 강화한다. 탁구는 단식이나 복식으로 경기가 가능하기 때문에 팀워크를 키우고 스포츠맨십을 촉진한다.

필자가 생각하는 탁구의 장점은 조금은 특이하다. 생활 탁구를 어느 정도 치는 필자의 관점은 탁구는 기본적으로 속임수가 높게 평가받는 조금은 야비한(?) 경기라는 것이다. 서브부터 그렇다. 어떻게 하든지 상대방을 속여야 한다. 긴 공인가? 짧은 공인가? 아니면 빠른 공인가? 느린 공인가? 혹은 뜨는 공인가? 가라 앉는 공인가? 고수는 이 모든 요소를 섞어서 상대방이 파악하지 못하도록 순간적으로 서브를 구사하여 이긴다. 물론 다른 경기도 속임수는 있다. 축구의 페인트 모션이나 헐리우드 액션, 농구의 전략적 반칙strategy fouls, 권투의 가짜 펀치, 야구의 도루盜壘 등은 그래도 점잖게 보인다.

이처럼 탁구는 기본적으로 사회적으로 용인되지 않은 '속임수'라는 규범을 합법적으로 공공연하게 구사할 수 있는 스포츠이다. 평소 '착한 사람'으로 살아야 한다는 관념에 빠진 사람들에게 탁구경기에서 구사하는 속임수는 묘한 쾌감을 준다. 그래서 그런지 탁구인들은 이러한 매력에 빠져 대개 중독수준에 있다. 이기고 돌아오면 온 천하를 가진 듯 기분이 최고다. 반면에 지는 날에는 당장에 탁구를 때려치우고 싶을 정도로 우울하고 기분 나쁘다. 이러한 조울 현상이 몇 년 쌓이면 탁구실력은 향상된다. 특이한 것은 탁구실력은 완만한 곡선형으로 향상되는 것이 아니라 단계적이라는 것이다. 죽어라고 안 되다 가도 한 3년 지나면 어느 순간 실력이 한 단계 위에 올라서 있는 것을 볼 수 있다. 그때의 희열은 당장 각 탁구장을 다니면서 도장 깨기를 하고 싶을 정도이다. 물론 이후에 또 다른 침체기는 약속한 것처럼 찾아온다. 마치 묵묵히 실력을 쌓으며 때를 기다리면 언젠가는 빛을 보는 인생과 같다.

탁구는 80대까지 많은 사람들이 즐기는 재미있는 생활 스포츠로 시니어 취미활동 중 선호도 1위이다. 탁구는 비교적 좁은 공간에서 계절과 날씨의 영향을 적게 받으며 본인의 체력에 맞게 여러 사람들과 어울려 운동할 수 있다는 점이 높게 평가받는다. 탁구는 온몸을 사용하는 전신 운동으로 손목과 팔, 다리 등 다양한 근육을 사용하여 유연성과 반응속도를 향상시킨다. 그럼에도 불구하고 탁구는 구기 종목 중 부상 위험이 가장 적을 뿐만 아니라 도리어 순발력이 향상되어 사고 예방에 도움이 된다. 탁구는 헬스 같은 순수 근육운동이 아니기 때문에 누구 말처럼 '100m를 달리며 바둑을 두는 것'과 같다고 할까? 근육과 두뇌를 함께 쓰는 운동이다. 놀라운 것은 탁구를 한 시간 가량 치면, 600칼로리 정도가 소모되는 수영과 복싱을 1시간 한 것과 동일한 운동량이라는 것이다.

얼마 전 일본의 한 건강 저널 Yamasaki,T. 2022에서는 탁구가 치매예방에 최고라고 하였다. 탁구는 날아오는 공을 제대로 받아치기 위해 짧은 순간에 많은 걸 생각하고 움직여야 하는 고도의 집중력이 필요하다. 자연스럽게 두뇌회전이 빨라질 수 밖에 없다. 이렇게 집중도 하고 몰입하는 활동은 스트레스를 해소하고 마음을 안정시키는데 크게 도움이 된다. 특히 탁구는 순식간에 움직이는 공을 주시하여야 하기 때문에 동체시력動體視力이 향상된다는 것이다. 동체시력動體視力의 향상은 치매를 예방하는 뇌의 활성화 활동과 깊은 연관이 있다.

탁구는 누구나 접근할 수 있는 대중친화적인 친근한 운동이기 때문에 정치적인 이슈에 곧잘 동원된다. 냉전체제를 깨기 위해 1971년 미국과 중국이 핑퐁외교를 한 것이나, 1991년 치바 세계탁구선수권대회에서 사상 최초로 남북단일팀이 출전한 실화를 바탕으로 만든 영화 '코리아As one'를 보면 참 정치적이다. 그러나 우리는 평범한 시민들이니 지금 당장 그 좋다는 탁구를 치기 위해 탁구장에 등록을 하자. 단, 각 탁구장에는 '예쁜 여자만 골라서 치기 없기'라는 계명이 붙어있음을 알아야 한다.

모범적인 이웃의 범죄

얼룩말이나 영양, 가젤 같은 초식동물은 군집 생활을 한다. 반면 호랑이나 사자 같은 맹수는 가족 단위거나 혼자 초원을 누빈다. 초식 동물들은 집단적인 생활을 통해 무리 전체에 대한 안전을 도모한다. 사자와 같은 맹수가 가젤을 공격하면 무리에서 가장 느린 가젤 하나가 희생되어 전체의 생존을 보장하는 전략을 선택한다. 전쟁 같은 극한 상황이 닥치면 힘없는 아이와 여성, 노약자, 장애인들이 먼저 희생되는 것과 비슷하다. 그런데 예외의 경우를 보았다. 야생의 버팔로 무리가 새끼 한 마리를 구하기 위해 사자 무리와 싸우는 이른바 '크루거의 전투 Battle at Kruger'라는 동영상을 보면 감동적이다. 영상은 버팔로 무리와 사자 무리가 마주치면서 시작된다. 사자 무리는 추격 끝에 새끼 버팔로를 잡아 물속에 빠뜨리고 잡은 먹잇감을 물어뜯는다. 물속에서는 악어까지 새끼 버팔로를 탐내며 달려든다. 이때 죽어가는 새끼를 구하기 위해 거대한 버팔로 무리가 흙먼지를 일으키며 사자들을 공격하기 시작한다. 엄청난 수의 버팔로들은 사자들을 제압하고 기적적으로 기진맥진한 새끼 버팔로를 되찾는다.

이와 반면에 안타까운 장면도 있다. 새끼 버팔로가 단 한 마리 사자에게 잡혀 있다. 주위를 빙 둘러싼 거대한 버팔로 무리들은 금방이라도 사자를 공격할 듯 주저주저 망설이다가 결국은 두려움에 후퇴하고 만다. 새끼는 비명을 지르며 갈갈이 찢겨 죽는데 무리들은 현장을 떠난다. 조금만 더 밀어붙이면 사자를 물리치고 구해낼 수 있는데 압도적인 수적 우위에도 불구하고 무서워하며 후퇴하는 버팔로 무리를 보면 분하기 짝이 없다. 특히 가장 힘센 우두머리 소는 죽이고 싶을 만큼 밉다.

히틀러 치하의 독일에서 학살된 유대인은 600만 명이다. 유대인뿐만 아니라 장애인도 학살 대상이었다. 나치 정권은 제2차 세계대전동안 독일의 각 병원에 수용되어 있던 지체장애인과 정신장애인 27만 5,000명을 학살한 것으로 밝혀졌다. 이들은 장애인을 학살하면서 살인기술을 연마하고 정당화하는 도구로 생각했다. 인간의 탈을 쓰고 어찌 그런 학살을 저지를 수 있었을까? 아돌프 아이히만은 독일 나치스 친위대 중령으로 제2차 세계대전 중 유대인 말살책의 실무적 책임자로 일하며 수백만의 인간을 도살한 반인륜적 범죄를 저지른 사람이었다. 그러나 그는 알고 보니 평범한 독일의 한 가장으로 평소에는 매우 '착한' 사람이었으며, 개인적인 인간관계에서도 매우 '도덕적'인 사람이었다. 그는 자신이 저지른 일의 수행 과정에서 어떤 잘못도 느끼지 못했고, 자신이 받은 명령을 수행하지 않았다면 아마 양심의 가책을 느꼈을 것이라고 대답했다. 그래서인가 전범 재판 법정에서 그는 당시 최고 권위를 지닌 히틀러의 '정당한 명령을 따랐을 뿐'이라고 주장하였다. 이처럼 그가 자신의 직무에 충실한 모범적 시민이었다는 사실은 많은 사람들을 곤혹케 하였다.

'악惡의 평범성banality of evil'은 한나 아렌트가 아돌프 아이히만의 재판을 분석하면서 제시한 개념이다. 아렌트는 아이히만의 행동이 무사유無思惟 thoughtlessness에서 비롯되었다고 설명했다. 아이히만이 범죄를 저지른 것은 특별히 사악하거나 지능이 낮은 타고난 악마같은 성격 때문이 아니라 아무런 생각 없이 자신의 직무를 수행하는 '사고력의 결여' 때문이라고 주장한 것이다. 악의 화신으로 여겨졌던 인물의 '악마성'을 부정하고 악의 근원이 평범한 곳에 있다는 이러한 주장은 평범한 사람이 권위에 의한 명령에 무조건적으로 복종할 때 어떤 결과가 발생하는지를 보여주는 전형적인 사례라고 볼 수 있다.

아이히만과 관련하여 에리히 프롬은 '관료주의적 인간'의 문제를 제기했다. 그가 보는 아이히만은 관료의 극단적인 본보기였다. 아이히만은 수십만의 유대인들을 미워했기 때문에 그들을 죽였던 것이 아니고 단지 자기에게 주어진 '임무'를 수행한 것이다. 아이히만의 죄는 '생각하지 않은 죄'였다. 아이히만은 자신에게 주어진 책임, 즉 기술적인 일만 성실히 수행했다. 이게 곧 아이히만의 대답이기도 했다. 닐 포스트먼Neil Postman은 우리는 이러한 아이히만의 관료적인 대답이 하루에도 수천 번 쏟아지고 있는 현실에 살고 있다고 말하며 내 결정의 인간적인 결과에 대해서는 아무런 책임도 없고 오로지 관료주의의 효율성을 위해 맡은 역할에 대해서만 책임을 진다는 생각이 지배하는 위험한 사회에 살고 있다고 경고하였다. 모범적 시민이 희대의 악마가 될 수 있는 '악의 평범성'과 '권위에 대한 복종'을 보면 우리가 일상 속에서 쉽게 간과할 수 있는 무사유와 비판적 사고의 부재가 얼마나 위험한 결과를 초래할 수 있는지를 알 수 있다.

조나단 글레이저가 감독한 〈존 오브 인터레스트The Zone of Interest, 2023〉는 대학살을 다룬 홀로코스트에 관한 영화다. 기존의 홀로코스트 영화들이 피해자의 고통과 삶을 체험하고 들여다보는 피해자 중심의 작품이었다면, 그는 철저하게 가해자들의 입장에서 그들의 삶 자체에 집중한 특이한 인물이다. 현재 진행 중인 이스라엘과 팔레스타인 무장세력 하마스의 전쟁을 모두 비판하여 양측으로부터 비난을 받는 인물이기도 하다.

이 영화는 독일군 장교 가족의 아주 평범한 일상을 묘사한다. 단란한 군인

가족으로 아버지는 군인의 의무를 생각하고, 어머니는 가사와 정원을 가꾸는 데 정성이다. 부모와 함께 행복한 일상을 누리고 있는 아이들까지 이들의 삶은 평범하고 행복해 보인다. 하지만 이들이 일상을 지내는 집은 바로 유대인 포로수용소와 담 하나 사이의 거리에 있다.

조나단 글레이저 감독은 두 공간의 차이를 생활소음과 같이 들려준다. 유대인들이 수용소에서 총을 맞고, 가스실에서 죽음을 맞는 비명의 소리와, 불에 타서 재가 되는 순간 새어 나오는 처절한 소리를 낸다면, 한쪽 공간에서는 강물이 흐르고 나무 위에서 새가 지저귀고 마당에서 아이들이 뛰어노는 생활소리들로 가득하다. 이 가족들에게 유대인들의 고통의 비명소리는 일상생활에서 나는 여느 소리와 다를 바 없다. 왜냐면 이들의 집과 아우슈비츠는 담 하나로 갈릴 정도로 가까운 거리에 있기 때문이다. 이는 영화적 설정이 아니라 실제 사실이었다. 악마 같은 행위를 저지르는 악인들이 실제로는 매우 평범한 이웃의 모습으로 가까운 곳에서 나와 생활 소음을 공유하면서 살고 있을 수 있다. 뒤돌아보면 일상에 평범하게 스며드는 악의 모습은 나의 일상의 마음일 수 있다. 그러한 내가 모인 것이 나의 이웃들이다.

초대수필 2

김윤자

냉장고 영접 외 1편

15년 전, 집을 리모델링하면서 최신형냉장고를 들여놓았을 때를 아직도 생생히 기억한다. 당시 최신모델 절전형으로 기능도 뛰어났고 집안의 밝은 분위기와도 어울리는 순백의 화이트 색상이 특히 마음에 들었었다.

우리의 식생활을 책임져줄 든든한 파트너가 될 것이라는 기대감에 애지중지 소중하게 생각하며 냉장고를 맞이했다. 냉장고를 산 직후부터 우리는 친해지기 시작했다. 손때가 타지는 않을까 닦고 또 닦고 정리하고 깔끔하고 소중하게 관리하며 오랫동안 함께 할 친구처럼 소중하게 여기며 나름 친해지고 있었다.

그러나 어느 정도 시간이 흐르면서 우리 사이의 애정은 조금씩 변하기 시작했다. 냉장고 문은 얼룩이 지고 한두 군데 뜯겨 나가고 문을 열면 은근히 풍겨오는 반찬 냄새가 코를 찔렀다. 냉장고 속 음식들은 갈 곳을 찾지 못해 남는 음식은 냉장고 냉동고 칸으로 들어냈다 밀어냈다를 반복하다 보니 오래된 음식들이 고스란히 발견되기도 하여 버리기는 아깝고 그러다 먹지도 못하고 결국 버려지는 음식들을 보관하고 얼려주느라 고생 많은 냉장고였다.

그간 너무 힘들었나? 우리 가족들과 정 떼기를 시도하는 듯, 어느 날은 냉장고 전원이 꺼져 버리는가 하면 냉장고 한 칸이 냉동고가 되어버리고, 채소실이 냉동고가 되어버리기를 반복하더니 어느 날 그만 냉동실이 멈춰버렸네. 처음엔 "오래되어서 그런가?" A/S 센터에 서비스 요청을 했건만 부품이 나오지 않아서 수리할 수 없다는 청천벽력 같은 소리를 듣고 무척 난감하였다. 하필이면 시어머님 제사 1주기를 준비하던 때, 제사음식을 준비하기 위하여 냉장고 냉동실이 꽉 차 있는 상태인데 이런 낭패가! 특히 남해에서 해녀 일을 하는 시누이는 우리 집 사정도 모르고 수차례에 걸쳐 전복, 소라, 문어, 해삼, 국거리 생선. 삼치 등 바다에서 채취한 소중한 해산물을 계속 보내오는데 이제 그 해산물들을 보관할 방법이 없었다.

냉동실 속에서 오랫동안 햇빛을 보지 못했던 그 음식들은 참 궁금했을 것이다. 해산물과 고기, 떡 등 오랫동안 햇빛을 보지 못 했던 친구들은 "드디어 우리도 세상을 볼 날이 왔구나"하는 듯했다. 얼마나 오랫동안 냉동실 속에 있었는지, 반가운 얼굴도 있었지만 이미 쭈글쭈글해진 친구들도 있었다. 그들은 나름대로 "우리도 변하지 않았다"라는 듯 세월을 자랑이라도 하듯 묵묵히 견뎌온 모습을 보여 주었다. 그러나 그중 많은 음식 친구들은 결국 식탁에 오르지 못하고 이별을 맞이할 수밖에 없었다.

보관방법이 마땅치 않아 다행히 여동생이 집을 새로 장만하여 이사는 가지 않고 가전제품을 들여다 놓고 있는 빈집 냉장고를 사용하기로 하고 무척이나 더웠던 올 여름날, 땀을 뻘뻘 흘리며 남편과 나는 음식들을 실어 나르기를 수차례. 그렇게 냉장고 없이 불편한 생활을 하면서, 음식 재료가 없으니 거의 배달음식으로, 외식으로 생활을 해나갔다, 그동안 얼마나 냉장고의 존재를 당연하게 여겼는지, 매일같이 문을 열고 음식을 꺼내고, 남은 음식을 보관할 때도 당연한 일처럼 여겼다. 그러나 막상 냉장고가 고장 나자 그 빈자리는 너무도 컸다. 나에게 냉장고는 단순한 가전제품이 아니라 가족의 식탁과 건강을 지켜주는 중요한 존재였음을 그제야 깨달았다.

드디어 냉장고를 주문하기로 결정, 결혼하지 않은 딸이 냉장고를 사준다고 하여 기쁨이 앞섰지만, 무려 15일이 걸린다는 얘기를 듣고 날벼락을 맞은 느낌. 생각보다 긴 시간 동안 냉장고 없이 어떻게 지낼 수 있을지 걱정이 앞섰다. 올여름은 유난히 더웠고, 음식 보관에 신경 써야 할 일이 많았다. 그 기간

나는 우리 가족의 식생활을 냉장고에 얼마나 의존하고 있었는지 깨달았다. 냉장고는 우리 가족의 식생활을 책임지고 건강을 지켜주는 소중한 존재였음을 몸소 느낄 수 있었던 소중한 시간이었다. 그동안 너무 무심하게 냉장고를 대하지 않았나 하고 자신을 반성해보기도 했다. 냉장고 없이 사는 15일 동안, 냉장고의 고마움을 거듭 느끼며 결혼하지 않은 딸이 선뜻 사준 냉장고를 맞이할 마음의 준비를 하고 있었다

드디어 새로운 냉장고가 들어오는 날, 모든 약속 일정을 접어두고 혹여 대형냉장고라 설치하는데 장애 되는 걸림돌은 없는지 점검하면서 아침 일찍부터 남편과 딸은 출근 시간을 잠시 늦추며 집안 정리를 마치고. 전자회사 기사님으로부터 따르릉 걸려온 전화. 예상시간보다 좀 일찍 도착할 예정이란다. 혼자 냉장고 정리가 힘들까 봐 육아휴직 한 아들까지 호출해놓고 냉장고가 들어오기를 기다리는 순간, 커다란 대형 냉장고가 현관문을 통하여 들어오는 그 설렘이 가슴 따뜻하게 다가온다. 그동안의 불편함이 순식간에 사라지는 듯했다. 딸이 사준 냉장고는 더 크고 현대적인 디자인과 기능으로 우리 가족의 좋은 동반자가 되리라 생각한다. 새로 우리 가족이 된 냉장고는 가족의 건강을 지켜주는 풍성한 식탁을 꾸며줄 음식으로 차곡차곡 채워질 것이다. 예전보다 훨씬 큰 냉장고는 시어머니 제사 1주기를 지내고 남은 음식은 물론, 추석 차림으로 남은 음식, 과일, 채소 등 무엇이든 거침없이 받아들이며 우리의 식생활을 풍성하게 관리해주고 있다. 그래서 나는 굳게굳게 다짐했다. '냉장고는 단순한 음식 저장고가 아닌 우리 가족의 건강과 행복을 지켜주는 중요한 반려자로 여기고 더 무심하게 대하지 않겠다고'

냉장고 문을 열자 환한 미소를 나를 반겨주는 냉장고! 난 다짐했다 "앞으로 잘 부탁해, 이번에는 정말로 너를 아끼고 더 신경 써서 관리할게" 특히 딸이 사준 냉장고여서 귀여운 갑질을 해대는 딸의 재롱 섞인 너스레를 보면서 더 친해지면서 소중하게 여기도록 노력하겠다고….

손자들과 추억 쌓기

　세월은 언제나 빠르게 흐른다. 그 속에서 우리는 때로는 놓치고 때로는 붙잡으려 애쓰며 살아간다. 나의 시간 역시 그랬다. 아들, 며느리 손자들과 함께한 일상은 분주했지만, 그 속에서 피어난 행복은 그 무엇과도 바꿀 수 없는 귀한 것이었다.
　7년 전 아들과 며느리, 그리고 세 살의 어린 손자는 서귀포로 이사를 하게 되었다. 며느리 친정이 서귀포였고 아들도 서귀포 시청에 근무하고 며느리도 서귀포 시청에 근무하고 싶다는 바람을 가지고 있었다. 당시 나는 현직에 있었고 손자를 돌봐 줄 여건이 되지 않았기에 그들의 결정을 따를 수밖에 없었다. 서운함은 있었지만, 자신들의 길을 가는 모습을 지켜보며 묵묵히 응원할 수밖에 없는 상황이었다.
　서귀포로 이사 간 손자는 외할머니 손에서 심성 착하고 건강하게 잘 자라 주었고 가끔 제주시로 와서 가족들과 시간을 보내기도 했다. 그렇게 시간이 흐르고, 손자는 어느새 일곱 살이 되어 제주시에 자기 집을 마련하고 다시 이사를 왔다. 이사라는 건 언제나 쉽지 않은 일이었고 옛날부터 전해 내려오는 '손 없는 날'을 고려해야 했지만, 아이들은 그런 것보다 자신들의 편리함을 우선시했다.
　이사 날짜를 정하는 과정에서 스님의 도움을 받아 적절한 날을 새로 잡았다. 집을 옮기는 날과 본격적으로 새집에서 밥을 짓고 생활을 시작하는 날이 며칠 차이가 나게 되었지만, 우리 집 2층에서 며칠 밤을 보내는 방법으로 결정을 하고. 하지만 아들, 며느리는 불평 없이 따라 주었고 그런 모습이 참 고맙고도 흐뭇했다.
　이사 날은 제주도에 60년 만에 찾아온 한파와 대설주의보가 발령된 날이었다. 걱정이 앞섰지만, 다행히 무탈하게 이사를 마칠 수 있었다. 그날 하늘에서 내린 눈은 제주시를 하얗게 덮었고 그들의 이사를 축복해주는 듯 평화로운 분위기 속에서 서로의 온기를 나누며 첫날 밤을 보냈다. 안전재난 문자와 대중교통 경고가 연이어 날아왔지만, 그 모든 걱정은 가족과 함께 보내는 시간 속에서 녹아내렸다.

그날 저녁, 동네에서 사 온 갈비와 딸이 사 온 치킨을 먹으며 참으로 행복한 시간을 보냈다. 이제는 손자들을 5분 이내 거리에서 늘 함께 볼 수 있다는 생각에 마음이 한결 가벼워졌다. '솥단지'를 놓는 날, 진짜로 이사 한날은 모두 함께 아들네 집에서 요리 솜씨가 좋은 며느리가 끓여준 국수를 먹으며 정식으로 이사를 마무리했다.

가족이 함께하는 시간이란 언제나 소중하고, 그 속에서 우리는 서로를 더 깊이 이해하게 된다. 큰 손자는 이제 초등학교 3학년이 되어 혼자 모든 것을 해결할 줄 아는 의젓한 아이로 자랐다. 감성적이면서 여성스러운 면모를 가진 큰 손자는 동생을 무척 아끼고 귀여워 해주면서 형제의 우애를 키워나가고 있다. 반면 둘째 손자는 형과는 다르게 자기주장이 강하면서 남성적인 면이 강하다. 서로 다른 두 아이의 모습을 보며 그저 신기하고 감사한 마음뿐이다.

세월이 빠르게 흐른다는 사실을 실감하며, 공직생활을 마치고 손자를 돌보는 할머니로서의 삶을 시작한 지 4년 차 접어들고 있다. 일부 사람들은 손자를 돌보는 일이 내 시간을 뺏는 일이라고 생각하고 뒤 담화를 까는 분도 있지만, 나는 오히려 그 시간이 가장 소중하고 행복하다고 느낀다. 손자들의 재롱을 보며, 나는 세상의 모든 걱정을 잊고 온 세상이 내 것처럼 느껴지곤 한다.

나에게는 손자들과의 추억 쌓는 것이 가장 큰 기쁨이자 자부심이다. 그들과 함께 하는 시간은 그 무엇과도 바꿀 수 없는 소중한 시간이며, 손자들이 나에게 주는 사랑은 그 무엇보다도 크고 따뜻하다. 공직생활을 하며 바쁘게 달려왔던 시간과는 다르게, 이제는 천천히, 그들과 함께 시간을 보내는 것이

나의 새로운 삶의 목표가 되었다.

　이제는 두 손자와 함께 보내는 시간이 나의 일상이고, 그 일상이 나를 행복하게 만든다. 가족과 함께하며 서로를 이해하고 더 나은 내일을 향해 나아간다. 그들과 함께 하는 모든 시간이 소중하고, 그 시간이 쌓여 나의 삶을 더욱 풍요롭게 만든다.

　그러나 가끔 내게 묻는 이들이 있다. 손자 돌보느라 정작 본인의 시간은 잃어버리는 것 아니냐"고 말이다. 그때마다 나는 대답한다. '아니요, 손자들과 보내는 시간은 나의 것이며, 그 시간이야말로 내가 가장 소중하게 여기는 시간입니다' 손자들이 재롱을 부리고 우리 가족에게 웃음을 선물 할 때면, 세상의 모든 걱정은 사라지고, 오지 그들과 함께 하는 순간이 나의 모든 것이 된다.

　얼마 전 큰 손자가 나에게 말했다. " 우리 할머니는 천사예요" 그 한마디에 내 가슴은 뭉클해졌다. 늘 고마워하고 나와의 시간이 늘 행복하다는 표현을 하는 큰 손자와 애교를 떨며 나를 행복하게 만들어주는 둘째 손자의 재롱과 사랑이 담긴 표현을 들을 때마다 손자들은 우리 가족들에게 단순히 사랑스러운 존재를 넘어, 나의 인생에서 가장 큰 자부심이자 기쁨의 원천이다. 그들과 함께 하는 시간을 통해 우리 가족은 새로운 활력을 얻고, 날마다 감사하게 살아간다.

　돌아가신 시어머님께서 자주 하시던 말씀이 늘 뇌리를 감돈다. '아이 없이 돈만 많은 부잣집은 돈을 갖고 요리조리 장난하면서 놀아도 웃을 거리가 없는데, 다 쓰러져 가는 호롱불을 켠 초가집에선 웃음소리가 끊이질 않는다고, 바로 어린애들이 재롱부리고 있기 때문이라며'

　나는 이제 내 인생에서 가장 큰 선물을 받았다. 그 선물은 바로 손자들과의 시간이다. 그 시간 속에서 나는 새로운 의미를 찾고, 나의 삶을 더 깊이 바라보게 되었다. 그들이 자라나는 모습을 지켜보며 나는 하루하루가 기쁨으로 가득 찬다. 그리고 그들과 함께 하는 시간이 영원히 계속되기를 기원해본다.

초대수필 2

김정자

겨 묻은 개 똥 묻은 개 외 1편

수은주가 오르락내리락 하더니만 감기가 극성이다.

피곤하지 않도록 조심하며 이번 감기는 지나가려나 했더니만 콧물도 기침도 병원을 다녀왔는데도 일상생활에 걸그적 거린다.

옛날에는 콩나물국에 대파 흰뿌리를 많이 넣고 고춧가루를 넣어 매콤하게 끓여 먹으면 금새 자리를 툭툭 털고 일어났건만 요즈음은 면역력이 약해진 탓인지 세월 앞에서는 티를 낸다.

늘 내 자신에게는 그렁저렁 소홀히 해버리는 버릇이 나에 대한 편안함이다.

친구가 기운차리라고 죽을 끓여 와서는 한바탕 잔소리를 하더니만 생강에 대추 계피도 감기에 좋으니 챙겨 먹으라고 명령을 하고는 뭉그적거리더니 엊그제 일인데 자기가 생각해도 어이없는 실수를 해서 요즈음 남편과 냉전 중이란다.

며칠 전, TV를 보다 요즘 떠드는 시국 문제에 대책도 없이 떠들기만 한다며 신경질을 부리더니 갑자기 다섯 살 손녀를 앞세우고는 임진각을 가자하기에 주섬주섬 운전대를 잡고 자유로 입구를 지나는 순간, 손녀가 할아버지 '쉬 마려' 하는 소리를 듣고는 부근 주유소에 들려서 남편과 손녀를 내려주고 잠깐 기다린 듯싶단다.

잠시 후 한참 임진각을 향해 달려가는데 뒤 자석이 도란거리는 소리가 없이 조용해서 뒤돌아보니 텅 빈 자리, 조금 전 주유소에 내려준 기억까지는 생각을 했는데… 유턴을 할 수 없는 자유로! 겨우 임진각 가까이서 유턴을 하고는 화내고 있을 남편의 얼굴을 떠올리니 어떻게 떨려오는지 핸들을 부등켜 안고 달려서 주유소 앞쪽에 할아버지와 손녀의 꼭 잡은 두 손이 보이는 순간 휘청거려 핸들 잡은 손이 풀리더란다. 힘 빠진 손을 만지작거리며 주유소에 도착해 이들 앞에선 친구를 쳐다보며 남편의 한마디 '치매 환자의 고백성사는 누구에게 가냐'며 버럭 대고는 며칠이 지났음에도…
 돌아가는 친구의 뒤에 대고 '그래도 네가 먼저…', '아니야'
 좀 더 이대로 지내고 싶단다. 본인이 한 큰 실수지만 속 시끄러운데 병문안 와준 게 미안하고 고맙다

 친구 말이 아니라도 게으름 부린 내 자신에 죄스럽기도 해서 여기저기 쑤셔 넣어둔 감기에 좋다는 약재들을 찾아 모으니 제법 여러 가지다. 제일 큰 들통으로 물을 넉넉히 부어 아침 일찍부터 작정을 하고 불 조절을 해가며 하루 종일 정성을 쏟아 끓여 뚜껑을 열어보니 완전히 보약이다.
 한사발만 먹으면 감기가 뚝 도망갈 것 같아서 들통을 들어 싱크대에 거름망을 놓고 부으니 약물이 쭈르르 진하디 진한 국물이 많기도 하다.
 국물이 껄쭉하지 않도록 대추를 조심스럽게 손바닥으로 누르며 준비해둔 주스병 한 개가 넘으면 어디다 보관할까하며 싱크대를 내려다보니 한 방울도 없다.
 바닥에 양푼도 놓지 않은 채 거름망에 그대로 부었으니 하수구로 모두 흘러버린 것이다.
 눈을 감아 버렸다. 가슴이 하얗게 돼버린다.
 내려다보고 있는 고개를 들고 싶지 않았다.
 세상에 이럴 수가… 얼빠진 사람아.
 "추억을 먹고 사는 게 아니라 추억을 만들면서 사는구나!"

돼지꼬리 그 소년

　베개에 머리만 대면 잠이 오던 시절이 있었던가? 요즘 들어 밤잠이 늦장을 부려 가끔은 새벽이다. 밤바람도 요란하지 않은데 옥상의 녹슨 환풍기가 둔탁한 소리를 내며 돌아가는 소리도 잠을 쫓는다.
　뒤돌아보면 많은 아쉬움이, 하고 싶었든 일들이, 다시 만나고 싶은 얼굴들이 주체스럽게 떠올라 부끄럽게 눈물을 흘리기도 한다. 얼마큼 풀어가도 흘려버려도 끝이 없다.
　그러다가 일상이 유독 무료하다고 트집 잡고 싶을 때, 운동장 저쪽 끝에서도 나만 보면 고개인사에 손을 흔들며 가까이 달려와 주던 그 소년 '돼지꼬리'를 끌어온다.

　중학생들 집단상담을 하던 시절, 늦더위가 기승을 부리던 어느 날 아침 등교시간이었다. 성수역에서 학교까지는 걸어서 십여 분 걸리는데 크고 작은 공장 밀집지역, 오가는 트럭에 기계장비 차들 때문에 너무 번잡하고 인도가 없어서 갓길에 바짝 붙어 조심스럽게 걷는다. 가끔은 하이힐 뒷굽이 하수구 구멍에 박혀 아찔한 순간도 있어 여간 신경을 쓰며 오가던 길이다.
　학교정문을 바라보는 순간 갑자기 길옆 조그만 쪽문이 열림과 동시에 한 소년이 양푼의 물을 확 뿌려 온통 뒤집어쓰고 말았다.
　"야, 이 녀석! 무슨 짓이냐?"
　"선생님 죄송해요, 사람이 오는 걸 몰랐어요." 문고리에 걸려있는 수건을 가져와 스커트에 흐르는 물을 닦으며 수건을 또 하나 내미는데 들고 있는 손이 떨고 있었다.

"아니다. 너도나도 잘못이니 다음부터 조심하자. 아, 너 몇 학년이지?"

"선생님 저 일학년입니다." 순간 또 놀래고 미안했다. 어찌나 키도 몸도 작아서 초등학생인줄 알았다. 까므스레한 피부지만 다부진 체격에 미소를 머금은 깊숙한 눈길이 아주 귀엽다. '학교 가야지?' 하며 쳐다보니 입은 체육복은 늘어져 어깨가 다 드러났고 아랫도리는 팬티만 걸치고 있다.

"선생님 곧 갈께요." "그래 늦지 않게 서둘러라." 맑은 눈으로 대답하는 그 아이를 뒤로하고 학교까지 오는 길에 혼자나 움직일만한 부엌에 쪽방, 공장 처마 아래 집을 배경으로 오만가지가 궁금하고 어쩐지 안쓰러움이 가득했다.

그 무렵 교육부에서 정서교육 목적으로 각 학교마다 집단상담을 실시했다. TV에 '봉숭아 학당' 이라는 프로가 방영되고부터 수업 태도가 촬영장을 방불케 하고, 쉬는 시간 청소시간은 제대로 걸어 다니는 학생들이 드물 정도로 시멘트바닥을 누비며 '비보이'연습을 하는데 흉내도 좋지만 오금이 저리는데 아이들은 함성이 아니라 괴성이다.

상담교육을 받고는 사명감이 충만했으나 현실에 부딪치니 후회스러웠다. 삐딱한 성격들, 사춘기인지라 고등학생보다 더 힘들다. 90분 수업에 10명에서 15명 사이의 학생들과 진행하는데 대부분의 대화에 야유로 답한다. 이 녀석들이 우리의 내일? 희망? '이럴 수는 없다.' 모든 것을 보듬어 안았다.

일학년 학생들이 한 그룹이 되어 들어오는데, 호기심에 두리번거리며 시험 보느냐고 묻기도 한다. 망아지들 붙잡아 놓은 심정이다. 첫 프로그램은 자기 이름은 사용하지 않고 별칭을 지어 수업이 끝날 때까지 별칭으로 통한다. 별칭은 명사로 평소에 본인이 갖고 싶은 이름이나 존경하는 사람 사랑하는 사람 등등으로 지어 학교 명찰 위에 붙이고 서로에게 불러준다. 이순신, 세종대왕, 안중근, 하느님, 스티븐 스틸버그, 핑클, 등이다. 친구들에게 나를 소개하고 내 마음을 알리고 내 꿈을 자랑하는 시간이다. 순서대로 이 별칭을 정한 이유를 진솔하게 발표하도록 하면 즐거워하며 따른다.

몇 학생 뒤에 아주 작은 꼬맹이가 앉아있는데 별칭이 돼지꼬리다. 웃고 싶었지만 참고 있는데 어디서 본 듯한 기억이… 아! 나에게 물세례를…

씨익 웃으며 "저는 돼지꼬리입니다." 말이 끝나기도 전에 모두들 "너 그 이름이 좋니?" '병신' '등신' 난리법석인데도 생글생글 웃으며 "돼지꼬리 봤지? 얼마나 귀엽냐? 그리고 돼지가 꼬리가 없다면 돼지는 죽는다." 하고는, 이 이름은 자기가 축구가 하고 싶어 축구부에 갔더니 체육선생님께서 키가 너무 작다며 몇 가지 동작을 시키시더니 공을 모는 감각이 뛰어나다며 "야, 너 돼지꼬리 같구나. 공을 향해 뛰는 모습이. 야, 너 돼지꼬리!" 하시며 챙겨 주셨던 게 너무 행복했단다. "학교에서 돼지꼬리 모르면 간첩이에요." 모두가 이구동성이다. 별칭으로 이름을 부르고 최근에 가장 힘들었던 일, 슬픈 일, 가장 좋아하는 친구, 싫어하는 친구 등을 왜? 라는 답을 설명하며 쓰고, 그리고, 만들고, 대화를 나눈다. 상담 때 들은 이야기 중 가장 슬픈 얘기는 '돼지꼬리'의 엄마가 여름방학 때 돌아가셨다는 것이다.

기다리고 기다려도 아이들 입에서 바람직한 포부를 못 들을 때가 많지만 어려운 여건이 많은 그 아이들을 기도하는 마음에 맡겼다.

아빠와 단둘이 사는데 종이공장 제단사 일을 열심히 하시니 저도 뭐든지 열심히 잘하겠다고 묻지도 않았지만 막힘이 없다. 만날 때마다 다독거려줬다. 밥 잘 챙겨먹고 쑥쑥 커서 열심히 노력하면 보다 넓은 운동장에서 선수로 뛰어다니는 큰발뛰기 암시를 주며 물세례 받았던 쪽문 앞에서 헤어지곤 했다.

'밥해야겠구나?' "아니요, 식은 밥이 많아요."

운동장 어디에서고 눈에 띄면 나를 향해 축구공 구르듯 달려와 팔짱을 끼던 돼지꼬리! 운동장 체육시설 책임자 하라시며 체육선생님께서 축구화와 추리닝, 가방도 사주셨다고 좋아하던 녀석! 내 보기엔 이영표 선수를 꼭 닮았던… 그래서 요즘도 가끔 TV에 나오는 이영표 선수를 보면서 이름도 모르는 '돼지꼬리'를 생각한다. 축구 중계를 볼 때면 돼지꼬리 모양으로 공을 모는 선수가 있는지 눈을 비벼가며 들여다본다. 혹시나 지금쯤 넓은 초록 잔디에서 그 좋아하던 축구공을 돼지꼬리 모양으로 마음껏 차고 있으면 얼마나 좋을까?

'진탕 고생' 했던 그 시절의 으쓱함을 자랑할 수 있을텐데…

초대수필 2

김현찬

사랑이라는 이름으로 외 1편

도심의 봄을 느끼게 하는 건 아무래도 눈 덮인 가지 사이로 꽃피우는 매화의 장관이다. 울타리에 나란히 늘어선 노란 개나리도 희망을 주고 나지막한 산등성이 복수초 노루귀 바람꽃들 가녀린 모습도 살얼음의 마른 땅을 뚫고 올라와 산 오르며 기운을 돋구는데 마음속의 봄은 언제나 올지 모르겠다. 살면서 계절을 의식 안 해도 우리네 삶도 똑같이 계절 따라간다.

봄인가 하면 옷깃으로 스미든 바람이 감기를 선물하고 아이는 잔병치레하며 성장하고 어른들은 감기 한 번에 점점 기운이 없어진다. 자연환경뿐 아니라 제일 어려운 것이 인간관계인 듯 점점 건강도 생활환경도 변하여 주위에 풀리지 않는 실타래는 쌓여간다.

야생식물들도 잘 자라는 것 같지만 요즘 애완동물같이 반려식물이라고 하여 통풍, 흙, 물 주기, 일조량, 병충해 등 신경 쓰며 식물 키우기도 쉽지 않다. 식물의 새잎이 돋아나고 자라는 모습에 작은 행복을 느끼며 마음이 치유되는 듯 식물의 초록빛은 우리에게 힐링을 선사한다. 그들도 이성이 있는지 눈길 준 것이 어느 날 홀연히 예쁜 꽃을 피우면 참 반갑다. 하물며 옆에 있는 사람들도 서로 조금만 관심을 주면 달라질 수 있을 텐데….

작은 아파트 남향인 창가 좁은 베란다에 어머니는 방아잎과 게발선인장을 기르셨다. 잡초 같은 방아는 여름 삼복더위에 솜씨 좋은 할머니가 보양식을 만들 때 향신료로 그 잎을 넣었을 때부터 작은 화분에 애지중지 기른다. 겨울에 꽃을 피워 크리스마스 선인장으로 불리는 게발선인장이 신기하다. 선인장은 신경 덜 써도 된다고 게으른 사람이 키우기 쉽다고 해도 작은 관심이 필요하다. 빨간 꽃이 많이 피어 꽃말도 불타는 사랑이라는데 가시는 없는데 줄기들이 동글동글 게 발처럼 사방으로 늘어져 있다. 브라질이 원산인 여러해살이풀, 선인장 종류이나 실내에서 키워선지 여름이 아닌 겨울에도 선선한 10°C 내외에서 꽃을 피운다.

동식물도 무언의 표현이 있을 진데 그들은 소리로 대꾸가 없으니 사람들이 마음대로 움직이기도 하고 내버려 두기도 한다. 식물은 뿌리는 있어도 화분에 담아 이리저리 옮겨질 수 있고 애완동물의 경우는 조금은 교육해야 한다. 특히 사람과 가장 가까워 보이는 개는 지키는 습성이 있어 잘 길들이면 충견으로 행복한 가족(?)이 된다. 고양이와도 직접 소통은 없으나 이제는 길고양이들과 만남도 자연스러워 보인다.

IMF 여파로 급작스러운 지병을 얻은 체격이 좋으셨던 아버지를 병약한 어머니 혼자 간호하기 힘드신 것 같아 직장을 포기하고 답답할 때는 푹푹 담배 한 대 피우며 수발해 드렸다. 두 살 터울 형은 부모님이 마지막 기반이 있을 때 운 좋게 출가하여 발돋움한 울타리를 탈출하였다. 딸 하나와 내부 사정이야 어떻든 해외로 나가 생활한다. 단출하게 남은 동생 순둥이는 당연히 가족의 의무처럼 집안을 지키는 개가 되었다.

부모님들은 명문대를 나오셨고 빠지지 않는 외모를 갖추고 경제적으로도 한때는 수 탄대로 달리는 것 같았다. 철없던 시절 식구는 많지 않지만 무뚝뚝하다는 경상도의 친가와 상냥한 서울 외갓집이 만나 양가가 서울로 합쳐졌다. 큰아버지 한 분 있는 친가보다는 엄마의 동생인 이모와 삼촌이 있는 외가 쪽이 누나와 형님처럼 흉허물없이 가까웠고 이종사촌 여동생 둘이 생겨 어린 시절은 그런대로 화기애애하게 어울리며 자랐다.

청소년기를 넘어 성년이 되어서는 문제가 많아져 대화할 수 있는 사람끼리도 대화로 풀기 어렵고 뿔뿔이 흩어져버린 가족이라는 작은 울타리를 다시 생각하게 한다.

여름이 중간일 즈음 길을 걷다가 문득 주저리주저리 연보라색 향기 좋은 꽃 타래 늘어진 그늘을 만난다. 옛날엔 나지막한 언덕에 칡 향기와 가로수로 향기로운 아카시아 길도 많았는데 등나무 향기도 옛날 같지 않지만 그나마 향기가 퍼지긴 한다. 사랑에 취한다는 꽃말을 가졌다.

葛藤이란 해결의 실마리를 찾지 못하고 대립과 모순으로 뒤엉켜 버린 상황을 말한다. 갈등의 갈葛은 칡을 의미하며 등藤은 등나무를 의미한다. 왼쪽으로 감아 올라가는 칡과 오른쪽으로 감고 오르는 등나무가 함께 얽혀버리듯 개와 고양이가 이해관계가 달라 싸우던 시절도 사람에 길들여져 조금 달라진 것 같은데 막상 사람들끼리의 갈등은 쉽게 풀리지 않는다.

아버지가 가시고 난 뒤 부모님 품속에서만 있던 말 잘 듣던 순둥이는 갈 곳을 잃었다. 깔끔했던 아들이지만 얼마 동안 방 한구석 이불을 둘러쓰고 웅크리고 그사이 담배 가치가 한숨 대신 수북이 쌓여 고약한 냄새로 남는다. 어느 날 병약한 어머니가 남편 대신 의지하는 아들이지만 자신의 길을 가야 하는 결단을 세웠다. 부모의 울타리는 이미 더는 버팀목이 되지 못하고 갈 곳 잃어 허덕이는 순둥이에게 구원의 손길을 내민 사람은 작은 사업체를 가진 또순이 같은 여인이었다. 혼자가 된 그녀에겐 두 아이가 있어 아빠가 필요했고 작은 사업체는 혼자 힘으로 이끌 수 없었는데 우연히 도와주다가 누구와도 의논이 필요 없는 나이-어머니에게 의논해도 해결책이 없으니 사랑이라는 이름으로 갈등처럼 얽혀 버렸다.

　더는 나쁜 일만 생기지 않으면 다행이라고 생각하며 남긴 것이 없는 부모에게 원망이 가득한 채 어머니는 향기 잃은 등나무처럼 줄기만 남았으니 반려식물처럼 이따금 돌아보는데 재만 남은 모닥불이 되어 세월은 아무것도 기다려 주지 않았다.

　이제는 사람들의 상관관계는 반려 동식물만큼도 가족이라는 의식이 없어져 가나 보다.

　어머니가 기르던 베란다 꽃들은 가꾸는 이 없이 다 시들어 버렸다. 반려동물들도 장례식장과 추모관이 있다고 하는데 그리운 고향 속 부모·형제도 노래 가사 속에만 남는다. 세월과 함께 걷는 길은 사랑이라는 이름으로 동식물이 어우러진 새로운 구성체의 가족을 만든다.

　뛰며 춤추듯 달려온 기억 속 어딘가에는 비바람 폭풍에 시달려 풀리지 않는 실마리를 남기고 여름이 끝날 즈음 칡꽃과 칡의 향기는 10리를 갈 만큼 등꽃보다 향기가 진하다. 꽃말이 사랑의 한숨이라는데 사람에게 등나무 효능보다 더 이로운 식물이다.

그곳에 가을이 오면

후덥지근 무던히도 땀 흘리던 여름이 지나면 살랑살랑 하늬바람에 파아란 하늘 새털구름의 가을은 시원하고 둥근 보름달, 오색 물결의 단풍과 풍성한 열매들 생각은 한마디로 풍요롭다. 변덕스러운 태풍의 심술만 따라오지 않는다면….

유채꽃이 노오란 들판에 무표정한 모습으로 서 있는 또순이 사진, 그 여인의 얼굴은 웃는 모습이 아닌 무표정이지만 엄마 닮은 쌍꺼풀진 동그란 큰 눈은 우울해 보이지 않는 맑은 인상을 준다. 동그란 얼굴에 부지런해야만 한 그녀는 불혹의 나이인 한창때 어쩌다 딸 아들 두 아이를 남기고 먼저 하늘나라로 떠났는지. 46세 아직은 젊은 것으로 생각했고 먹고 사는데 신경 쓰느라 자신의 몸은 신경 못 쓰고 돌아볼 시간이 없었다.

철없는 부모 다툼 속에서 갑자기 초등학교에 들어갈 나이 다섯 살 여동생과 함께 새엄마(새엄마도 나름이건만)를 맞아 어려운 시절을 지내야 했던 여인, 구구한 사연으로 일찍 가정을 이뤄 섬마을에서 젊은 기운으로 자식들에겐 자기가 못해본 것들을 물려주지 않으려 간이음식점에서 잔일과 오토바이 배달까지 하며 열심히 살았다.

"쟤는 누굴 닮아 저런지 몰라" 일하는 곳에 애를 데리고 나오면 어느새 트램펄린을 즐기는 활달한 다섯 살의 큰딸을 보고 그녀는 힘들어했다. "에미 닮았구먼, 생김새부터 어릴 때 에미가 하던 짓이 똑같네, 너도 그랬어." 친정과 멀어져 삶에 쪼들려 애들 돌봐줄 사람도 없는 그 여인, 발랄하던 어린 시절을 보아왔고 그동안 지나온 시절이 안쓰러워 보여 모처럼 방문한 측근이 대꾸한다.

억척스럽게 아이의 달란트를 살려 딸을 멋쟁이 국가대표 댄싱선수를 만들고 국제대표로 막 빛을 보게 뒷바라지를 해주고 대학입시를 치르려던 때였다. 아래로 어렵게 낳은 귀한 아들 묵묵히 공부를 잘해 여기저기 상장을 받으니 귀여움을 독차지해 힘이 나고 엄마의 보람을 느끼며 이제 자랑스럽게 중학생이 될 순간이었다.

사고가 난 날은 두통이 좀 있었고 멀리서 찾아온 친구들과 모처럼 쉬는 시간을 만들어 잠깐 즐겁게 지낸 건데 친구들과 제대로 인사도 못 한 채 새벽 모두 잠든 시간 이별의 순간이 되었다. 먹고 사느라 자신의 몸이 어떤 상태인지 몰랐나 보다.

세상의 부모는 자식들에게 좋은 것만을 주고 싶고 자신이 걸어온 험한 길을 걷게 하고 싶지 않다. 모범적인 부모라면 말이다. 아버지는 외부 일에 신경을 쓰는 것으로 이해하니 어머니의 입장에서는 더욱 그렇다. 시대에 따라 달라지기도 하나 옛날 전쟁을 겪은 우리네 부모들은 경제적 사정이 가정파탄의 원인이 되기도 한다. 평범 소박한 생활, 조용히 사는 것이 행복한 소원으로 지나온 길 가시밭길 묵묵히 이겨내고 주린 배 졸라매며 아들딸 제 길 잘 찾게 되기를 원하지만, 요즘도 무자식 상팔자가 대세인지 혼자 사는 사람도 많다. 태어날 때 혼자 태어나도 기다려 준 사람이 있는데 갈 때는 순서 없이 어차피 혼자 가는 세상에 빈 몸으로 왔다가 빈 몸으로 가는 모습을 보면 새삼 이 세상 아무것도 귀중한 것이 없어 보인다.

'낯설고 외딴곳에 모셔두고 그리움 남겨두고 오는 길/ 하이얀 목련이 속절없이 후드득 떨어진 발 사이/빠끔히 얼굴 내민 난쟁이 제비꽃 한 무리 피고

지고/ 빗소리에 은은한, 아이야 사랑과 믿음으로 힘을 내어라'

하필이면 격변하는 시대 변천 속 일정시대에 태어나 신세대 교육은 받았고 내 나라말을 잃어버릴 뻔할 때에 다행인 것인지 외국어도 배울 수 있었고 고등교육을 받아 유학을 보내 주겠다는 꼬임(?)을 피해 서둘러 시집을 갔다. 쪽머리와 한복 시대 양반집 맏며느리이자 외며느리로 들어와 부엌에서 허리 못 펴고 온갖 살림 하며 독자 집안에 아들 셋과 딸 셋을 낳았다.

지금은 갈라진 반쪽인 나라 중부지역 조금 위에 살던 부부는 일가친척을 떠나(그때는 이별인 줄 몰랐겠지) 신세대 교육을 받아 공무원으로 수도인 중앙근무지에 발령되었고 땅은 내 나라이면서도 마음이 편치 않은 생활에 술과 여인들로 위로를 삼는 듯했다. 그러다가 해방이 되어 살았다! 했는데 분단되고 또다시 동족상잔의 비극으로 맏아들이 납치되고 남편은 무엇이 죄가 된 건지 눈치 보며 숨어 살아야 하는 생활이다.

나라가 흉흉하니 공무원인 남편은 숨어다니며 해군 군함을 마련해 주어 늦둥이 갓난이가 달린 여인은 싱거 재봉틀 하나 머리에 이고 제주도로 남은 네 아이와 홀로 피난살이를 한다. 아무도 없는 곳에서 어찌 생활했는지 짐작이 안 간다. 휴전이 되어 오고 싶지 않았지만, 아이들 때문에 서울 본가로 왔다. 조신해야 하는 어머니 시대는 부엌과 아이들 교육으로 허리 못 펴고 남편이 가정생활의 무능과 부정해도 큰 소리 못하고 자기 일만 하는 그런 때였다.

시대가 그러니 참고 산 날이 얼마나 심장이 불끈불끈 뛰어올라 괴로웠으면 자신이 끝까지 지킬 수 없으련만 딸들에게 "시대가 바뀌었으니 출가해서 남편이 할 일 못 하면 짐 싸 오라"고 했다. 그런데 남은 아들이 반전으로 불현듯 새 여자를 데리고 와 가슴에 못을 박았다.

그 충격에선지 반신불수 앉은뱅이 신세로 환갑이 지난 나이 노심초사 눈치 받는 막 초등학생과 다섯 살 두 손녀를 보듬어 줘야만 했다. 남편의 월급 제대로 받아보지도 못했지만, 그 주머니 믿고 살다가 그야말로 주부, 때로 막일도 했으나 무능한 자신 때문인 것 같아 모든 것이 내 탓이요. 내가 못나서 자식들 고생시킨다고 밤마다 울며 기도하는 안타까운 생활이다.

힘든 전쟁 시기에 사춘기였던 장성한 큰딸을 겨우 출가시키고 고생했던 딸도 잠시 숨돌리며 한때 든든한 버팀목인 사위는 고생하신 어머니 잘 모시겠다고 큰소리쳤었다. 두 아들 잘 키우며 생활했는데 잘 나가던 사위는 IMF라는 파편으로 힘들어졌다. 설상가상 세대의 교체인지 양쪽 부모들은 해를 거르며 하늘나라로 가셨고 디딤돌을 잃은 사위는 일어서려 힘을 썼으나 끝내 하늘나라로 갔다. 나쁜 일들은 한꺼번에 몰려오기도 하나 큰딸은 두 아들이 있어 남편 잃은 설움을 잊는 듯했지만 두 아들은 어차피 장가간다는 말에 걸맞게 한 가정을 이끌어야 할 남의 남편이다. 제 갈 길 찾아 가버린 집에 남은 건 혼자 설 수 없는 여기저기 이상이 생긴 자신의 몸 하나, 내 몸 하나 추스르기도 힘든데 갑자기 아직 젊은 첫 조카 딸의 부고가 날아든다. 나름 좋은 시절도 있어 하나 남은 남동생을 도와주며 가족들과 즐겁게 지내기도 했었다. 어머니와 함께 사춘기 때 피난살이 한 곳, 부산물로 수영을 배울 수 있었던 바닷가, 어머니 가신 후 조카딸을 보러 남은 가족과 잠깐 여행 갔던 순간이 눈에 스쳐 간다.

세상 삶이 이런 것이었다.

'가을에 하늬바람이 불게 되면 곡식이 여물고 대가 세진다.'고 한다. '비 올 때 바람이 서풍으로 바뀌면 곧 날씨가 갠다.'는 속담도 있다, 어쩌다 이 여인들 생일이 모두 가을인데 그곳에 가을이 오면 모두 모여 미련 없이 소풍처럼 풍성한 잔치를 즐기고 활짝 웃는 모습으로 보고 있을지 모르겠다.

초대수필 2

박순생

옆으로 가는 어미 게 외 1편

오늘도 무단횡단을 했다.

횡단보도 신호등에 빨간불이 들어왔음에도 불구하고 옆 사람 눈치를 보며 슬금슬금 앞으로 나간다. 가끔 초록불을 기다리며 서 있는데 다른 사람들이 건너가면 괜히 나만 손해 보는 것 같고 바보 같다는 생각이 들어 그냥 따라나선다. 그래도 이 정도는 애교로 보아줄 만하다.

아예 횡단보도가 없는 곳에서는 중앙 차선까지 가서 반대편 도로에서 달려오는 차를 가늠하며 느긋하게 건너는 여유를 부린다. 뛰지도 않는다.

버스가 정류장으로 들어오는 것을 보고 놓치면 큰일이라도 날듯이, 또는 횡단보도로 돌아가려면 너무 멀다는 변명거리도 안 되는 이유로 교통 법규를 어기고 다닌다.

지금은 훌쩍 자라서 어른이 되어버린 아들 녀석이 초등학교 저학년 때의 일로 기억된다.

'엄마는 나쁘다. 길을 건널 때는 횡단보도에서 신호등에 초록불이 들어왔을 때 오른손을 들고 길 양옆을 살피며 건너야 한다고 하셨다. 그런데 오늘 동네 농협에 가는데 엄마가 갑자기 내 손을 잡더니 빨리 뛰라고 하면서 무단횡단을 했다. 그리고 나보고 혼자서는 절대 무단 횡단하면 안 된다고 다짐을 받는다. 어른들은 왜 그럴까?' 아이가 그날의 상황을 일기로 써 놓은 것이다.

아이는 엄마뿐만이 아닌 어른들의 이런 행동을 수없이 보아왔음인지

'엄마'가 아닌 '어른'이라고 적어 놓고 있었다. 아이의 따끔한 충고는 한동안 약이 되었다.

　서울에 가면 아들 녀석과 외출할 때가 종종 있다. 지하철을 타려고 에스컬레이터에 올라 서 있는데 아이가 뒤에서 옆구리를 찌른다. 무슨 일인가 싶어 뒤로 돌아보면 뛰어 올라오는 사람이 있다. 얼른 옆으로 비켜선다. 가만히 서 있으면 위층까지 데려다줄 텐데 무엇이 그리 바쁜지 좁고 가파른 에스컬레이터 한쪽으로 뛰어 오르내리는 사람들이 있다. 자칫 잘못하면 넘어지거나 대형 사고로 이어질 것이 뻔하다. 바라보는 눈에는 아주 위태롭게 보인다.

　남들이 법규를 위반하는 것은 눈에 거슬리고 내가 저지르는 일은 아무렇지도 않게 생각되는 이 뻔뻔함을 어쩌랴.

　한적한 바닷가 모래사장에 게들이 여러 마리 모여 있다. 어미인 듯한 게가 입에 거품을 물며 소리 지르고 있다.

　"얘들아, 앞을 보고 똑바로 가야지."

딱, 숨만큼만

아주 작은 섬이 바다에 동동 떠 있다.

그 섬은 오직 한 사람을 위해서 출퇴근한다. 윤슬 가득한 바다 위에서 바닷새와 노닥거리다가도 주인의 숨비소리를 듣는 순간 온몸을 내어준다. 그리고 잠시 숨을 고르게 쉼터가 되어준다.

물속을 드나드는 이들의 생명을 보호해 주는 지킴이 같은 것. 해녀들에게는 태왁이라는 기막힌 발명품이 있다. 둥글고 커다란 목숨줄 같은, 물속으로 들어갔을 때 자신의 위치를 알리는 부표이자 자신만의 섬이다. 섬의 주인은 오직 한 사람이다.

바닷속을 생활 전선 삼아 뛰어드는 그들에게 태왁은 마치 여권과도 같다. 해외로 나가려면 꼭 필요한 문서이며 행여나 잃어버리기라도 하면 집으로 돌아오기 힘든, 가장 중요한 소지품인 여권. 마치 그것처럼 뭍과의 유일한 연결점이 되어줄 태왁 없이는 마음 편히 바닷속으로 들어갈 수 없다.

옛날에는 잘 익은 커다란 박속을 긁어낸 뒤에 그물을 매달아 물 위에 띄워 놓고 숨을 조절하며 바닷속을 드나들었다. 한때는 박을 유리공으로 대체하기도 하였다가 요즈음에는 둥그런 플라스틱으로 만들어진 것을 사용한다. 태왁에 달린 그물은 여행 가방 노릇을 톡톡히 해낸다. 여행 가방에는 명품들로 가득 채워진다.

건너편 아파트 복도에 주황색 태왁이 걸려 있다. 아마 번갈아 사용했던 듯 두 개가 보인다. 처음에는 하루 이틀 쉬겠지 하고 생각했는데 벌써 여러 달 지났다. 주인이 어디 아픈지 아니면 사정이 있어 일을 그만둔 것인지 궁금해

진다. 부디 별일 없이 다시 일터로 돌아가길 바라는 마음 한자락 보탠다.

제주가 고향인 내게 해녀들은 낯설지 않다. 비록 물질은 할 줄 몰라도 어려서부터 보아왔던 일들이라 그녀들은 내게 익숙한 친구이자 언니이며 이웃이다.

태왁에 의지하며 바닷속으로 여행을 떠난 그녀들 눈앞에는 어떤 세상이 기다리고 있을까. 그 신비로운 풍경은 그녀들에게만 허락된 것. 바다 밭에서 넘실거리는 해초와 그것들을 먹이로 살아가는 전복, 소라, 해삼 등 물속 생명들이 자라는 과정을 철 따라 가까이 볼 수 있는 것은 그녀들에게만 주어진 특권일 것이다.

갓 뭍으로 건져 올린 명품을 한 보따리 선물 받았다. 묵직하게 들고 와서 풀어보니 큼직한 소라들과 미역이 대야에 넘친다. 고마움과 미안함에 한참을 물끄러미 바라보았다. 이토록 많은 것을 건지려면 자맥질을 몇 번을 해야 하며, 또 물숨은 얼마나 뱉어내야 하는지. 그저 언니의 마음 씀씀이가 고마울 뿐이다. 이렇듯 가끔 고향의 해녀 언니를 둔 호사를 누리고 있다.

산책 삼아 나선 길에 해녀를 태우고 작업에 나서는 배들이 모여 있는 선착장으로 발길을 돌렸다. 천명호, 금성호, 부성호, 용성호, 금영호, 청용호 등 열 척의 배가 어깨동무하듯 옹기종기 모여 있다. 자세히 보니 배마다 기다란 장대가 꽂혀 있다. 평소에 못 보던 광경이다. 아마도 정월 대보름에 해녀들의 안녕과 만선을 기원하는 의식이 있었던 것 같다. 댓잎들이 하늘 향해 비손을 하고 있는 듯한 모습에 나도 마음을 보탠다.

해녀 배의 모습은 옆에 있는 다른 배들과는 조금 다르다. 언뜻 보면 배 위에 조그마한 집이 얹혀 있는 것처럼 보인다. 그것은 '불턱'이라 불리는, 해녀들이 물에 들어가기 전이나 후에 옷을 갈아입거나 휴식을 취하는 장소이다. 갑판 한쪽에 켜켜이 쌓여 있는 장작은 불턱 지붕 위로 굴뚝이 솟아 있는 것으로 보아 그 쓰임새를 짐작할 수 있다.

원래 '불턱'은 해안가에 돌담을 둘러 만들어진다. 하지만 배를 타고 조금 먼

바다로 나가서 작업을 해야 하는 이곳의 형편상 배 안으로 들여놓았다고 한다. 불턱은 단순한 휴식 공간일 뿐만 아니라 경험에서 우러나오는 정보를 주고받고, 집안의 대소사와 가족들의 이야기를 나누는 곳이기도 하다.

가끔 운이 좋은 날이면 물질 나갔다가 돌아오는 반가운 얼굴들을 만날 수 있다. 그네들은 가방을 메고 배에서 내려 뭍으로 오른다. 메고 있는 가방에는 빈 도시락이 달그락거리고 있을 테고, 손에 들고 있는 검은 봉지에는 저녁 찬거리나 남편 술안주 감으로 군소나 문어 한 마리쯤 들어 있으리라. 발걸음이 바쁘다. 얼른 집에 가서 식구들 저녁도 챙겨야 하고 미뤄 두었던 일상의 일들을 처리해야 한다.

두 달에 한 번 만나는 친구들이 있다. 열다섯 사람 중에 나만 빼고 모두 물질을 하거나, 도중에 건강이 좋지 않아 그만둔 친구들이다. 제주에서 뭍으로 일자리를 찾아 나섰다가 통영에 정착한 친구들이다. 친구들 만나는 날은 무장해제 되는 날이다. 우리들만의 언어로 떠들어도 못 알아듣는 이 없고, 속에 감춰두었던 비밀스런 이야기에도 흉보는 사람이 없다.

집안이 어려워 물질을 배웠고 배움의 시기를 놓쳐버린, 하여 자식들에게는 자신들이 받았던 멸시와 아픔을 주지 않으려 저승으로 돈을 벌러 나섰고 이승에서 보란 듯이 자식들을 잘 키워낸 소중한 친구들이다. 건강한 해풍 미인들, 그 얼굴에 자리 잡은 주름이 아름답다. 하얀 이를 드러내고 웃음 짓는 모습에 애잔함이 묻어난다. 오직 바다 한곳만을 바라보며 살아온 그녀들이다.

욕심부리지 말고 살아야 한다는 지극히 단순한 지혜도 함께 알려준 친구들이다. '딱, 숨만큼만' 물속에서 버티다가 나와야 한다는 그녀들만의 원칙처럼.

그녀들의 여권에는 유효 기간이 없기를 바라는 마음을 오늘도 출렁이는 파도 위에 살포시 얹어 본다.

초대수필 2

안재덕

거제도 1 외 1편

거제 본섬을 제외한 73개의 크고 작은 섬이 있다. 총면적은 403.86㎢ 본섬 면적은 382.2㎢, 동서 간으로 27.45㎞ 남북 39.75㎞ 임야 69.3%, 농경지 15.4% 대지 4.3% 기타 11.0%를 차지하고 있으며 해안선은 2021년 기준 약 443.8㎞ 된다. 분명 섬인데 강처럼 그리 넓지 않은 바다가 서쪽으로 흐르고 있어 통영시와 연결된 구 거제대교와 신 거제대교가 놓여있다. 언뜻 봐서는 육지나 다를 바가 없다. 북쪽으로는 부산과 연결된 거가대교가 연륙 되어 육로운행이 자유롭다. 섬이 많고 몽돌, 모래해변, 해식애가 발달해 평지가 드물고 500~600m 되는 화강암 산들이 많고 경사가 심하다.

온난습윤기후로 겨울에는 북서계절풍 영향이 덜하고 여름은 남동계절풍의 영향을 받아 쿠로시오 난류가 대한해협을 통과하므로 장승포 지세포 일대는 겨울철 평균기온이 높은 편이라 눈이 잘 오지 않는다. 어쩌다 눈 내리는 날이면 야단법석을 떨게 된다. 실제로 2003년 12월에 1cm 적설량으로 교통이 통제되고 출근을 못하는 사태가 발생하기도 했다. 장마와 태풍 영향을 자주 받아 연평균 강수량이 2,100mm쯤 된다. 기후 온난화 영향을 받아 강수량이 줄었다지만 그래도 국내에서 가장 많은 비가 내리는 곳은 거제가 아닐까 싶다. 내륙에 비해 강수비율이 고른 편이다. 그 덕분에 아열대 식물이 잘 자라 남부면에 가보면 해안가 중심으로 야자수, 파인애플 재배를 많이 하고 아열대 어종도 서식한다. 남동쪽 위치한 홍섬은 일본 쓰시마 섬과 가깝다.

서울남부시외버스터미널에 가면 거제도 가는 버스가 30분 간격으로 있다. 우등버스 타면 KTX 특실처럼 취침도 가능하고 다양한 프로그램이 의자 앞 화면을 통해 눈과 귀를 즐겁게 해 주어 5시간이 지루할 틈을 주지 않는다. 승용차로 대진고속도 달리다 보면 중간에 인삼랜드, 덕유산, 함양, 산청, 고성휴게소를 보게 되는데 짧은 휴식과 다양한 음식을 골라 먹는 재미 또한 쏠쏠하다. 제주도 다음으로 큰 섬 '거제' 둘레 길 700리 둘레 길로 치자면 제주도 둘레 길과 비슷하다. 둘레 길을 돌다 보면 해수욕장 천국이다. 학동, 구조라, 와연, 중림, 여차몽돌, 명사, 덕포, 흥남, 황포해수욕장 등 섬을 뺑 돌아가며 진을 치고 있다. 이 중 한 곳을 소개하라면 단연 학동몽돌해수욕장을 소개하고 싶다. 해변 면적은 3만㎡, 길이는 1.2km, 폭은 50m로, 거제도 남쪽에 있다. 몽돌이 깔린 해변이 해수욕장으로 활용되며 몽돌이 쫙 깔려 있어 남녀노소 누구나 수영하며 즐길 수 있다. 텐트 치고 자다 보면 밤새도록 파도와 밀고 당기는 몽돌 구르는 소리에 여운이 남는다. 뒤쪽으로는 가면 노자산 자연휴양림이 있다. 정상에 오를 수 있도록 케이블카가 도와주기도 하고 도보로 땀 뻘뻘 흘리며 정상에 당도하면 남해바다가 한눈에 들어온다. 노자산 자연휴양림은 여름철 가족 동반으로 와서 여름 나기로 딱 좋다. 숙식도 가능하고 계곡에 발 담그며 수박 먹는 맛은 둘이 먹다 하나 죽어도 모를 만큼 시원하다. 가을 단풍은 붉다 못해 산 전체가 검붉은 단풍색깔이다.

북쪽으로 도장포 마을이 있고 옆으로 언덕이 있는데 여기가 그 유명한 바람의 언덕이 있다. 2002년부터 바람의 언덕으로 불리게 되면서 TV드라마 '이브의 화원'(2003년), '회전목마'(2004년), 영화 '종려나무 숲'(2005년) 촬영을 했고 2009년 5월 KBS 2TV 인기 예능프로그램 1박2일이 촬영하면서부터 전국에 알려지게 되었다. 주변에 신선대와 거제해금강이 위치해 관광객들이 찾는 필수 코스가 되었다.

고현 시내 포로수용소가 있는데 뒤편으로 계룡산이 병풍처럼 펼쳐있다. 566m로 그리 높지 않지만 산세가 험하고 닭벼슬처럼 생겼다 하여 '계룡산'이라 부른다. 도보로 오를 수도 있고 모노레일 타고 오를 수도 있다. 전망대 도착하면 콘크리트로 지은 포로수용소 막사가 헐벗어 벽만 서 있는데 동족상잔의 비극을 지금도 그대로 보여주고 있다. 산 아래 전경이 한눈에 들어오는데 포로수용소, 삼성조선, 골프장이 파노라마처럼 펼쳐져 있다. 힘들게 도보로 정상에 오르면 희열을 느끼기 충분하다.

김영삼 대통령 생가 뒤편으로 대금산이 있다. 봄 되면 진달래꽃을 장식해 놓고 김소월 시 한 소절을 낭송해 보라며 조르고 있다. 옥녀봉, 국사봉이 한화오션을 품었다면 망산, 가라산, 북병산은 암탉이 병아리 날개 모으듯 외도, 지심도, 해금강, 소매몰도, 장사도, 칠천도, 홍섬을 품고 있다. 여기서 낚시 마니아에게 짜릿한 손맛을 주는 홍섬에 가보라 권하고 싶다. 감성돔이 대물로 출몰하기 때문이다.

한때 불철주야 뱃길 안내하던 서이말 등대는 위성시대에 할 일 없는 실업자 신세가 되어 우두커니 서서 오고 가는 배만 쳐다보고 있다. 겨울철 동백꽃군락지가 벗을 자청하고 3월 말에서 4월 초 공곳이 수선화 꽃이 관광객을 초청하여 잔치를 벌리지만 서이말 등대는 그림의 떡이다. 양지암 등대 또한 예외는 아니다. 춘 삼월 되면 조각공원에서 장미축제도 하고 능포 항에서 가두리 낚시터를 만들어 놓고 한 시간에 2만 원 입장료 내면 낚싯대를 대여해주고 미끼도 주니까 청춘남녀가 빈손으로 와서 즐기는 모습 부럽기만 하다.

외포로 오면 시원한 생대구탕 한 그릇이 속을 확 풀어 줄 것이다.

거제 2

'거제'는 어머니 품 같은 곳이다.

우리 역사에서 귀향 보냈다 하면 거제로 보냈고 이순신 장군 첫 승전지가 거제 옥포대첩이다. 그뿐 아니라 6.25 전쟁 당시 포로수용소가 거제 고현에 있다. 흥남 철수작전 당시 피난민을 받아 준 곳 또한 거제 장승포이기 때문이다.

장승포 주민은 6.25 전쟁 당시 피난민이 몰려오자 마구간을 방과 부엌으로 개조해 주었고 콩 반쪽도 나누어 먹으며 버텨 냈다는 산 증인들의 이야기 들으니 눈물이 난다. 선조들께서 베푼 덕일까? 장승포는 관광도시로 변해있다. 선착장에서 유람선 타고 외도, 해금강, 지심도 동백섬을 관광하며 담아 놓은 추억을 꺼내 보는 사람이 많을 것이다. 하지만 잊지 말아야 할 것이 있다. 지금 우크라이나와 러시아 전쟁이 그렇고 팔레스타인과 이스라엘 전쟁으로 애꿎은 어린이, 여성, 노인이 죽어가고 있다. 그런가 하면 도시가 피폐해지는 것을 보니 남의 이야기가 아니다. 지금 우리나라 정치는 대립으로 양분되고 갈등이 고조되고 있다. 이러다 큰일 나겠다 싶어 잊혀가는 흥남 철수작전 과정을 증인 입을 통해 기술해 보고자 한다.

1950년 12월 흥남철수 작전으로 거제도 장승포에 도착한 피란민은 14,005명이었다. 정든 고향과 친지, 재산을 다 버리고 자유와 평화를 찾아 배에 몸을 싫은 피란민들은 삼 일간 물 한 모금, 밥 한 숟가락 먹지 못하고 추위와 굶주림에 떨며 장승포에 도착했다. 거제시민은 이들에게 따뜻한 온정과 보금자리를 베풀었고 덕분에 낯선 타지에서 피란민 생활은 용기와 희망을 품을 수 있었다. 수심이 깊고 넓은 들판인 거제도에 기적과도 같이 찾아온 이들 생명의 불꽃의 삶이 오늘날까지 감동적인 인류애에 동포애의 감동으로 남았다. 피난민들은 살기 위해 택한 길 누구보다 열심히 새로운 터전을 가꾸었고 그 안에서 함께하는 따듯한 겨울을 보내었다.

흥남철수작전

1950.6.25 전쟁의 시작 - 1950.9.15 인천상륙작전 - 1950.10.08 중공군 참전- 1950.12.23 현봉학의 설득 - 1950.12.23 무기를 버리고 사람을 태우다 - 1950.12. 23 흥남항폭파 -1950.12.23~25 김치 5 탄생 - 1950.12.25 장승포항 도착했다.

장진호 전투에서 많은 피해를 입은 국군과 유엔군은 1950년 12월 원산이 적중에 넘어가 퇴로가 차단되자 흥남부두에서 최대규모의 해상철수작전을 진행했다.

당시 철수하는 미군과 한국군을 따라 20만 명이 넘는 피란민도 모여들었다. 국군과 유엔군을 비롯하여 30만 명이 넘는 인파가 흥남에 모여들었지만 철수하는 부대와 무기, 장비를 수송 해야하는 배에 피란민을 위한 자리는 없었다. 살을 에는 듯한 추위와 진격해 오는 중국군에 의해 모두가 절망에 빠져 있던 때 국군 제1군단장 김백일 장군과 통역인 현봉학은 미 제10 군단장 알몬드 장군에게 피난민도 승선시켜달라는 간곡한 요청을 하여, 10만 명의 피란민도 탈 수 있었다.

특히, 메러디스빅토리호의 선장 레너드라루는 무기와 화물을 버리고 1만4천명의 피난민을 거제도까지 무사히 이송하였다.

정원주(1911~) 증언

"우리 뒤주 방에도 피란민들이 몇 명 있었어. 양식은 배급이 되었지만, 그 사람들 참 불쌍했지 뭐. 고향에서 금붙이라도 가져온 피란민들은 이를 밑천으로 장사를 했지만, 대부분 돈이 없으니까 산에서 나무를 해서 팔거나, 막노동을 했어, 그런 일거리도 거의 없었어." -출처: 월간조선 2005.7

어렵게 배에 오른 피란민의 대부분은 며칠 혹은 몇 달 피해 있다가 유엔군이 북진하면 고향에 들어갈 수 있으리라 생각했다. 피란민들로 가득한 배는 발 디딜 틈이 없었다. 배의 아래 칸부터 실린 사람들은 군용 차량, 기름통 틈에서 지내야 했다. 갑판 위에 자리 잡은 사람들은 차가운 바람과 높은 파도를 내내 맞아야 했다. 물도 없이 굶었고, 용변은 앉은자리에서 해결했다. 이 비극적이고 처참한 상황 속에서도 산모들은 아이를 낳았다. 그렇게 삶은 이어졌다. -출처: 대한민국 역사박물관

양승호(1910~) 증언

"우리가 탄 배가 피란민을 실은 첫 배 같았어. 장승포 경찰서에서는 피란민들을 어디에 어떻게 수용해야 할지 몰라 당황했지. 경찰은 일단 우리를 인근 초등학교 교실에 배치했어. 그리고 다음날부터 피란민을 실은 배가 막 쏟아져 들어왔어." -출처: 월간 조선 2005.07

이경필(1950~) 증언

메러디스 빅토리호에서 12월 25일에 태어났다. 그는 3일간의 항해 중 태어나 '김치'라 이름 붙여진 5명의 아이 중 하나였고, 지금도 거제에서 살고 있다. 그의 부모는 '평화사진관'과 평화상회를 운영했다. 흥남을 탈출한 그들에

게 '평화'는 무엇보다 소중한 메시지였다. 그는 현재 가축병원을 운영하며 '평화' '은혜' '나눔'의 전도사로 활동하고 있다.

"예전에 만나면 앞바다에서 태어났다고 많이 얘기하거든요. 저 같은 경우에는 얘기 들어서 아는 거지, 갓난아기가 뭐 기억이 나겠습니까. 보통 만나보면 피난 오다가 배에서 났다는 얘기 많이 합니다. 저야 뭐 압니까. 피난 온 시간 하고 제 나이 똑같으니깐 제 나이 계산하면 이북에서 피난 온 시간 하고 같다고 합니다.

-출처: '장승포도시재생센터'
* 거제시 장승포 기적의 길에서 자료 참조하였습니다.

초대수필 2

이율녀

이집트 청년의 교훈 외 1편

　왕년의 기억 중에 미국 대선 무렵이면 국내의 언론들은 으레 미군철수라는 용어에 민감하게 반응하며 미국내 정치 상황 등을 특집으로 방송하곤 하였다. 지금도 다르지 않지만, 지구상 유일한 분단국가로서 안보상 취약한 우리나라의 입장이고 보니, 후보들의 공약 중 주한 미군 부분에 촉각을 세울수 밖에 없는 것이다. 어딘지 속상하고 답답한 분위기의 와중에 어느 날 티비 프로그램에서 모 개그맨이 던진 말 한마디가 회자되며, 나도 모르게 웃음이 지어진 일이 있었다. 서툰 영어발음으로 미군 흉내를 내며 하는 말이 "우리 미군 중에는 철수가 없어요. 찰스를 철수라고 하지 마세요. 제발 부탁이니 철수 철수라고 하지 마시라니까요" 미군철수에서 철수라는 단어를 패러디한 그 한마디 조크로 우울한 분위기가 반전되는 미묘한 카타르시스를 느꼈던 적이 있었다. 경직성을 완화해 주는 유머의 윤활유 역할이 특별하게 느껴짐과 동시에, 경계를 허물어 소재를 찾아내는 기발함과 창의성이 돋보였다. 그 당시 유머의 소재가 되었던 그 찰스가 이제는 미군에서 뿐만 아니라 우리 이웃 안에서 흔하게 만나볼 수 있는 세상이 되었다. 단일민족, 배달의 민족이라는 단어가 우리 민족의 정체성을 상징하던 시대에서 이제는 완연히 달라진 사회 분위기로 격세지감을 체감하게 되었다. 오늘날은 국내 장기 체류 중인 외국인 주민이 220만명이 훌쩍 넘어 우리 사회의 주요한 구성원으로 자리잡을 수 있도록 관계부처, 지방자치단체가 함께 노력하고 있다고 한다. 더 이상 피부색이나 인종 등이 중요하지 않은, 우리 사회가 글로벌화 하고 있음을 보여 주고 있다. 이분들을 더불어 함께 살아가야 할 이웃으로 보게 되는 관점을 확장시킨 〈이웃집 찰스〉라는 텔레비전 프로그램을 나는 즐겨 시청한다. 물론 여러 매체에서 유사한 내용을 소재로 인기를 모으고 있으니, 이 역시 시대상을 반영하고 있는 것이다. 결혼이나 취업 또는 내전이나 신념 등 여러 사연으로 멀고 먼 우리나라에 정착하여 이방인으로서 이 땅에 적응하며 힘차게 살아가는 모습은 많은 용기와 위로를 준다. 며칠 전에는 이집트 청년 이야기로 감동을 받았다. 이집트인 아버지와 러시아인 어머니 사이에서 태어난 청년의 이야기이다. 그는 태어나고 자란 우리나라에서 초. 중. 고등학교를 졸업하고 지금은 외국인 최초로 국립대학인 체대에 입학하여 2학년에 재학 중이다. 21살 레슬링 선수인 청년이 대한민국 국적 취득을 위해 고군분투 노력하는 모습이 일상과 함께 그려지고 있었다. 중학생과 고등학생 시절 이미 두 번의 국적 취득을 시도하였다가 실패를 경험했다고 한다. 외국인 신분이라서 대회 출전에 제약이 많아 꿈을 펼치기에는 많은 어려움이 있어서 세 번째 신청을 시도하고 있는 것이다. 국적 취득 심사 면접실에서 귀화 사유를 묻는 인터뷰에 답하는 모습이 인상적이었다. 그는 레슬링 국가 대표 선수가 되어 태극마크를 가슴에 달고 대한민국의 국위를 선양하고 싶다고 했다. 청년의 우선 목표는 체육특기자로 특별귀화의 조건을 충족하는 것이다. 올림픽대회, 아시안게임, 세계선수권대회 등 각종 대회에서 마음껏 뛰기 위한 우선 조건으로 당면의 목표가 국적 취득인 셈이다. 대한민국 국민이라면 아무런 노력 없이 태어나는 순간 그저 얻어지는 국적이 청년에게는 넘어서야 할 최대 과제로 땀방울을 흘리며 노력하고 있었다. 청년이 이방인으로 이 땅에서 살면서 주변과 환경을 탓하고, 벽 앞에서 무너질 수 밖에 없는 이유를 대라면 어찌 한 두 가지일까? 그 역시 사춘기에 방황한 적이 있었다. 중학생 시절에는 실망하여 운동을 접으려 할 때도 있었다. 당시 지도교사가 붙잡아 준 일에 그는 지금도 고마워하고 있었다. 선생님은 포기하려는 그의 꿈을 다시 살려준 고마운 은인이시다. 선생님이 사랑으로 붙잡아 주었고, 그 내미는 손에서 청년은 용기를 얻은 것이다. 그를 지지하는 주변 은인들의 공통된 말은 청년의 장점은 강인한 체력과 함께 성실이라고 했다. 청년이 성실성을 갖고 태어났는지 아니면 성장 과정에서 체득한 건지는 모르겠으나 성공을 위해서는 반드시 필요한 최상의 덕목이 맞다. 청년은 꿈을 위하여 걸어서 올라가기도 힘든 계단을, 두 명의 동료를 어깨에 메고 오르는 혹독한 훈련을 하기도 한다. 그 청년 뿐만 아니라 대부분 운동선수이 그렇게 힘든 훈련을 통하여 금년 파리 올림픽대회에서도 기대 이상의 우수한 결과를 얻을 수 있었을 것이다. 청년의 이집트인 아버지는 아들이 축구 선수가 되기를 바랬지만, 본인이 레슬링 선수를 원하여 지지한다고 하였다. 결코 평탄하지 않았을 성장 과정을 잘 극복하고 차근차근 꿈을 이루고 있는 그 청년을 응원하게 된다. 아울러 한 살 터울의 남동생 역시 같은 운동을 하고, 서로 믿고 의지하는 모습이 보기 좋고 감사한 일이다. 같은 길을 걷는 동료이자 힘을 주는 형제가 곁에 있다는 것은 서로에게 커다란 자산일 것이다. 우애를 소중하게 생각하면서 서로에게 힘을 얻어 두 청년이 모두 성공하여 코리아 드림을 이루었으면 좋겠다. 마음 속에 간절히 원하면 반드시 이루어진다라는 뜻으로 청년이 신발에 새겨 두고 다짐하는 유지경성이라는 사자성어처럼 꾸준히 도전하고 결실을 맺어서 소원대로 가슴에 태극마크를 달고 세계를 누비며 멋진 성인으로 성장하리라 믿는다. 역경을 디딤돌로 삼아 자신만의 드라마를 쓰고 있는 청년의 모습에서, 거센 물살을 거슬러 솟구쳐 올라가는 한 마리 연어의 생명력이 전해지는 역동성을 느낀다.

역경 앞에서 느끼는 고통은 분명히 존재한다. 그러나 고통을 디딤돌 삼아

도전하는 그 과정과 자체가 인생을 풍요롭게 하고 보는 이에게 감동을 준다. 저명인사 초청 강연에서 전 WBA 주니어페더급 챔피언 홍수환의 강의에 참석한 기회가 있었다. 그는 자신이 3라운드 쯤에서 아주 쉽게 챔피언이 되었다면 지금쯤 국민들이 자신을 모두 잊었을 거라고 했다. 4전 5기로 네 번이나 쓰러져 이제는 다들 희망이 없다고 생각할 때 다시 일어나 승리했기 때문에 나를 기억해 주는 것이라고 했다. 고통과 역경을 디딤돌로 삼아 성공한 독보적 본보기가 되고 있는 것이다. 자신을 돌아보는 성찰의 시간을 갖게 된다. 내려다 보는 고희 정상에서는 올라온 높이 만큼 시야의 범위가 넓어져 세상을 더 넓게 볼 수 있는 장점이 있다. 이쯤에서 깨닫는 것 하나는 세상 어떤 사람에게도 완벽한 만족은 없다는 것이다. 이젠 눈앞에 보이는 상황의 이면을 드려다보고, 본질에 숨은 뜻을 찾아 마음을 비워내기 위해 노력할 일이 과제로 남아 있다. 바람이 언제 어디에서 오고 어디로 갈지 알 수 없듯이 헤아릴 수 없는 변수가 늘 존재했고, 또한 찾아 올 것이다. 청년이 이 땅에서 태어난 것을 바꿀 수 없듯이 또한 그것을 디딤돌 삼았듯이, 살아있는 동안 벗어 날 수 없는 것이 고통이라면 고통의 위치를 머리에서 발밑으로 바꾸어 디딤돌로 삼기 위해 노력하자고 스스로에게 다짐해 본다.

소통의 열쇠는 이해

주일날 성당에 갔다가, 마침 일본 선교를 마치고 안식년을 맞아 본당을 방문한 신부님의 집전으로 미사에 드리게 되었다. 일본과는 우리나라의 선교사제 파견으로 인천교구와 일본 후쿠오카교구가 인연을 맺어 지난해에는 첫 교구장 상호 방문으로 교류의 물꼬를 트고, 이를 계기로 소통과 협력으로 건설적인 미래를 위해 양국이 함께 노력하기로 했다고 한다.

신부님은 일본에서 6년 동안의 선교 사목 중 단 한 사람에게 세례를 베풀 수 있었다고 한다. 입교 신자가 그 정도로 귀한 만큼 선교가 어렵다는 뜻일 것이다. 신부님이 사목하신 그 지역에서는 본당의 60명 신자 중 외국인 근로자가 절반이라고 하니, 이국땅에서 외로움과 고된 노동으로 수고하는 필리핀이나 베트남 등 동남아 근로자 신자들의 안식처로 큰 역할을 하고 있음을 알 수 있다.

일본의 사목 상황을 설명할 때는 매우 놀라웠다. 신앙공동체인 교회 신자들의 대표격인 사목회장이라는 사람은 본인의 집에서 신사와 불교 그리고 십자가를 함께 모시고 있다고 한다. 그리고 주일 미사 후에는 '다음 주에는 절에 간다'는 말을 공공연하게 한다고 했다. 일본인은 태어나면 신사, 결혼식은 교회, 그리고 죽어서는 절에 간다는 말이 그래서 나온 말인 것 같다.

유아 시절부터 집 근처 교회의 주일학교에 다니면서 십계명 중 〈나 외에는 우상을 섬기지 말라〉는 말을 제일 계명으로 듣고 자란 나에게는 매우 당황스러운 말이었다. 그러나 우리 생각과 달리 일본에서는 한 사람이 다종교를 믿는 일이 전혀 이상하지도 않고, 일반적이라고 한다.

일본 고유의 전통 종교인 신도 및 불교국가인 일본은 다른 국가와 달리 기독교 신자들이 인구에 비례해서 유난히 적다고 한다. 이는 종교의 자유가 없는 공산주의 국가 북한보다 더 적은, 인구 대비 1퍼센트가 조금 넘는 정도라는 게 의아한 일이다.

세계적으로 성탄절이 공휴일이 아닌 나라는 일본뿐이라는 말도 있다. 주간에는 일터에서 일해야 하는 외국인 근로자들이 성탄 미사를 밤에 드릴 수 있도록 신부님께 부탁을 하고, 그리고 늦은 시간에 드리는 성탄 미사에서 감격해하고 감사의 눈물을 흘린다고 한다. 또한 각급 학교는 대부분 성탄절에 운동회를 하거나 여러 행사를 치루기도 한다고 한다. 명색이 종교의 자유가 있는 나라에서 그럴 수가 있나 생각이 들지만, 일본인들은 정치와 종교가 분리된 나라에서 특정 종교의 축일을 공휴일로 한다는 것은 모순이라고 생각한다는 것이다. 우리나라의 경우 성탄절도 석가탄일도 모두 공휴일이니 크게 대비되는 부분이다.

세계의 대부분의 나라가 원시종교의 대표적인 형태로 모든 존재물에 혼이나 영혼이 있다고 믿는 에니미즘이나 조상숭배를 믿다가 좀 더 체계적인 고등 신앙으로 전환하는 경우가 일반적인 과정이라면, 일본만은 예외로 독특한 종교관을 갖고 있음을 알게 되었다. 일본인 자신이 스스로 무신론자이며 종교가 없다고 답하는 비율이 70퍼센트 정도라고 하면서도 새해 첫날에는 신사에 가서 예를 바치고 있다고 한다. 최근 문화원에서 만난 일본인 친구는 어렸을 때부터 명절에 부모님과 함께 신사에 가서 소원을 비는 것이 너무나 당연하고 자연스러운 일이었다고 했다. 신사는 종교 이전에 도덕이고 문화라고 생각한다는 것이다.

사실 일본은 16세기에 포루투갈 상인들에 의해 우리나라보다 훨씬 빨리 기독교가 전해진 나라였고, 한동안은 서양 문물을 선호한 정치 지도자에 의해 인구의 20프로가 기독교를 믿는 나라였다고 한다. 그러나 왕권 강화를 위해 제정일치 이데올로기를 채택하는 과정에서 정치적인 목적으로 토요토미 헤데요시에 의해 기독교 박해가 시작되었다고 한다. 당시 수많은 순교자들이 매우 참혹하게 희생되었다고 한다.

신사를 종교 이전 전 국민 행동지침과도 같은 도덕과정으로 도입하면서 초등학생시절부터 신사참배 교육이 이루어져 신사가 국민들의 사상과 행동을 지배하면서 일본만의 종교가 만들어진 것이라고 한다.

또한 자연재해가 많은 환경적 영향으로 기복신앙이 중시되면서 애니미즘적 사상이 농후한 모든 만물에 신이 깃들어 있다는 생각으로 복을 빈다고 한다. 재앙에 대한 불안으로 내세보다는 당장 시급한 현세의 안전에 치중하다 보니, 신사에는 경전도 없고 내세도 없다고 한다. 그러한 특수 상황에서 장례와 내세를 담당할 역할을 위해 불교를 차입하여 일본화했다는 해석이다. 결혼식 또한 형식을 차입했다고 봐야 할 것이다.

〈와〉라는 즉 공동체의 화합을 중시하는 일본의 오랜 전통과 함께, 메이지 유신 시대부터 신도의 여러 의식을 관청이 관할하면서, 신격화된 천황과 신도를 근간으로 근대국가를 수립하고 국가 정체성을 정립한 것이라고 한다. 그러한 여러 가지 복합적인 역사적 배경이 대부분 국민들로 하여금 다종교를 선호하게 만든 조건으로 조성된 듯 하다.

사목회장이 세 가지 종교를 집에서 모신다고 해서 그건 잘못이라고 안된다고 한다면 어떤 결과가 생길까? 어쩌면 그는 미련 없이 기독교를 떠날 수도 있을 것이다. 이미 빌어야 할 대상이 집에 더 있으니까 … 그렇게 되면 기독교는 일본에서 점점 입지가 좁아지게 될지 모른다. 불씨를 간직하는 마음으로, 차선의 방법일지라도 겨자나무의 영적인 씨앗을 심는다는 생각으로 신부님은 선교를 하셨을 것이다.

지리적으로는 매우 가깝지만, 종교나 사상으로는 아주 먼 나라 일본이다. 그러나 우리와 같은 민주주의를 정치 이념으로 두고 있다는 것은 그나마 반가운 일이다.

얼마 전 독립운동가 후손의 인터뷰를 접할 기회가 있었다. 자신의 선조들이 독립운동을 위해 가산을 탕진함으로 후손들이 생활고로 큰 고통을 받았다고 한다. 또한 식민지배로 인해 온 국민들이 겪은 통한은 결코 잊을 수 없으며 그것을 마음 깊이 간직하고 반면교사로 삼아야 한다고도 했다. 그러나 거기에 함몰되어 일본을 백안시하는 것보다는 공유할 수 있는 가치를 찾아 미래를 발전시켜야 한다고 주장하고 있었다.

한일 두 나라가 함께 풀어야 할, 수많은 현황들을 상생의 미래를 위해서 가슴을 열고 대화를 함으로 앞으로 나아갈 수 있다는 것이다. 진정성 있는 대화를 위해서는 서로를 먼저 이해하고 인정하는 노력이 우선되어야 할 것이다.

일본 선교 사제로 다녀오신 신부님의 미사를 통하여 가깝고도 먼 나라 일본에 대하여 조금이나마 알게 됨으로, 좁은 식견에서 벗어나 선입견적 사고를 확장할 수 있었다는 것은 의미있는 일이었다. 우리 힘으로 당장 해결할 수 없는 문제는 하느님께 맡기고, 아주 사소하고 작은 것부터 한 걸음씩 다가서 보면 어떨까.

남의 나라 일본이 우리와 같은 종교관을 갖고 있지 않다고 하여 대화가 불가능한 이웃이라고 볼 수 없다는 생각을 해 본다. 우리 자신을 지키기 위해 역량을 강화해야 함은 무엇보다 중요하지만, 한편으로는 그들과 소통하려는 자세를 견지함으로 평화를 유지 발전시킬 수 있다고 생각을 한다. 우리 사회 안에서도 구성원 간에 생각이 다른 사람이 얼마나 많은가? 같은 종교를 갖고도 파가 다르다는 이유로 서로 원수처럼 지내는 사람도 또 얼마나 많은가? 무엇보다 먼저 상대를 인정하는 자세가 평화의 첫걸음이 아닐까 싶다. 서로 간의 이해는 소통의 열쇠이다. 지금도 전쟁으로 고통 속에 있는 러시아와 우크라이나, 그리고 중동의 전쟁이 건설적인 이해와 대화로 하루 속히 끝나고, 죄 없는 사람들이 어서 빨리 평화를 찾기를 빌어 본다.

초대수필 2
이은용

빨간 우체통 외 1편

네거리 횡단보도 앞에 서서 건너편 우체통을 바라본다.
우체국 앞에 외로이 서 있는 빨간 우체통. 그 앞을 지나가는 사람들이 눈길을 주지 않는다.

신호등에 초록색 불이 켜진다. 손에 연하장 한 뭉치를 들고 경보선수처럼 재빨리 건너간다. 'POST'라고 굵고 하얀 글씨로 쓴 통 앞에 다가간다. 여러 번 덧칠한 빨간색 페인트로 덕갱이 진데다 먼지가 뽀얗다. 꽤 오래된 우체통이다.

'여기에 넣으면 가기는 하는 건가?' 의구심이 든다. 자세히 보니 우체통 위쪽에 '우편물 수거시간 : 12:00, 오후 6:00'라고 쓴 빛바랜 안내문이 붙어 있다. 우편물을 투입구에 조심스럽게 집어넣는다. 툭~하는 소리가 난다. 내 마음이 친구 찾아 멀리 날아가는 느낌이다.

왜 우체통은 빨간색일까?
1850년대 미국 서부지역에 골드러시가 일어났다. 서부개척자들이 일확천금을 쫓아 태평양 연안으로 몰려들었다. 황량했던 땅이 도시가 되었고 캘리포니아는 州로 승격되었다. 동부에서 중부를 거쳐 서부를 잇는 교통수단이 필요하게 되었다.
대륙을 횡단하려면 미시시피강을 건너 사막지대를 지나고, 록키산을 넘어야 했다. 당시는 항공편과 철도가 없던 시기여서 4~6마리의 말이 끄는

네 바퀴 마차로 승객과 짐을 실어 날랐다. 신속히 전달해야 하는 우편물은 산악을 잘 달리는 조랑말이 담당하였다.

문제가 생겼다. 약탈과 살인을 서슴지 않는 강도와 인디언들의 빈번한 습격이었다. 견디다 못한 우편 사업자들은 인디언들과 협상을 벌였다. '빨간색을 칠한 우편마차는 공격하지 않는다.'는 약속. 이 영향으로 미국 초기의 우체통 색깔이 빨간색으로 정해졌다.

만약 우리나라에서 일어났더라면, 아마도 마차에 흰색을 칠하고 그 위에 아침에 기쁜 소식을 전해준다는 까치나 봄소식을 입에 물고 온다는 제비를 까만색으로 그려 넣었을 것 같다.

한국 우체통은 언제부터 시작되었을까?
1884년 서울 종로구에 우정총국이 설립되면서 부터다. 올해로 백년하고도 사십년이 넘는 세월. 우체통 속에 얼마나 많은 소식이 들어갔다 나왔을까?
헤아릴 수 없는 기쁜 소식과 수많은 슬픔을 전했으리라. 소식을 기다리다가 지친 가슴은 얼마며, 애간장을 녹인 사연은 또 얼마일까? 오죽하면 무소식이 희소식이라 하지 않는가.

좀 싱거운 상상이다. 기뻐서 흘린 눈물을 담으면 몇 드럼이나 될까? 아니 슬퍼서 흘린 눈물은 또 얼마일까? 비교하면 기쁨은 잠간이고, 슬픔은 오래가는 것이 이치니 슬퍼서 흘린 눈물이 많지 싶다. 만약인데, 마법의 우체통이라면 슬픈 소식은 없애고 기쁜 소식만 전했으면 좋겠다는 생각이다.

요즈음 손 편지 쓰는 재미가 쏠쏠하다.
이메일이나 카카오 톡, 문자 메시지 같은 전자통신은 왠지 마음이 전달되지 않을 것 같다. 그래서 될 수 있으면 편지지에 정성스럽게 손 글씨로 써 보내곤 한다. 내 경우는 종이에 편지를 쓸 때 한 글자 한 글자가 가슴에서 손가락을 통하여 전해지는 기분이 든다.

빨간 우체통에 담긴 추억이 있다.

십오 년 전, 영국 여행을 갔을 때이다. 런던 거리의 한복판에 빨간 우체통이 서 있다. 여행가이드가 '세계 최초의 우체통'이라고 하였다. 우리나라 것보다 좀 더 컸다. 우리 우체통이 사각에 가까운 데 비해 영국은 원통형이었다.

그러나 빨간색 바탕에 'POST'라고 쓰인 글귀가 똑같다. 국제적으로 공통인가 보다. 우리 일행은 빨간 우체통을 배경으로 사진을 찍었다.

그 두 해 뒤, 스위스 융플라워 정상에 올랐을 때이다. 만년설 봉우리가 하늘을 뚫으려는 기세다. 설경을 만끽하며 세차게 몰아치는 눈보라에 맞서 '산을 뽑고 세상 덮을 기개'로 '야호~!'를 외쳤다. 야호 소리는 산등성이에 올라 눈보라 속을 날고 雪谷으로 흩어져 내려가는 듯 하였다.

우리 일행은 꽁꽁 얼어붙은 몸을 녹이려 휴게소 안으로 들어갔다. 인산인해다. 그 안엔 나를 놀라게 하는 두 가지가 있었다. 하나는 세계에서 온 관광객들이 한 결 같이 한국산 컵라면을 먹고 있는 것이고, 또 하나는 홀 가운데에 서 있는 빨간 우체통이다.

설경이 인쇄된 엽서 몇 장을 샀다. 꽁꽁 언 손을 입김으로 녹여가며 편지를 썼다.

'그리운 어머니께', '사랑하는 딸 주에게', '존경하는 안 선배님께.'

손이 곱아 더 이상 쓰지 못하고 우체통에 넣었다. '사륵'하고 소리 난다. 나는 내일 떠난다. 이 편지는 나보다 늦게 도착 하겠지?

우체통이 없는 옛날에는 어떻게 편지를 보냈을까?

옛 사람들은 적당한 통신수단이 없어 인편으로 전달했다고 한다. 전달하는 사람의 사정에 따라 여러 달을 지체하기도 하고, 여러 통을 한 번에 받아 보는 일도 많았단다. 그나마 전달이 안 되는 때도 있고, 답장을 기약할 수 없는 것은 다반사일 터.

그러니 우체통이 얼마나 고마운가. 요즈음 우체통이 얼마 못 가서 없어질지도 모른다는 불길한 마음이 든다. 국민일보 2024년 2월 8일 자 'kt의 전보 서비스가 2월 말 역사 속으로 사라진다.'는 기사를 읽고서다.

SNS 발달로 우체통 이용이 줄어들어 전보 서비스와 같은 길을 갈지도 모른다.

빨간 우체통이 오래오래 남아 있으면 좋겠다.

때

나는 한 해 전에 'Winner Fit*'와 결혼했다. 그녀는 활력이 넘치고 남성 못지않게 근육이 울퉁불퉁한 데다 몸매가 늘씬한 젊은 여인이다. 신혼 생활이 달콤하다. 나는 '인생은 칠십부터!'라고 외치며 매일 밤 그녀에게 달려간다.

그녀의 배 같이 딴딴한 런닝머신 위에 올라가 뛰기도 하고, 그녀의 젖가슴 같이 생긴 아령을 들어 올려 비틀기도 하고, 그녀의 허벅지 같이 단단한 스텝퍼를 밟는다. 육십갑자하고도 십년을 더하는 동안 운동다운 운동을 하지 못한 내가 이제야 그녀의 달콤한 맛을 알았다.

노후에는 '허벅지가 탄탄해야 한다'는 말을 수없이 들어서 '새 다리' 같은 허벅지가 걱정이었다. 처음 그녀에게 왔을 때 그녀가 다리근육 키우는 'HAMMER STRENTH'운동법을 가르쳐 주었다. 45도의 각도로 누워서 기구 양쪽에 걸린 원판 쇠덩어리를 45도의 각도로 다리로 밀어 올리는 운동이다.

"하나 둘 셋 넷 다~~서엇. 힘내세요! 힘!"

가냘픈 몸매에 어찌 그리 카랑카랑한 목소리가 나오는지 모르겠다.

나는 그녀가 시키는 대로 구령에 맞춰 따라 했다. 빈 기구를 밀어 올리는 데도 다리가 후들후들 떨린다. 열 번 하기가 힘들다. 예전엔 그녀가 그토록 무거운 줄 몰랐다. 며칠 연습을 하니 다리에 힘이 생겨서 양쪽에 20kg씩 40kg을 밀어 올릴 수 있다. 이어 40kg씩 80kg, 또 60kg씩 120kg, 이젠 160kg을 거뜬히 밀어 올린다.

그녀는 빗방울이 창밖을 때리는 밤에 더 아름답다. 밖엔 푸른 불빛의 가로등이 파수꾼처럼 서 있고, 안에는 요란한 헤비메탈 음악과 그녀의 구령소리가 나를 흥분시킨다.

그녀를 만난 이후 나는 이상화 선수의 꿀벅지, 모태범 선수의 굵은 허벅지를 꿈꾸며 다리 근육을 키우는데 신이 났다. 하루가 다르게 팔다리에 근육이 붙고, 거울 앞에 선 등판이 역삼각형으로 변해 갔다. 좀 더 세게, 좀 더 오래~. 이런 추세라면 나도 머지않아 보디빌더가 될 것 같다. 얼마나 더 운동하면 젊은 이들처럼 보디빌더가 될 수 있을까? 달력에 빨간 글씨인 날에는 더욱 보고 싶어진다. 혹시 이런 사실을 알면 81년에 결혼한 여인이 질투할 지도 모르겠다.

그녀에 반한 술감 청년에게 물었다. 3년을 열심히 운동했더니 이렇게 멋진 몸이 되었다고 자랑하는 술감에 사는 청년이다. 그는 나처럼 키가 크지 않고 가늘어 보이지만, 가슴 팔 어깨 허벅지는 모태범 못지않다.

"나도 열심히 운동하면 그대 같이 될 수 있을까요?"

"그럼요. 3년 만 열심히 해 보세요. 하하."

"근육을 더욱 키우려면 강도를 더 높이고, 그 대신 횟수를 줄이는 것이 좋을까, 아니면 강도를 낮추고 횟수를 더 늘리는 것이 나을까요?"

"근육을 늘이려면 강도를 높여야겠지요."

이번엔 그녀에게 싫증을 내고 3년 만에 다시 찾아 왔다는 꽁지머리 중년에게 물었다. 그는 몸집이 크고 왕년에 스포츠깨나 했을 법한 포스의 사나이다. 긴 머리를 뒤로 곱게 빗어 묶은 것이 꼭 김병지 선수다. 그리고 늘 미소를 머금는다.

"어떻게 운동하는 것이 좋은가요?"

"나이 들어서는 강도와 횟수를 줄여야 합니다. 욕심을 비워야 합니다."

그러고 보니, 내게 그녀는 좋을 때도 있고, 벌써 실증날 때도 있었다. 이젠 비울 때인가 보다.

* Winner Fit 헬스클럽.

초대수필 2

이종필

추모공원의 단상 외 1편

　대부분의 추모공원은 주변의 경관이 수려한 편이다.
　앞이 확 트이고 멀찌감치 보이는 봉우리와 포근히 감싸듯 둘러있는 양편 산을 보면서 사람들은 이런 곳을 좌청룡 우백호니 금계 포란형이니 하며 명당자리 라고 말한다.
　평생을 단독 주택에서 살던 아내가 세상을 달리한 후에 이곳 추모공원에 안치 되어있다.
　그런데 아무리 보아도 아파트와 비슷하다. 건물 안에는 사방 삼사십 센티 규격의 칸이 팔 층 높이로 빼곡히 들어차 있고 그 칸 속 유골함에 아내의 몸이 한 줌의 재로 있는 것이다.
　5년의 계약기간이 끝나 재계약을 하려고 찾아왔다. 처음 생각엔 5년이 지나면 선산에 뿌리려고 했는데 왠지 썩 내키지를 않았다.
　그래도 명절이나 추모일에는 아이들과 함께 찾아오고 혼자도 가끔은 찾아올 때가 있는데 아주 없애고 나면 너무 허전할 것 같고 아이들도 아직은 동의할 것 같지 않다.
　아내는 여전히 웃고 있다. 암 투병 중 손녀딸을 안고 찍은 사진이 인조 꽃들과 함께 유리문 안에 놓여있다. 언제나 그렇지만 참 미안하고 안됐다는 생각이 든다.
　부침성 있고 쾌활한 성격이라 모두 좋아했었다. 못난 남편과 함께 살아온 삶이 그다지 행복하지 못했을 것이다. 암 투병 4년간 서울 병원을 백 번을 넘게 오르내렸지만 그것이 힘든 줄 모를 만큼 아내는 나를 배려 했다. 운명하기 일주일 전에야 병원에 입원을 했고 오일 전까지도 혼자서 거동을 했다. 우리는 하나님을 믿는 신앙인이다. 예나 지금이나 나는 천국을 소망하며 살고 있다. 그래서 그 믿음이 확고하기에 사람들에게 거리낌 없이 말한다. 우리가 가야 할 그곳은 너무 좋은 곳이라고~ . 나는 지금이라도 가고 싶다고, 십 년 전에도 그랬고 지금도 그렇다. 그렇다고 내가 염세주의자라거나 현실에 적응하지 못하는 것은 아니다.

그 누구보다도 열심히 살고 재미있게 살려고 애쓴다. 그림도 그리고 탁구도 치고 농사일도 열심히 하며 틈틈이 이렇게 글도 쓴다.

아내에게 말했었다. "꼭 나을거야! 하나님이 함께하시면 못 고칠 병이 어디 있어!" 그러다가 병이 깊어지고 통증이 심해져서 진통제 몰핀(마약)을 처방받을 수밖에 없었을 때, 나는 아내에게 다른 말을 했다. "그곳은 고통도, 아픔도 없고 슬픔도 없는 영원히 행복하게 살 수 있는 곳이야"라고. 아내는 아무 말도 없었다. 이튿날 딸에게서 들은 얘기다. 엄마가 서운해 하시는 것 같더라는 것이다. "그게 나한테 할 말이냐" 라고 하면서. 나는 평생을 그 말을 안고 살 수밖에 없을 것 같다. 숨을 거두는 순간까지도 포기하는 말을 해서는 안된다는 것, 소망과 긍정의 말 만을 해야 한다는 것이다. 나는 어찌 이리도 미련할까!

이곳에 오면 아내 외에 다른 사람들이 있는 곳도 천천히 둘러본다. 어린아이로부터 신혼 또는 연인 사이로 보이는 젊은이들 그리고 노인들까지 다양한 연령의 사람들이 안치 되어있다.

그리고 그 안에 들어있는 짧은 사연을 적은 쪽지를 하나하나 읽어본다.

고인을 그리워하는 애절한 사연도 있고 손주들이 "할아버지 보고 싶어요"라고 서투르게 쓴 쪽지도 있다. 가슴이 뭉클했다. 내내 숙연해질 수밖에 없고 삶을 뒤돌아보고 남은 생을 생각하게 된다.

쪽지의 사연들에는 원망이나 부정의 말이 없다.

그리고 모두가 웃고 있다. 이곳에 오면 누구나 다 이렇게 평안하고 행복한 것인가!

남아있는 자들은 고인들을 그리워하기도 하고 원망하기도 하며 남은 삶을 부대끼며 살아가겠지만 이곳에 있는 자들은 모두가 조용히 미소 짓고 있을 뿐이다. 물론 사진이니 변하지 않는 것은 당연하지만 그냥 한번 생각해 보는 것이다.

그들은 영원한 안식을 누리고 있기 때문이 아닐까?

여기에 오면 마음이 편안해진다. 웬만한 것은 내려놓을 수 있다.

그리고 나도 저들처럼 웃을 수 있을 것 같다.

이곳을 찾는 사람들은 시비를 걸려고 찾아오는 것도 아니고 모두가 보고 싶어서 그리워서 무엇인가 말하고 싶어서 오는 것이다.

그러니 그들이 행복할 수밖에!

어쩌다 힘들고 지쳐서 도와달라고 오는 사람도 있을 것 같긴 하지만!.

햇볕이 따사롭다. 아내도 이 따사로운 햇볕이 그립지 않을까?

이제 곧 봄이 올 텐데 싱그런 봄바람, 아기자기한 들꽃들, 계절마다 바뀌는 아름다운 자연을 보고 싶지 않을까?

나는 이다음에 우리 아이들을 강가 낮은 언덕에서 맞고 싶다. 한 줌 재로 나무 밑에 묻히면 흙과 하나가 되어 나무에 거름도 되고 줄기를 타고 올라가 잎도 되고 꽃도 되어 불어오는 바람결에 나비도 불러오고 잔잔히 흐르는 물결도 보며 편히 쉬고 싶다.

홀아비 김장하기

바야흐로 김장철이다. 김장하러 가는지 가지러 가는지 고속도로가 여느 때와 다르게 밀리고 있다. 오일장이 열리는 장호원에도 장꾼이 갑절로 늘었다.

아내가 하늘로 가고 난 뒤 그간 교회 집사님 권사님들이 해주기도 하고 조카며느리가 와서 해주기도 하고 시집간 딸이 와서 함께 하기도 했다,

남들이 와서 해주는 게 고맙기도 하고, 미안하기도 했고, 딸을 부르자니 휴일이 아니면 틈이 나지 않는데 마침 이번 주말에는 내가 집을 비워야 할 일이 생겼다.

이래저래 생각 끝에 음식솜씨도 좋고 상냥한 조카며느리를 부르기로 했다.

그런데 이 일을 어쩌나! 하루를 앞두고 조카며느리로부터 울먹이며 전화가 왔다.

죄송하다고 김장을 못 해 드리겠다고~

가슴이 덜컥 내려앉았다. 무슨 일이 있구나!

간밤에 교통사고가 나서 조카가 응급실에서 수술받고 의식이 돌아오지 않은 상태에서 중환자실에 있단다.

무슨 말을 해야 할지 몰라 두서없이 위로하고 전화를 끊었다.

김장이 문제인가! 무사히 회복해야 할 텐데~

친지든 교회 사람들이든 이웃이든 부탁하면 거절하진 않을 테니 다 준비해 놓고 당 일 날 앞집 아주머니나 아니면 지나가는 동네 사람이라도 붙들어 앉힐 작정이었다.

올가을은 유난히도 바빠서 배추를 제대로 못 키웠는데 건너 마을 박 집사가 얼마든지 필요한 만큼 가져가란다. 배추 스물다섯 포기와 무 열다섯 개를 준비했다. 미나리 한 단 쪽파 두 단을 사다가 다듬어 놓고 갓은 누님네 밭에서 뽑아왔다.

북어 대가리 일곱 개, 다시마, 멸치를 넣고 육수를 내어 찹쌀 풀을 쑤어놓고 생강 마늘은 절구에 찧어놓았다.

그런데 제일 걱정이 배추 절이는 일이었다. 아내가 있을 때에도 배추 절이고 무채 써는 일은 내가 다 했었는데, 하지만 그때는 시키는 대로 하기만 했기에 어떤 비율로 했는지 기억이 안 난다.

인터넷을 뒤져도 각기 다 달라서 공식적인 데이터가 없다. 하는 수 없이 전날 저녁 네 시쯤 배추를 절이기 시작했다. 물 한 말에 소금 2키로의 비율로 풀어놓고 배추 밑동에 반쯤 칼집을 내어 손으로 쪼갠 다음 소금물에 담갔다가 꺼내어 아래 두꺼운 부분에 소금을 조금씩 쳐서 쪼갠 부분이 위로 향하게 재워 놓았다.

9시에 한 번, 12시에 한 번 뒤집어주었다.

새벽기도 마치고 와서 맑은 물에 세 번 헹구어 채반에 건져놓고 부리나케 아침을 먹은 다음

간밤에 깍둑썰기 해놓은 무와 배를 가지고 방앗간에 가서 갈아왔다. 무를 채 썰어 넣으니까 김치가 지저분하고 배추만 골라 먹고 나니까 무는 버리게 돼서 갈아 넣기로 한 것이다.

미나리, 갓, 쪽파를 썰고 고춧가루 찹쌀 풀, 액젓, 새우젓을 넣고 버무려서 본격적으로 속을 넣기 시작했다. 동네 사람을 불러 모으려다가 내 특유의 모험심이 작동했다.

나 혼자의 힘으로 한번 해보자는 것이다.

김치 통 큰 것에 한 통을 다 버무려놓았을 때 아뿔싸! 마늘하고 생강을 빠뜨린 것이었다.

잠시 맨붕~ 이 일을 어찌할꼬!

하는 수 없이 나머지 양념에 마늘과 생강을 넣어 버무려놓고 이미 해놓은 것에는 따로 마늘과 생강을 덧칠해서 넣었다. 그래도 이래저래 한나절 만에 뚝딱 해치우고 나니 힘들기도 하고 시원하기도 했다. 한데 문제가 생겼다. 아무리 먹고 또 먹어봐도 싱거운 것이었다. 그것도 많이~

분명히 배추는 후줄근하게 절었는데~

생각다 못해 다시 김치 통을 다 열어놓고 군데군데 소금을 조금씩 뿌리고 액젓도 살짝살짝 뿌렸다. 이젠 뭐 더 이상 어찌할 수가 없다. 와중에 한 포기에는 굴을 넣어서 따로 버무려놓고 목살을 사다가 삶아 보쌈까지 준비했다.

목욕탕에 가서 뜨끈한 물에 몸 담그고 오니 피로가 좀 풀렸다.

입맛 까다로운 막내 녀석이 퇴근해 와서 먹어 보더니 맛있단다. 오케이! 그럼 된 거다.

막내는 아침부터 걱정이 많았다.

어떻게 하실거냐고, 사람들 부르라고, 점심시간에도 전화가 왔다. "어떻게 하고 계세요?"

"응! 다했다" 자랑스럽게 대답했다. 깜짝 놀란다. "정말요? 아버지 혼자서요? 대애~박"

함께 나가면 연예인 소릴 듣는 인물이고 친구들 결혼식엔 축가를 맡아 부르는 놈인데~

혹시 이놈이 아버지 손맛에 맛 들여져서 장가 안 가려고 하는 것 아니야?

그나저나 익어서도 맛이 좋아야 할 텐데~

초대수필 2
이현원

미장아빔* 외 1편

사람 속에는 또 다른 사람이 살고 있는 것일까.

그는 이상이 높았으나 현실에 적응은 잘못하는 편이었다. 그는 몸은 하나지만 '내 속에 또 다른 내가 여러 명 있는 것 같다'라고 생각했다. 그는 평소 윤동주를 좋아했고 서시처럼 하늘을 우러러 한 점 부끄럼 없는 삶을 동경했다. 그것이 떳떳하고 값진 인생이라고 생각했다. '어떻게 하면 그게 가능할까. 과연 달성할 수 있는 일일까. 최선을 다해 살면 그것으로 충분하지 않나. 옥에도 티가 있다는데 그런 완벽한 삶이 있겠는가. 세상의 탁류에 휩쓸리지 않으려면 선비정신의 무장이 필요하겠지'라는 생각을 떠올리곤 했다.

채근담에 물이 맑으면 고기가 살지 않는다[水之淸者 常無魚]고 했다. 그는 자신에게 엄격했으나 타인에게는 그러지 못했다. 다른 사람에게도 그와 같은 엄격한 기준을 요구하다가는 역풍을 감당하기 힘든 세상임을 알았기 때문이다. 사람은 사회적 동물이고 독야청청하게 혼자서는 살지 못한다. 그의 속에 또 다른 그가 '적당히 흐린 물에서 나사 하나가 빠진 듯 더불어 사는 지혜'가 필요하다고 옆구리를 쿡쿡 찌르고 있다면서 쓴웃음을 짓기도 했다.

인간 대부분은 황금 앞에 사족을 못 쓴다. 황금을 우상같이 숭배하는 사람이 많은 세상이다. 그들은 돈을 벌기 위해 수단 방법을 가리지 않고 인간의 존엄성마저 팽개치기 일쑤다. 오로지 돈을 버는 일만이 삶의 목적 같아 보인다. 그것을 위해 진흙탕 싸움과 권모술수도 마다하지 않는다. 돈만 있으면 세상만사는 모두 해결된다고 생각한다. 이쯤 되면 인간이라기보다 돈의 노예란 말이 어울린다. 세상은 황금만능주의가 먼저이고 인간의 가치 존중이나 보람 있는 삶의 추구는 그다음같이 보인다. 인간의 존엄성이 물질주의 앞에 번번이 무너지고 있음을 그는 안타까워했다.

그가 나이 들면서 욕심을 버리는 법을 익히며 살았다. 돈보다는 휴머니즘이 더욱 보람된 일이라고 생각했다. 그의 속에 있는 또 다른 그가 '현찰이 중요하다'라고 충고할 때가 자주 있다. 그러나 이를 가볍게 여기고 오히려 99의 노예*를 경계하며 살았다. 그가 치과에서 임플란트를 했을 때나 병원에서 허리 수술했을 때 큰 비용이 들었다. 그 이후로 현찰의 괴력이 그를 유혹했다. 세상에 널브러진 노다지를 두 팔로 긁어모으지 못하고 추수 끝난 들녘을 한 손으로 이삭이나 줍고 다녔던 그는 외팔이와 다름없었다. 꿈과 이상대로 사는 어음의 삶보다 눈에 보이는 현찰의 유혹을 뿌리치기 힘든 현실에 번민하기도 했다.

그는 이권을 좇아 뜀박질하며 앞질러 가는 군상의 꽁무니나 쳐다보는 먼산바라기 앉은뱅이 같았다. 그렇지만 앞서가는 인간 대열에는 끼고 싶지 않았다. 악화가 양화를 쫓아내고 불의가 정의를 밀어내는 그런 세상이 보기 싫었다. 그는 한쪽 눈을 감은 채, 한 눈으로만 세상을 보는 외눈박이와 다름없었다. 그가 세상을 못 따라가든 세상이 그를 못 따라오든 자기의 길만을 오로지 가고 싶어 했다. 힘들면 글쓰기로 위안 삼을 뿐이었다. 붓이 그림자처럼 따라다니며 외로움을 지워주는 벗이었다.

그 자신도 그의 맘대로 안 될 때가 있음을 고민했다. 그에게는 관대하고 남한테는 엄격한 잣대를 들이대고 싶어지는 이를테면 내로남불 같은 또 다른 그가 숨겨져 있는 것 같다고 생각했다. 불의를 보고 침묵할 때도 있었다. 인간과 더불어 살면서 그만의 소신과 원칙을 고집할 수 없었다. 그가 남과 무엇이 다르고 정의와 휴머니즘을 말할 자격이 있는지, 과연 따뜻한 가슴을 가졌다고 자부할 수 있는지 회의가 들기도 했다. 셰익스피어의 '인생은 배우다'라는 말이 실감났다. 문제는 언제까지 그 속의 그와 투쟁을 계속 해야 할지 답답해했다. 언제나 애먼의 멍에서 벗어나 자유인이 될 수 있을는지. 그의 영혼만은 오염에 물들지 않고 자유로워지고 싶을 뿐이었다.

그는 되뇌고 있었다. '과연 내 속의 나는 몇인지를'

하나, 둘, 셋, 넷……

* 미장아빔(mise en abyme): 20세기 예술의 특징을 설명해 주는 미학적 원리 중 하나. '그림 속의 그림', '이야기 속의 이야기', '극중극'처럼 서사의 복합적 의미의 효과를 만들어 내는 구조 기법.

* 99의 노예: 가진 것이 아무리 많아도 만족하지 못하고 부족한 1을 채워 100을 만들기 위해 물불 가리지 않고 죽을힘을 다하는 사람.

북정마을 골목길을 오르며

　성북동 북정마을 산비탈을 오른다.

　만해 한용운이 살던 집인 '심우장尋牛莊'으로 가는 언덕길이 가파르다. 만해는 집을 지을 때 보기 싫은 조선총독부를 등지도록 했고, 깨달음을 얻기 위해서 심우장이라고 이름을 붙였다고 한다. 아담한 한옥에서 만해가 삶을 마감할 때까지 그 언덕길을 수없이 오르내렸을 텐데 우리는 한두 번 가는 것도 숨이 찬다. 아픈 다리를 참는 것부터 깨달음을 배우는 과정인가 싶다. 골목길을 사이에 두고 왼쪽, 오른쪽 주변은 지붕과 지붕들이 맞부딪히는 쪽방 같은 집들이 늘어서 있다. 오밀조밀 모여있는 집 가운데 심우장에서 풍기는 만해의 애국심에 가슴이 뭉클해진다. 일제의 강압에도 불구하고, 조국에 대한 사랑과 문학에 대한 그의 열정에 옷깃을 여민다.

　북정마을은 사람들이 오가며 가슴이 맞닿을 정도의 좁고 구불구불한 골목길이다. 그 골목길에선 현대의 문명 냄새가 나지 않는다. 가공하지 않은 자연 그대로의 순수한 멋이 있다. 그곳 주민들에겐 집이 비록 오두막집이지만 대궐 같은 집이 부럽지 않은 자부심이 있을지 모른다. 조촐한 집에서 욕심 없이 사는 자연인과 같은 삶을 살지 않을까 하는 생각은 나뿐일까.

　심우장에서 조금 더 올라가면 김광섭의 「성북동 비둘기」 시가 걸려있는 언덕에 다다른다. 그곳을 '비둘기 쉼터' 또는 '비둘기 공원'이라고 부른다. 김 시인의 시에서 도시개발에 쫓긴 비둘기들이 갈 곳 없어 헤매고 있음을 안타까워한다. 그곳에서 잠깐 걸음을 멈추고 발아래 펼쳐진 북정마을을 바라보면 올망졸망한 집들이 엎드려 있다. 개발이 되지 않고 낡은 집 그대로 보존이 잘 돼 있고 적당한 숲도 있어 오히려 떠나간 비둘기들이 다시 돌아올 것 같은 아이러니를 느낀다.

　북정마을 골목길은 자드락의 고샅길을 오르내리는 것 같기도 하고, 마치 이태리의 소도시나 퀘벡의 좁은 도시 골목을 연상하게도 한다. 벽 사이 공간에 갇혀 설렘과 낭만을 불러오기도 한다. 인근의 한양도성 성문으로 가는 길은 바닥이 울퉁불퉁하여 여간 조심하지 않으면 넘어질 수 있다. 삐뚤삐뚤하게 여기저기 그어진 길의 연속이라 초행자는 헷갈리기 쉽다.

　경로당 할머니에게 가는 길을 물어보니 자세히 알려준다. 조금 가다가 시골의 육각정 같은 정자 쉼터에서 앉아있는 노인에게 다시 목적지 길을 확인한즉 친절하게 가르쳐준다. 성의가 있고 귀찮아하는 기색도 없다.

　현대의 물질주의에 물들지 않는 따뜻함을 그분들에게서 느낀다. 우리 어릴 적 농촌의 인심이 그렇지 않았던가. 그들 삶도 다른 소시민과 마찬가지로 괴롭고 즐거움을 함께 겪었을 것이다. 너와집같이 지붕을 때우고 벽이 갈라진 집에 살고 있지만, 서로 기쁨을 조각조각 나누고 눈물도 닦아주는 인정이 그들에게 있겠구나 하는 생각이 든다. 달님도 그들이 외롭지 않도록 벗이 되기 위해 제일 먼저 찾아주는 동네가 바로 그곳이 아닐는지.

　한가한 골목길에서 마주치는 주민은 주로 노인층이다. 삶의 여정에 산전수전 겪은 주름이 있는 그들을 '작은 거인'이라 부르고 싶다. 굳이 대문을 닫지 않고 미니멀리즘*을 만끽하며 여유를 누리는 삶을 살고 있을 것이라는 생각에서다. 황금만능이란 세속에 물들지 않고 오늘의 삶에 만족해 보인다.

근래 개축한 한양도성 성곽길을 걸으면서 우뚝 솟은 빌딩 숲이나 화려한 상가가 없는 성북동 시내를 먼발치로 내려다본다. 문명의 때가 묻지 않은 자연 친화적인 도시 같다. 발아래 한눈에 보이는 북정마을은 더욱 그렇게 보인다. 북정마을의 유래는 조선시대 군대가 진을 쳐서 북적거렸고, 영조 때 메주 끓는 소리가 북적북적, 사람도 북적북적거려서 그 발음이 변해서 북정마을이 됐다고 한다. 지금은 북적대는 흔적을 찾아볼 수가 없고 조용하기만 하다. 돌올突兀하거나 꾸밈이 없는 마을의 정기를 가슴에 안고 하산하는 나의 발걸음에 그들의 애환이 따라온다. 왠지 놓치기 싫은 미련이 있어 그림자라도 그곳에 남겨두고 싶은 생각이 간절하다.

* 미니멀리즘(minimalism): 되도록 소수의 단순한 요소로 최대 효과를 이루려는 사고방식. 더 적을수록, 더 작을수록 더 풍성하다는 예술론이라고 할 수 있음.

초대수필 2

차혜숙

어찌할까요 외 1편

동경에 갔을 때이다.

비용도 아낄 겸 해서 호텔 방 하나를 예약했다.

큰아들과 나와 단둘이서 간 여행이라 굳이 각방을 쓸 필요가 없기 때문에서다. 그래서인지 프런트에 있는 안내원이 재차 묻더니 의미심장한 미소를 날린다.

이건 웬 제스처인가.

나는 금세 얼굴이 붉어졌다.

큰아들은 나를 보고 한국에서 물 건너와서인지 재차 확인한 것인데 괜스레 민감할 필요가 없다고 했다.

언젠가 큰아들이 고교 졸업하고 나와 함께 방배동에 간 적이 있다. 그 당시에 방배동으로 문학 공부를 하러 다녔는데 집으로 돌아올 때마다 그곳 레스토랑에 들러서 차 한잔으로 피로를 풀곤 했었다.

내가 다니는 곳을 큰아들에게도 보여주고 싶어 레스토랑에 함께 간 것이다. 레스토랑에서 간단한 식사와 음료를 주문했는데 마침 여주인께서 나오시길래 인사를 했더니 그분의 눈초리가 이상하다. 미간을 찌푸리며 뚱한 얼굴로 쳐다보는데 다른 때와는 영 딴판이었다.

왜 그러실까.

내가 갈 때마다 반기면서 당신도 한때는 문학을 동경했다고 하면서 여간 친절한 게 아니었는데….

얼마쯤 지났을까.

아들이 군입대를 하기 위해 논산 훈련소에 갔다가 연병장에서 레스토랑 여주인과 딱 마주쳤다.

그때 그분의 놀라는 표정은 지금도 각인되어 가끔씩 생각난다.

"아니! 아드님이셨어요? 그때는 죄송했어요."

젊은 남자와 연애 중인 줄 오해하고 실망했다고 말하는 그분에게 "괜찮다!"라고 말하면서 나는 웃을 수밖에.

큰아들이 늙은 것인지, 내가 젊은 것인지 보통 분간할 수가 없으니 182cm인 키에 100kg 나가는 큰아들이 나의 애인으로 오해받으니 우얄꼬!

세월이 가도 희한하게 바뀌질 않으니 소상공인 큰아들네 점방에 도와주러 갔다가 인터넷에 '노부부가 하는 음식점이라서 관리를 안 해 모기가 있더라. 하지만 음식은 맛있더라!'라는 글이 올라왔다.

아들 왈, "내가 그렇게 늙었단 말이야? 말이 안 돼!"라고 하면서 분개하기까지 하니 어찌하겠는가.

그래서 내가 메모지에다가 "우리는 부부가 아닙니다. 모자지간입니다."라고 써서 가슴에 매달았다가 큰아들에게 들켜서 빼앗겼다.

人生 100세

102살 할머니가 노래자랑에 나와 매스컴을 탔다.

1922년생이라는데 어찌나 정정하신지 목청도 크고 꼿꼿한 자세로 '찔레꽃'을 열창했다.

무슨 음식을 잡수셨길래 이토록 건강하시냐는 사회자의 질문에 '된장에 밥 먹지요.'라는 할머니. 연달아 '처녀 뱃사공', '목포의 눈물'을 열창하시는 걸 보니 나이는 숫자라는 것을 실감케 했다.

의학의 발달로 수명이 연장되어 사람들은 100세 인생이니 어찌 살아야 건강을 지킬까 염려한다. 하지만 인명은 재천이라고 물질이 풍부하고 좋은 음식에, 건강에, 필요한 것에 몰두해도 생명줄은 하늘만이 아시는 법.

통계청에 의하면 100세 이상 살고 있는 이가 2,270명쯤 된다고 하니 노인 중 소수 인원수에 불과하다.

장수하는 이들이 지방에 분포되어 있고 아주 잘사는 이도 아니고 못사는 이도 아닌 중간에 속한다는 것은 무엇을 의미하는 걸까.

부자가 가진 것을 지키기 위해 애쓰는 일이라 가난한 자가 고생하는 삶은 장수에 해당이 되는 것이 아님을 알 수 있다. 가진 삶에 만족하고 긍정적인 생각과 탐욕하지 않는 것은 바로 마음을 비우고 스트레스를 덜 받는 의미이리라.

현대인들은 스트레스 속에 하루를 보낸다 해도 과언은 아니다. 최첨단화된 시대에 흡수된 삶을 사는 것이 편리함도 있지만 그만큼 에너지를 소모해야 함이 피곤할 수도 있는 것이리라.

경쟁할 수밖에 없는 치열한 삶이 스트레스로 이어지기 때문이다. 그렇다 해서 요즘 사는 젊은이들에게 유유자적하게 살아야 함이 옳은 일이라고 할 수도 없지 않은가.

쳇바퀴 돌 듯이 앞만 보고 치닫는 인생.

한참을 그렇게 살다 보면 어느날 문득 멈추어 서게 될 때 그제야 깨닫게 되는 지난날의 반추.

너나 할 것 없이 각자의 인생이기에 '정답이 이것이다.'라고 감히 말할 수 없다.

맑은 공기 쐬면서 된장과 밥을 위주로 한 할머니의 인생을 장수할 목적으로 닮아갈 수는 없다. 각자 주어진 환경 속에 잠시라도 넉넉한 마음을 갖고 스스로 힐링할 수 있는 시간이 필요한 것이리라.

자식도 몰라보고 인지능력이 떨어져 집 잃고 거리에서 방황하고 똥, 오줌 가리지 못하고 사는 것이 장수한들 무슨 소용이 있겠는가.

매 순간 어떻게 건강한 사고를 하고 사느냐가 더 중요한 듯싶다.

100세 살다 간 사람이나 여든을 살다 간 사람이나 자신을 어떻게 가꾸고 사는가가 중요하다고 누군가가 내게 말했었다.

죽은 자는 20년이 2년이요, 저승 세월이 2년이다. 이승에서는 20년이 2년이면 이틀이라서 짧다.

그것은 '이승에서 즐거움보다 고통 속의 삶, 번뇌와 근심·걱정으로 사는 세월이 많아서 이승 세월이 길게 느껴지고 저승에서는 평온하니 하루가 열흘인지 십 년인지 모르기 때문이다.'라고 했다.

그래도 똥 밭에 엎어져도 저승보다 이승이 좋다고 하는 것은 아마도 살아 숨 쉴 때 사랑하는 피붙이와 함께 있음이 아닐는지.

초대수필 2

최재순

산사의 오후 외 1편

조용하고 한적함을 이를 때 오후 절간 같다고 표현한다.
해가 지고 으스름 저녁 시간이 되면 스님들 불경 소리와 바람 소리 풍경 소리로 꽉 차는 절 공간은 텅 빈 충만함으로 그냥 쉼을 준다.

스님 수업 있는 날!
출타 중이시기에 막내인 서예 제자가 혼자 절에 있다.
구름 한 점 없는 화창한 날씨에 지나는 내 발길에 놀랐는지 냥이는 저만치 쏜살같이 내빼고 멍이인 다복이는 다복다복 대며 커피 마시는 나를 물끄러미 쳐다본다.
주인 없는 집에 홀로 앉아 차 마시는 나를 향해 너는 누구냐? 라고 선문답이라도 하듯이.

할머니께서 다니셨던 절이고 엄마 역시 초파일 백중이면 우리 절 가야지 하며 오셨던 사찰이다. 스님도 그때 그 스님 여러 절 다니는 스타일이 아니라 엄마 모시고 올 때만 가끔 와서 스님 뵙곤 했었는데 아픈 스님께서 붓글씨를 쓰고 싶다 하시니 내가 할 수 있는 보시겠다고 생각해 올 1월부터 수업을 하고 있다.

스님들께서 시절 인연이라는 말씀을 잘하신다.
언젠가 어떤 사람한테는 내일이 될 수도 있고 1년 후 10년 후일 수도 있다.

그도 아니면 다음 생이 될 수도….

이 시점, 이 또한 스님과의 시절 인연으로 공부하게 되었으니 스님께서 좀 더 건강해져서 좋은 회향이 되기를 바랄 뿐이다.

오랜 시간같이 했던 스님이 가시고 나니 서예가 인연이 되어 또 다른 스님과 자주 뵐 기회가 되고 만남의 인연들이 바뀜과 더불어 인생의 방향도 조금씩 조금씩 달라짐이 느껴진다. 운의 흐름은 사람 따라서 온다고 하는데 또 다른 인연들과 만남은 어떤 다름으로 모양 지어질지 자못 궁금하다.

새로운 인연들과는 어떤 캐미로 엮어져 또 한 획을 긋게 될지!

불전에 마주해 자애로운 눈빛을 주는 부처님 전에 일 배 일 배 절을 올린다 모든 이의 행복을 위해서 감사한 일들을 기뻐하며 새로운 희망을 아뢰며 환희심의 가득한 마음으로…….

조용한 산사 나그네가 주인 되어 산과 마주해 지금 이 마음을 그려 낸다.

웃기는 내 친구

한 달간의 방학으로 조금은 해이해졌었는지, 두 번의 수업에 기가 빠진다.

때맞추어 친구가 전화해 힘들다며 차 한잔하자고 한다. 아주 좋아 바라던 바라서 집에 차를 두고 냉큼 그 차로 갈아탔다.

타는 순간부터 "아유~ 힘들어"로 시작된 것이 어제부터 냉장고 교체를 위해 일했단다.

후렴구로 아유 힘들어 마트 가서 장 봐 오는 길이라며 "아유~ 힘들어" 카페에 도착해서 자리에 앉으며 "아유~ 힘들어". 헤아려보니 12번 카페 거리까지는 10분, 듣다 듣다 내가 더 큰 소리로 "아~~~유 씸들어 요요요 진짜 힘들다고~~유유유" 랩처럼 읊어대니 박장대소하며 뚝 끊는다. 그 소리.

웃겨준 나도 그 친구도 그것만으로 해소가 되고 커피와 달달한 케이크 한 조각에 무장 해제로 '스트레스가 뭐야'로 날려버렸다.

낭만적 이려 하고 (실제는?)
효심이 깊고 느끼한 말투로 사람들을 웃길 줄 알고
밉지 않은 질투심과 욕심은 간혹 입을 닫게 하고
빠른 눈치와 직설은 남들에게 호불호로도 나뉜다.
항상 무언가 도전하여 하려 하고
낙천적이며 정을 낼 줄 아는 친구
이쁜 척 여성적인 척 내숭에는 알 수 있는 척이라 오히려 재미있다.
그중 가장 좋은 건 웃기는 것

의식하고 웃기는 것이 아닌 자체가 그냥 웃기는 거여서 더 좋다.
웃음은 마음을 이완시키고 전파력도 좋아서 훈훈한 관계로 만들어 준다.

한번은 쐬주 한 잔 걸치고 나름 기분이 좋았나 보다.
아름다운 밤이에요~ 어쩌고 하더니 딱 문 앞에 나서 나른한 목소리로 얘기한다.
보름달 뜬 아름다운 밤이에요
헉, 가로등인데….
원칙을 지키는 사람이 좋다.
그런 면에서 이 친구는 그렇겠지라는 믿음이 가는 친구이다.
래퍼가 된 오늘 새로움의 무모한 도전으로
'아유 힘들어'를 '아유 웃겨'로 마무리한 날이다!

초대수필 2

최정옥

엄마의 화상火傷

나의 유년 시절은 그리움이기도 하지만 되돌릴 수 없기에 슬픈 기억으로 가득하다.

그러나 가끔 가슴 한 켠에 묻어 두고 잊지 못하는 그 시절의 아름다웠던 일이나 가슴 아렸던 일들을 눈을 감고 떠올리면 어느새 그 시절 순간순간의 일들이 스크린 되어 돌아가고 나는 어린 날의 회상에 빠져든다.

60년대 초반까지만 해도 우리나라는 일제의 강점기와 전쟁이후의 소용돌이속의 잔재로 인하여 정치, 경제, 사회적으로 여러모로 어려운 상황에 처해 있었으며 특히 좀 더 풍요로운 삶의 터전을 마련하고자 정부에서도 무진 애를 쓰던 때였다. 그 시절에는 주변 환경과 상황들이 지금처럼 복잡하지도 또 변화하지도 않았으며 특히 내가 살고 있던 마을은 고작 손으로 셀 정도의 고만고만한 집들이 듬성듬성하게 마을을 형성하고 있었다. 내가 태어나고 어린 날을 보낸 이곳은 충청에서도 작고도 아름다운 솥점마을이다.

어릴 적 기억에는 대문 밖 작은 신작로에는 간헐적으로 지나다니는 소달구지도 보이고 짚으로 만든 모자를 쓴 마부들이 말 등에 짐을 지우고 지나는 모습도 보이곤 했다. 집 주변에는 논과 밭들이 대부분이었고 오빠들과 가까운 실개천에서 첨벙대고 마구 뛰놀던 기억과 저녁이면 개똥벌레를 잡아 노란 호박꽃에 넣고 호롱불을 만들어 들고 다니며 놀던 기억이 새롭다. 그리고 보니 내가 살던 이 마을은 아주 오래전부터 유난히 한적하고 소박한 마을이었나 보다 온 식구가 오순도순 살면서 한 번도 이사를 한다거나 이 마을을 떠나본 기억도 없으며 성장하여 내가 결혼을 할 때까지는 솥점 마을은 어린 나에게 우주와 같은 존재였다 지금은 그런대로 발전을 거듭하여 옛 모습은 거의 찾을 수가 없지만, 그래도 어쩌다 친정마을에 가면 어느새 옛 일들이 아련하게 주마등처럼 지나가고 그 당시의 상황들이 그림이 그려져 이내 내 입가에는 미소와 글썽임으로 허한 마음을 달래보곤 한다.

솥점 마을에서 부모님과, 오빠 다섯, 나, 이렇게 여덟 식구는 오손 도손 행복한 삶이었으나 내가 세 살 되던 해에 아버지가 병으로 돌아가셨기에 일곱 식구가 되었고

집안 사정은 점점 경제적 어려움으로 고난의 삶이 시작 되었다. 그로부터 많은 날이 지나고 초등학교 저학년으로 기억한다. 나는 키가 뻘쭉 컸지만 빼빼 마르고 목이 유난히 길었으며 매사에 조심성이 없고 일을 잘 저질러서 때마다 혼줄 도 많이 나는 거친 왈가닥 소녀였다. 엄마는 그런 나를 덜렁거리고 얌전하지 못하다고 선머슴 이라고도 하고 들꿩이라고 부르곤 했다. 그럴 때마다 오빠들은 엄마에게 평소에 즐겨서 하는 말이 "엄마 너무 그러지 마세요 목이 긴 우리 옥이는 외국 어딘가에서 태어났으면 제일가는 미인이었을 거에요 그곳은 목이 길수록 미인이래요 "이렇게 나의 오빠들은 여섯 번째로 태어난 나를 엄마에게 지청구를 들을 때마다 위로도 할 겸 놀림감이 되기도 했으나 늘 귀여움도 많이 받고 자란 것은 사실이다. 그래서인지 지금도 나는 공주병이 좀 남아있지 않나 하는 생각이다.

언제나 저녁이 되고 해가 뉘엿뉘엿 질 때쯤이면 마을의 여기저기 집집마다

에는 굴뚝에서 연기가 너울너울 피어오르기 시작하고 일을 나갔던 가장들은 하나 둘씩 집을 향하여 모여들고 집집마다 호롱불로 어둠을 밝히는 집들이 대부분 이었다 . 그나마 전선 하나에 여기저기 선이 연결되어 전기 불을 켤 수 있는 몇몇 집에서는 어김없이 자기네 집에도 불을 켤 수 있게 해 달라는 귀에 익은 순덕할아버지의 쩌렁한 목소리가 선명하게 들리고 어디선가는 간간이 아이 엄마가 놀던 아이를 집으로 불러들이는 소리와 또 우는 아이의 투정을 달래는 등 나름대로 다복한 가정들의 진풍경과 함께 하루의 일과가 마무리 되곤 하였다.

우리 집은 추운 겨울날 저녁이 되면 의례히 오빠 다섯 중에 누구랄 것 도 없이 일찍 귀가를 하는 순서대로 허름하고 어설픈 허청과 같은 부엌으로 들어와서는 청솔가지로 불을 지피곤 했다. 이는 엄마가 장사 길에서 돌아오기 전에 고생하시는 엄마를 위해 오빠들이 해야 하는 매일의 일과 중에 하나인 것이었다. 부엌의 부뚜막 한가운데에는 물이 잔뜩 들어있는 쇠솥이 걸려있었고 언제라도 추우면 불을 지펴야하므로 누군가 물을 채워 놓은 것이다.

추운 겨울을 지나는 동안에는 반드시 수행을 하지 않으면 안 되는 일이 또 있었다.
그것은 언제나 땔감이 부족 했기에 오빠 중에 누군가는 아니 특히 세 째 오빠는 산에서 땔감으로 나무를 구해다가 부엌에 쌓아 놓는 일이었다. 마른 나뭇잎이나 갈퀴로 모은 검불로는 늘 부족하여 청솔가지를 줍거나 가지를 쳐서 날라다 쌓아 놓곤 했던 것이다. 어느 날은 큰 오빠가 불을 지피며 하는 말이 산에는 산감이라고 하는 무서운 사람이 지키고 있음을 동생들에게 말을 해 주는 것을 어렴풋이 들었다. 산에 땔감나무를 함부로 베어가는 사람이 산감에게 붙들려갔다는 말도 해주었다. 나무에 붙어있는 생명 있는 나무를 베어서 땔감으로 쓰는 것은 안 된다고, 그것은 사실 불법인 것이라고…. 식구들 모두는 그 모든 것을 알면서도 눈을 감듯이 묵인을 해야 함은 불가피하게 어려운 형편인지라 어쩔 수 없었던 것일 게다.

 이상하게도 마르지도 않은 청솔가지는 처음에는 눈물이 나도록 맵고 불이 붙기가 힘이 들지만 일단 불만 붙으면 따다닥 요란한 소리를 내며 아궁이 속에서는 요란한 불 잔치가 벌어진다. 오빠가 다섯에다 여자이면서 막내인 나는 약방에 감초처럼 오빠들 틈에 끼어서 늘 재잘대곤 했는데 특히 아궁이 앞에 앉아서 불을 지피는 오빠들 틈에서 불이 타고 있는 모습을 구경을 할 때가 나름 행복했던 기억이다. 웬일인지 불이 타오르는 모습을 보면 신이 나고 가슴이 부풀어 오르곤 했다. 불꽃으로 어우러진
 오빠들의 붉은 얼굴은 언제나 빛이 났고 좋아보였으며 또 얼굴이 반지르르한 그 모습은 어린마음에도 재미있다는 생각을 하곤 했다. 특히 생활의 지혜가 많아서 딸처럼 엄마의 일을 잘 도와주는 자상한 둘째 오빠는 마르지도 않은 청솔가지 나무가 잘 타는 이유를 말해주었다.

 그것은 소나무에는 바로 송진이라는 것이 있기 때문에 불이 붙으면 잘 꺼지지도 않고 오래오래 타는 것이란다. 나무 중간에 관솔 이라는 것이 가끔 보이는데 관솔은 송진이 오랜 시간에 걸쳐서 굳어진 것이라 불만 붙기만 하면 그 또한 오래오래 타는 거라고… 오빠는 이런저런 이야기를 하며 부지깽이로 타는 나무를 톡톡 두드리기도 하고 어느 정도 타 오르다 불이 잦아 들 때쯤이면 다시 청솔가지 나무를 불 위에 올려놓고 달래며 어르기를 조금만 반복하며 기다리다보면 불은 여지없이 소리를 내며 앞 다투어 활활 타들어 가곤 했다.

모든 생활에 지혜가 많은 둘째오빠는 굴뚝에서 연기를 빨아들이기에 불이 잘 타는 것과 더운 열과 연기로 구들장이 더워지기에 방이 따뜻해지며 어떨 때는 강한 역류 바람으로 오히려 굴뚝으로 바람이 타고 들어와서 도로 아궁이까지 불과 연기를 토해낼 수도 있기에 조심해야 함을 혼잣말처럼 간간이 중얼대곤 하던 것들을 나는 옆에서 별 생각 없이 끄덕이며 즐겨서 듣곤 하였다. 그래서인지 어떨 때는 아궁이 앞으로 불과 불똥이 튀기도 해서 손등과 얼굴에 약간의 화상으로 따가운 날도 있었다. 그러나 그 약간의 상처 정도로는 우리들 모두에게는 별 문제가 아니라는 생각들을 갖고 있었다. 이는 그 당시 우리가족의 힘겨운 생활이 웬만한 어려움은 견딜 수 있도록 면역과 무장이 되어있기에 그럴 것이다.

　언제나 오빠들과 함께 불을 지피고 나무가 타고 있을 때는 주변가득 솔잎 냄새와 아울러 구수한 여러 가지 알 수 없는 풀 맛 같은 냄새로 그득 했다. 나는 언제나 그 각종 풀과 나무로 어우러진 것들의 익숙한 냄새가 괜찮다는 생각을 하곤 했다. 지금 생각해 보면 그것은 아마 언제나 속이 채워지지 않아 허기가 진 때문이었다는 생각이다. 우리들은 가끔 불이 타는 모습을 바라보고 있다가 이따금 씩 약속이나 한 것처럼 한동안 말이 없어지기도 했다. 이럴 때 우리 모두의 마음속에는 언제나 엄마 생각을 하고 있음을 잘 안다.. 해가 넘어가도 돌아오지 않는 엄마를 그리워하며 말없이 꿀꺽 침을 삼키기도 한다. 그럴 때는 침 삼키는 꼴깍 소리가 들리는 것처럼 적막이 흐르곤 했던 기억이다. 그런 날도 엄마는 남의 집 일을 다 마치지 않은 때문이란 것을 모두들 알고 있다. 그래서 걱정할 것은 없다. 엄마는 어김없이 알 수 없는 시간에 오셔서는 우리에게 맛난 음식을 해 주시기에… 나는 이렇게 거의 매일을 오빠들과 함께 데워놓은 따끈한 방에서 엄마가 해주시는 맛난 음식을 먹으며 그런대로 행복한 밤을 보내곤 했다. 그리고 우리 육남매 모두는 엄마의 기도 소리(큰오빠부터 여섯 번째인 나까지 호명하며)에 잠이 들곤 했다.

　그러던 어느 날인가 내가 밖에서 놀다 돌아와 보니 집에는 아무도 없었고 그날따라 또 몹시 추웠다. 잠시 나는 반짝하고 기발한 생각이 떠오르게 되고 어김없이 이날도 터무니없이 모험심 많은 아니 엄마말대로 들꿩처럼 나대는 나는 이내 오빠들 흉내를 내보기로 마음먹었다. 모두들 집에 들어오면 따뜻한 기운을 받도록 해서 칭찬도 받고 놀라게 해 주고도 싶었다. 식구들만이 아는 구석진 장소에서 성냥을 찾아 꺼내 들었다. 성냥골을 계속해서 여러 번 그어 당겨 간신히 나무에 불을 지피고도 잘 타들어가지 않았으나 평소에 오빠들에게서 보아왔던 대로 마른 검불과 나뭇잎들을 살포시 얹기를 계속하니 가까스로 불이 붙더니만 신기하게도 불이 빨려들어 가듯이 잘 타들어갔다 따닥따닥 요란한 소리와 함께 연기 때문에 눈물이 났지만 나는 마구 마구 신이 났다. 한동안 시간이 흐르다보니 얼굴은 더워지고 불은 점점 더 붉게 타오르고 어느새 가슴도 더워지기 시작 했다. 시간이 지나면서 점점 나른하기도 하고 깜빡 졸음이 왔다.

　그런데 내가 잠깐 졸려서 멍한 그 순간에 엄청난 일이 벌어지고 말았다. 빨려 들어가기만 하던 연기와 불꽃이 갑자기 사나운 화마가 되어 아궁이 앞에 앉아있는 나를 향해 덤벼들기 시작한 것이다. 너무도 놀란 나는 급히 몸을 피했지만 이내 앉았던 등 뒤의 나무둥치에도 사정없이 불이 붙기 시작을 했다. 밖으로 뛰어 나왔지만 당황하여 정신이 혼미해져 가고 있었다. 주변에는 물도 없고 어찌해야 하는 건지 눈앞이 캄캄해져 왔다. 나의 눈에는 모든 물체가 희미하게 보였다. 내 주변에는 소리를 질러도 들을 사람이 없다. '물이 있어야 불을 끄는데…' 연신 부엌에서는 따다다다 요란한 불이 타는 소리가 나면서 밖에까지 연기는 새어 나오고…

몹시 당황한 나는 허둥지둥 양동이 하나를 찾아 들고 샘물을 뜨러 나섰다. 등 뒤에서는 검은 연기가 따라오는 듯 하고 집이 타들어가는 상상과 아울러 걸음은 잘 걸리지 않았다. 그리고 마구 가슴이 뛰었다. 마을 어귀에는 공동 우물이 있었는데 언제나 두레박에는 물이 닿을 만큼 줄에 매달려있어서 줄을 흔들어 두레박이 뉘어지기만 하면 물이 통으로 들어가 곧바로 물을 퍼 올리면 되곤 하는 것을 평소에 보아왔던 터다.

나는 허둥지둥 우물에 도착하여 두레박으로 두 번 정도인가 가까스로 어렵게 퍼 올린 물을 양동이에 담아서는 집으로 돌아오며 속으로 중얼대며 외쳐댔다 '어쩌나 어서 가서 불을 꺼야지 엄마가 아시면 엄청 걱정을 하실거야… ' 알 수 없는 시간에 집에 도착하여 정신이 들고 보니 그날따라 언제 돌아오셨는지 엄마가 온몸으로 불을 끄신 후였다. 이날 엄마와 그리고 오빠들은 나에게 혼도 안내고 아무것도 묻지 않았다.

그 일이 있던 날부터 한 동안을 엄마는 불에 데인다리가 나을 때 까지 일도 접으시고 많은 고생을 하셨다. 어리기도 했지만 덜렁거리고 무엇이든 잘 잊어버리곤 하는 나는 문득문득 생각이 날 때는 엄마에게 미안하고 죄송하다는 생각을 했지만 철없던 나는 별 죄책감을 모르고 어린 시절을 보냈던 것 같다. 엄마의 다리에 화상 흔적은 내가 성장하여 많은 시간이 지나서도 남아 있었다. 아니 아마 돌아가실 때 까지도…

그때 차라리 혼이라도 내주시고 화도 많이 내셨으면 죄책감이라도 덜 할 텐데 생각을 하며 엄마의 큰 화상이 너무도 죄송해서 지금도 울컥 목이 메이곤 한다.

　엄마는 사시는 동안 언제나 감사하다는 말을 자주 하셨다. 고생스런 엄마의 모습을 보면서 감사할 여건이 아니라는 생각이 들 때마다 나는 화가 많이 치밀기도 했다.
　엄마는 이 세상을 사시는 동안 초인의 힘을 가지신 분이셨다. 여자가 아닌 엄마였기에 그런 힘이 가능했을 것이리라… 내가 결혼을 하고 아이를 낳고 부모가 되어 보니 그 사랑이 절실하게 마음에 와 닿았다.

　지금도 우리 육남매의 기억 속에는 엄마는 거룩함 그 자체이다. 그러기에 엄마의 거룩한 희생에 언제까지나 감사함과 죄송함에 우리의 가슴이 더욱 아프고 무너진다는 것을 우리형제 모두는 알고 있다. 그저 자식이 어렸기에 그리고 집에 가장인 남편이 일찍 하늘나라에 간 것만으로도 자식들이 안쓰럽고 마음 아프게만 생각을 하셨던 것 일게다. 엄마는 아버지가 우리 육남매를 남겨두고 일찍이 돌아가신 것에 대한 한탄과 넋두리는 일 년에 한번 아버지의 제삿날로 족하였다. 그 날은 그만 좀 그치라는 오빠들의 울음 섞인 성화와 함께 나도 여지없이 따라 울었던 기억이다. 그렇게 서러운 넋두리 마저도 없었으면 더 힘이 드셨을 것이다. 그날 이후로 엄마는 여전히 흐트러지지 않은 강한 모습과 고고하고 고운 자태를 자식들에게 보여주셨다.

　많은 날 들이 지나고 우리 육남매는 과분할 정도로 각자가 제몫을 잘 감당하는 이 사회의 일원들이 되었다.
　엄마의 간절한 기도로…
　지금은 엄마가 하늘나라에 가셨다 그곳에서도 사랑하는 자식들을 두루 살펴보고 계실 우리엄마!

엄마 죄송해요…

엄마 사랑해요…

*솥점마을: 대대로 솥을 만들어 팔았던 마을 이름으로 추정.

評論

시지프를 매개로 한 현대인의 자아성찰
– 박상우의 『내 마음의 옥탑방』을 중심으로 –

1. 들어가는 말

1999년도 이상문학상 수상작인 박상우의 중편 〈내 마음의 옥탑방〉(『문학사상』, 1998.10월호 발표)은 자본주의 중심의 풍요로운 도회지 문화에서 소외된 인물이 어떻게 자아 성찰과정을 거치는지, 그에 대해 시간의 흐름과 함께 나타냈다. 동시에 타인과의 만남으로 인한 관계짓기, 결별, 절망, 자기 각성이란 전통적인 이야기 패턴을 지니고 있다.

박상우는 1988년에 등단해서 〈샤갈의 마을에 내리는 눈〉(1991), 〈독산동 천사의 詩〉(1995)를 발표했고, 『눈물의 이중주』(2001)을 비롯한 6개의 창작집과 『청춘의 동쪽』(1999) 등 7 편의 장편소설을 발표했다. 초기 작품에선 사회·집단과 개인과의 비극적 관계를 주로 낭만적 허무주의 시선으로 전개하며, 과거 세대와 현재 세대와의 충돌, 자본주의 사회에서 소멸하는 개인의 자의식을 형상화했다. 현재 삶에서 과거 체험을 기억하며 현재 삶과 연결짓는 것으로 주제의식을 발전시켰다. 이 글에서 논하려는 〈내 마음의 옥탑방〉도 그와 같은 계열이다.

이 소설은 옥탑방이라는 공간을 소재로 사유의 양상을 드러냈다. 작가는 〈쓸쓸한 사막의 이미지〉(『문예중앙』, 1999. 여름호)에서도 사막이란 삭막한 공간을 '신뢰가 없어진 인간관계로 인한 절망'으로 비유했다. 김미

현은 〈내 마음의 옥탑방〉에 대해 "신과 인간, 이상과 현실, 반항과 순응의 관계를 문제 삼아 … 부조리를 가지고 사는 것이 삶임을 강조… 관념적 낭만주의에 빠지지 않고 비판적 리얼리즘과 맞물리게"[1] 되었다고 평했다. 그 외 적잖은 찬사가 있었는데, 이는 독자 입장에서 적절히 활용할 정도이지 전반적 평으로 보아서는 무리가 있다.

이 소설에서 내용 분석의 키 포인트는 옥탑방이란 장소와 시지프 신화의 내용이다. 그래서 이 글에서는 옥탑방과 시지프와의 관계, 그리고 인물들이 새로운 자아상을 탐색하는 과정에서 매개체가 되었던 그리스 신화 인물 중의 하나인 시지프를 새롭게 해석한 알베르 카뮈의 『시지프의 신화』(1942) 내용을 중심으로 작품성을 살피고자 한다.

2-1. 옥탑방에서 전개되는 만남과 헤어짐의 서사구조

이 소설은 표면적 사건만 본다면 남녀의 사랑 이야기인데, 그 배경이 옥탑방이란 일상적 장소이다. 만남과 헤어짐이 일어나는 장소는 옥탑방이고, 인물들의 의식을 지배하는 매체는 시지프 신화에 나오는 시지프의 내면의식이다. 작가는 알베르 까뮈의 『시지프의 신화』에 나오는 시지프 신화 내용을 도입해서 인물들이 자아 탐색을 하고, 자신이 처했던 상황 문제에 깊게 파고들고, 그에 따른 상념을 전개해 나갔다. 이 소설에 나오는 시지프의 모습은 『시지프의 신화』에서 설명된 부분도 있다.

이 소설은 순차적인 시간의 흐름에 따라 사건을 전개했다. 따라서 여기서는 소설 내용에 따라 일인칭 주인공이며 화자인 민수(이하 '나')의 시선에 따

---

[1] 김미현, 「시지프 이후의 시지프들」, 『1999년도 제23회 이상문학상 수상작품집 내 마음의 옥탑방』, 문학사상사, 1999, 378쪽 참조.

라 전개되는 사건을 중심으로 옥탑방, 시지프 신화, 만남과 헤어짐을 중심으로 살펴본다.

스물여덟 살의 '나'는 농촌에서 자랐는데, 가난한 집안 형편 탓에 서울 소재 대학에 진학한 후부터 형의 아파트(17층)에 얹혀살게 된다. 졸업 후, 형이 결혼한 후에도 마찬가지이다. '나'는 국문학을 전공한 이력과는 무관하게 형의 친구가 다니는 레포츠 회사(11층)에 취직한다. 그곳에서 백화점을 돌며 판매 실적을 보고하는 일을 맡았는데 영업 실적이 저조할 때마다 사장의 질타에 시달린다. 적성에 맞지 않는 업무에, 집에서는 형수의 눈치를 보면서 지내니 안팎으로 늘 심리적 위축 상태로 지낸다. 그러던 중 회사가 위치한 건물의 백화점(5층)의 안내 데스크에서 일하는 주희를 발견하고 적극적으로 접근한다. 그녀에게서 "꿈을 꾸듯 몽롱한 표정과 눈빛"(33쪽)[2] "자신을 스스로 유폐시키고 있는 듯한 정지감"(33쪽)을 읽을 수 있었기에 강렬하게 이끌렸던 것이다. '나'는 한 달여 동안 가끔 만나며 데이트했지만 그녀는 마음의 문을 좀처럼 열지 않았다. 9월 말 어느 날 밤에 "주희에게 난 뭐지?" 하며 한탄하자, 주희는 '나'를 억지로 택시에 태워 3층 건물에 있는 자신의 옥탑방으로 데려간다.

'나'는 옥탑방을 처음 접하자 달빛, 이슬, 박꽃이 있는 농촌 풍경과는 색다른 또 하나의 문화적 충격을 겪는다. '

> 그녀의 난폭한 초대로 난생 처음 방문하게 된 옥탑방은 이십오 평 정도의 옥상에다 뿌리를 내리고 있었다. 옥탑방이 십오 평 정도의 공간을 점하고 있었으니 옥상 넓이에서 옥탑방의 넓이를 제한 십여 평 정도의 면적은 고스란히 콘크리트 마당이랄 수 있었다. 하지만 가파른 언덕 위에 자리잡은 삼층 건물 옥상, 거기서 내려다보

---

[2] 이하 본문 인용은 〈내 마음의 옥탑방〉, (출처: 『1999년도 제23회 이상문학상 수상작품집 내 마음의 옥탑방』, 문학사상사, 1999)

이는 지상의 밤풍경은 결코 아름답지 않았다. 경사진 비탈을 따라 집들이 다닥다닥 달라붙은 달동네와 실핏줄처럼 뒤엉킨 좁은 골목길, 그리고 강 건너편으로 내려다보이는 고층 건물과 즐비한 차량의 행렬…… 그것은 보면 볼수록 연민을 자아내게 하는 가련한 고난의 세계가 아닐 수 없었다. 뿐만 아니라 뒤틀린 심사로 굽어보면 한없이 가소로운 미물의 세계처럼 보이기도 했다. (39쪽)

인용은 옥탑방 주변을 묘사한 내용이다. 집이 있으면 길이 있다. 옥탑방에 도달하기까지 비탈길과 좁은 골목길을 걸어가야 한다고 했다. 소설에서 옥탑방은 특별히 공간성을 지닌 장소라기보다는 사물이란 특성이 강하다. 주희의 거주지인 옥탑방은 고층 건물이 있는 도회지라면 간혹 있기 마련인데, '나'의 눈에는 기이한 문화적 충격으로 와닿았다.

도회지의 직장이나 아파트는 모두 고층이다. '나'는 그간 고층에 위치한 회사에 오르내리는 것과 자신의 아파트에 오르내리는 일에 긴장, 무력감, 두려움을 느꼈다. 이것은 자신의 능력을 제대로 발휘하지 못하는 것에서 온, 심리적 위축에 따른 단순한 공포 심리이다.

'나'는 주희의 15평 옥탑방에서는 도피에 따른 심리적 위안을 느낀다. 주희는 자신을 "불완전한 지상의 주민"이라며 옥상에서 내려다보는 지상에서 사는 게 꿈이라고 한다. 그녀가 사는 옥탑방이란 가난한 삶을 그대로 보여주는 허름한 곳이다. 옥탑방은 그녀에게 하루바삐 벗어나고픈 거주지라서 옥탑방에서 내려다보이는 지상이야말로 화려한 꿈을 펼치고자 하는 이상향이라고 고백한다. 그녀가 말하는 지상이란 우리가 발을 디디며 사는 세상이다. 그러기에 포괄적으로는 고층 건물도 포함된다. 그녀는 옥탑방에서 벗어난 삶의 구체적 모습을 고백한다.

저곳의 주민이 되고, 저곳의 주민들처럼 미물스럽고 속물스럽게 사는 거…… 그게 나에게 남겨진 마지막 꿈이라구요."

"가난에서 벗어나기 위한 꿈?"

젖과 꿀이 흐르는 현대판 가나안, 물질로 구현된 꿈의 성전을 떠올리며 나는 물었다. 꿈에 주린 사람들을 성전으로 안내하는 그녀의 꿈, 어쩌면 옥탑방처럼 높은 곳이 아니라 가장 낮은 곳을 지향하고 있을지도 모르겠다는 생각이 들어서였다. 요컨대 정신적 측면을 무시하는 꿈.

"그런 건 아무래도 상관없어요. 지상의 주민이 되어 미물스럽고 속물스런 세계에 안주한다는 거…… 어쩌면 인간적인 타락을 뜻하는 것일 수도 있겠죠. 하지만 그렇게 살아가야 하는 게 인간의 속성이라면…… 어떤 식으로도 난 그걸 부정하고 싶지 않아요. 세상을 착하고 올바르게 산다는 게 도대체 무슨 의미가 있죠?"

"무슨 의미가 있는지는 나도 잘 모르겠지만…… 어쨌거나 그런 신들이 노여워할 만한 꿈이로군."

"그래요. 신 같은 건 믿어 본 적도 없으니까. 설령 내 꿈이 사악하다고 해도 상관없어요. 누가 뭐라든 그것이 나에게는 살아갈 힘이 되고, 그걸 실현하기 위해 난 꿈을 꾸듯 현실을 견디고 있을 뿐이니까요…… 아침마다 이곳을 내려가 세상에 머무는 동안, 내가 불완전한 지상의 주민이라는 사실이 얼마나 나를 슬프게 하는지 아세요? 그래서 하루 일을 끝내고 이곳으로 올라오면…… 그래요, 여기가 마치 내 꿈이 자라는 온상처럼 느껴질 때가 많아요. 내 사악한 꿈이 자라는 비밀스런 온상…… 내가 이곳을 민수 씨에게 보여주는 이유가 뭐라고 생각하죠?"(41쪽)

주희는 '나'에게 속물스럽게 살며, 굳이 착하게 살고 싶지 않다고 한다. 가난에서 벗어나기 위한 꿈을 꾸되, 일부러 고귀하게 살지 않겠다는 것이다. '나'는 주희와 만남을 이어가고자 하는 의도에서 그런 주희의 꿈을 이해하겠노라고 약속한다. 그런데 주희는 대화를 통해 언젠가 '나'와 결별할 것을 암시한다.

"민수 씨가 나에게 커피를 사 주던 날…백화점의 5층 매장으로 올라가는 게 두려워서 나를 훔쳐보기 시작했다는 말을 듣고, 아주 잠시 나는 내 꿈을 잊고 있었어요. (중략) 어쩌면 이 사람도 나처럼 지상의 주민이 되지 못해 고통스런 나날을 보내고 있나 보구나, 하는 생각을 했던 거예요. 하지만 내가 민수씨를 아무리 이해한다고 해도…… 그래도 나는 내 꿈을 포기할 수 없었어요. 나는 민수 씨처럼 착하지도 않고…… 그렇게 착하게 살고 싶은 생각도 별로 없거든요. 나를 만나는 건 상관 없지만, 나의 꿈 때문에 민수 씨가 상처 받게 될까 봐…… 그래서 오늘 민수 씨에게 내 꿈의 온상을 보여 주는 거예요. 보세요. 민수 씨가 훔쳐보던 그 여자가 아직도 나라고 생각되나요?"(42쪽)

소설 전체 내용을 본다면 그녀가 어떻게 자신의 꿈을 실현하며 삶을 건실하고 멋지게 완성하는지 그에 대한 내용은 나타나지 않는다. '나'와 사귀면서 결국 자신의 가치관과 맞지 않음을 느꼈는지 '나'를 내내 거부하고 외박을 밥 먹듯이 하고는 백화점을 그만두는 것이 전부이다. 오히려 초라하게 살던 '나' 자신이야말로 자신을 가꾸며 완성해 나가는 인물이다.

'나'는 옥탑방에 손님으로 왔기에 천상의 방과 같다며 옥탑방에 대해 다소 낭만적 정서로 감탄하지만, 주희는 그렇지 않다.

'나'는 10월 한 달간 주희의 옥탑방을 드나들며 시간을 보낸다. 회사 창고에 있는 레저용품을 가져다가 옥상을 정원으로 꾸며주며 그곳에서 함께 고기를 구워 먹으며 주희와 즐거운 시간을 보낸다. 그러던 어느 날, 대학 시절에 읽었던 알베르 카뮈의 『시지프의 신화』를 주희에게 선물한다. 그 책은 부조리에 대한 철학적 단상으로 이루어져 있는데, 중간에 그리스 신화에 나오는 인물 중 시지프가 등장하는 신화 내용을 부조리와 반항 이론에 의거해서 간략하게 설명한 대목이 있다. '나'는 옥상정원에서 주희에게 책 내용을 읽어주며 지내고 주희도 책 내용에 공감한다.

> 무력하고도 반항적인 시지프는 그의 비참한 조건의 전모를 알고 있다. 그가 산에서 내려올 때 생각하는 것은 바로 이 조건이다. 그의 고뇌를 이루었을 명찰이 동시

에 그의 승리를 완성시킨다. 멸시로써 극복되지 않는 운명이란 존재하지 않는 것이
다.(45쪽)

인용은 주희가 '나'에게 읽어달라고 하는 대목이다. 소설의 주제를 암시하기도 한다.

이후 시지프를 매개로 하는 '나'의 자기 성찰 내용이 지배적이다. 주희는 옥탑방에서 '나'와 함께 『시지프의 신화』 내용을 같이 음미했지만, 산정 높이 돌을 들어 올리는 수고를 기꺼이 치르는 시지프의 행위에 담긴 정신을 실현하지는 않은 채, 자신의 포부를 말로만 내세운다. "가련한 고난의 세계가 아무리 미물스럽고 속물스럽다고 해도, 그것이 인간의 속성이라면 어떤 식으로도 그것을 부정하고 싶지 않다던 그녀의 말"(44쪽)에 대해 '나'는 "그것이 '인간적인 모든 것은 완전히 인간적인 근원을 가지고 있음'을 확신하는 신화 속의 한 인물을 불쑥" 떠올린다. 이런 식으로 '나'는 자신과 주희의 가치관을 시지프와 동일시한다.

'나'는 주희에게 『시지프의 신화』를 선물한 날에 처음으로 옥탑방에서 자게 되었는데, 주희는 거리감을 두려는 듯, 사마귀처럼 자신을 뒤에서 안는 것만을 허락했다. 이후 '나'는 집에 들어오는 시간이 줄어들자 형과 형수는 호의적으로 바라보며 '나'의 결혼을 기대한다. '나'는 뚜렷한 실천력이 없이 시지프 신화 내용을 새기며 정신적 방황을 일삼는다.

불완전한 지상의 주민.
행복한 시월이 막을 내리던 그날, 나는 세상의 어느 곳에도 실질적으로 편재되지 못한 나의 초상을 분명하게 확인할 수 있었다. 그래서 퇴근을 하고 회사를 빠져 나온 직후부터, 서편 하늘에 번진 석양빛을 이마로 맞받으며 무작정 걸음을 옮겨 놓기 시작했다. 이 세상의 모든 길이 끝나는 마지막 지점, 지상의 온갖 미물스러움과 속물

스러움이 영원히 소멸되는 극단적인 지점이 매순간 나의 발에 밟히는 것 같았다. 배회하며 지나치는 지상의 모든 풍경에 이미 죽음의 그림자가 깃들여 있는 것 같았기 때문이었다. 다만 한 가지, 신화 속의 시지프처럼 신들의 멸시를 오히려 멸시함으로써 자신의 운명을 스스로 극복할 수 있는 부단한 용기가 나에겐 없었을 뿐이었다.
　누구를 위한 멸시인가.(47쪽)

　여기서 '불완전한 지상의 주민'이란 주희를 가리키면서도 '나' 자신을 비유하기도 한다. 지식인답게 이성적으로 판단하면서도 감정에 휘둘리는 모습은 어떤 논리적 객관성으로 설명될 수가 없다. 바윗돌을 굴러올리는 형벌을 받는 시지프는 형벌을 내린 신들을 멸시하면서 자신만의 신념을 쌓아올린다. 신화 속에서 멸시는 결국 시지프 자신을 위한 것이면서 '나' 자신을 위해 가혹한 운명에 맞서는 방패가 되는 것이다.
　10월의 마지막 날, 결산 날에 '나'는 회사에서 무능한 사원이란 낙인이 찍히듯 급기야 기생충이란 말까지 듣는다. 이로 인해 술을 마신 후 늦은 밤에 옥탑방으로 가자, 주희는 그전과는 달리 처음으로 가슴을 열고 제대로 된 포옹을 한다. 여기까지가 '나'에겐 행복한 연애 기간이 된다. 그렇게 되기까지 '나'는 주희의 꿈을 이해한다는 조건을 내세웠기 때문이 아닌가 한다.
　그 이후 주희는 직장에서 갑자기 5일의 휴가를 내고는 옥탑방에 나타나지 않았는데, 그 이후부터는 서서히 주희와 '나'와의 거리감이 생긴다. '나'는 주인 없는 빈 옥탑방을 지킨다. 5일 후 나타난 주희는 어머니의 장례를 치르고 소아마비인 동생을 이모에게 맡기고 왔다면서 그간 일을 들려준다. 그녀의 가정은 그다지 유복하지 않다는 것을 보여준다. 그런 주희에게 '나'는 자신을 기억하고 있는지 확인하려는 듯, "내가 누구인지 알겠어?"(51쪽)라며 질문한다. 그러자 주희는 '나'에게 "난 민수 씨가 누구인지 알아야 할 필요도 없고"라며 일방적인 결별 선언을 쏟아붙인다. '나'는 이에 굴복하지 않고 자신의 생각을 강하게 전달한다.

"제발, 어쩌라는 거지? 저 낮은 지상의 주민이 되어 편안하게 안주하고 싶어하는 주희의 꿈을 방해하지 말고 이제 그만 눈앞에서 꺼져 달라, 이건가? 진실도 없고 감정도 없고, 오직 목적만을 위해 수단과 방법을 가리지 않겠다는 그 파렴치한 꿈 말인가? 그걸 위해 자신을 헌신짝처럼 버릴 수 있는 용기가 있어서 정말 행복하겠군. 하지만 말야, 이것 한 가지는 분명하게 알아 둬. 그런 꿈을 실현하기 위해 자신을 철저하게 기만하고 사느니, 차라리 꿈이 없이 사는 게 훨씬 나을 거라는 게 내 생각이야. 꿈을 위해 현실을 깡그리 부정하겠다는 거, 이미 꿈의 노예가 되었다는 뜻 아닌가?"
그녀가 오랫동안 공들여 쌓아 올린 탑을 허물어뜨리는 심정으로 나는 정신없이 지껄여대고 밖으로 뛰쳐나왔다. 옥탑방에 대해 일말의 미련도 남기지 않기 위해, 그리고 뒤돌아서서 아쉬워하지 않기 위해 내 스스로 무너지는 탑이 되고자 한 것이었다. 꿈꾸는 자를 꿈꾸는 어리석음으로 되풀이하느니, 차라리 잔혹한 파괴자가 되어 꿈의 가능성까지 짓밟아 버리는 게 훨씬 현명한 일 아니겠는가.(51~52쪽)

여기서 꿈을 꾸는 어리석음보다는 꿈의 가능성을 짓밟아 버린다는 '나'의 말은 운명에 맞서는 시지프의 속성을 보여준다. "꿈꾸는 자를 꿈꾸는 어리석음"이란 주희의 꿈을 이해하는 것의 부질없음을 말한다. 주희가 옥탑방 생활에서 탈피해서 즉 '불완전한 지상의 주민' 생활에서 벗어나 지상으로 내려가 세속적 꿈을 실현하겠다는 것에 대해선 그 구체적 내용이 드러나지는 않지만, 누구나 품게 되는 이상 추구 행위임을 알 수 있다. 단지 사람마다 그 위치와 조건이 다를 뿐이다. 그렇지만 허황한 꿈을 숭상하며 살게 되면 불안, 긴장, 동요 등이 생긴다. 자신만의 길과 자신만의 인생 목표를 추구하기보다는 남의 것을 따르기 때문이다.

'나'는 그녀의 옥탑방을 뛰쳐나온 이후, 백화점에서 일부러 그녀를 피하며 지낸다. 그리고는 11월 한 달 동안 주희를 만나지 않는다. 그 와중에 '나'는

『시지프의 신화』 내용을 떠올린다. 산정을 향해 바윗돌을 굴러올리는 시지프의 힘겨운 모습을 떠올리며 스스로 거세당한 시지프라 여기며 방황한다. "이제 지상에는 인간에 의한 인간을 위한 인간의 멸시가 범람하고 있을 뿐"(53쪽)이라며 오히려 세속에서 화려함을 찾겠다는 주희의 꿈을 이해하지 못했음을 깨닫고 주희가 있는 옥탑방을 찾아간다. 그때 '나'는 주희의 꿈에 대해 시지프 신화 내용에 빗대어 나름대로 해석한다.

내가 무슨 근거로 그녀의 꿈을 멸시했던가.
그제서야 비로소 나는 알아차릴 수 있었다. 그녀가 나보다 먼저, 신화나 관념이 아니라 순수한 삶을 통해 지상의 불모를 간파하고 있었다는 것. 뿐만 아니라 체념과 비관으로 뒤틀린 시지프들의 세계에 동화되지 않기 위해 자신의 꿈에 집착했을지도 모른다는 것. 그런 의미에서 지상의 주민으로 편재되고 싶다는 그녀의 꿈은 영원히 실현 불가능한 것일 수도 있다는 결론에 이르러 나는 슬그머니 수치심을 느끼고 말았다. 미물스럽고 속물스런 세계로의 편재가 아니라 인간적인 전락과 절망이 바로 그녀가 말하는 꿈의 요체라는 걸 비로소 깨달을 수 있었기 때문이다. 그녀가 자기 형벌의 바위를 밀고 올라간 산정, 그곳이 발 그녀의 옥탑방이 아니겠는가.(53쪽)

인용은 주희의 꿈을 해석하는 내용이면서 나의 성찰이 드러난다. '나'는 '나' 자신과 주희를 모두 시지프로 보고 있는 것이다. 그녀가 매일 초라한 옥탑방을 오르내리는 것을 시지프가 형벌의 바위를 밀고 올라가다가 다시 내려오는 것으로 비유했다. 이런 비유는 원관념과 보조관념 사이의 유사성이 희박하다. 허술한 서민 아파트에선 매일 고층을 오르내리는 입주민들이 있고, 풍요로운 도시의 화려한 건물에는 매일 오르내리는 회사원들이 있다. 높은 곳을 오르내림을 두고 무조건 시지프의 행위를 연상할 근거는 없다. 그녀의 옥탑방을 두고서 진정한 꿈의 요체이며 시지프가 도달한 산정으로 여기는 것은 어디까지나 '나' 자신이 갈피를 잡지 못하는 생활의 힘겨움에 따른 편향된 시각이기도 하다.

여기서 '나'가 수치스러움을 느끼는 것은 '나' 자신이 시지프의 정신에 완벽히 도달하기 어려운 것처럼, 그녀가 지닌 지상에서 펼치는 속물스런 꿈 역시 실현 불가능하다고 깨달았기 때문이다. '나'는 이런 상념 끝에 주희를 만나러 옥탑방을 찾아가지만 불 꺼진 옥탑방 주변을 망설이며 서성이다가 결국 집으로 돌아온다. 이후에도 몇 번 이렇게 불 꺼진 옥탑방 주변을 기웃거린 끝에 그녀의 외박이나 확인하고는 집으로 돌아온다. 이후에도 줄곧 주희의 '나'를 향한 결별을 겪는다.

2-2. 행복한 시지프를 지향하는 인물

신화 속의 인물인 시지프를 현대인이 따라야 할 이상적 인물로 설정한다면, 주어진 환경에서 역경을 극복하고, 자아를 탐색하고자 성찰하고 반성하며 삶의 목적을 설정하며 꿈을 가지고 열심히 사는 현대인이 아닌가 한다. 옥탑방 생활에서 벗어나는 꿈을 지닌 주희는 또 다른 시지프이다. '나'는 실존적 자각을 지닌 시지프이다.

소설에서는 '행복한 시지프'와 '거세去勢된 시지프'를 동시에 말하고 있다. 표면적으로 둘은 상대적 뜻을 가진 표현으로 보이지만, 실상은 그렇지 않다. 거세된 시지프란 원래 시지프 모습에서 다소 비껴간 상태를 말한다. 몸은 똑같이 시지프인 것이다. 쉽게 말하자면 원래 모습 그대로인 사과와 한 입 베어먹은 사과를 두고 둘 다 똑같은 사과라고 보는 것과 같다. 그러면 '나' 자신을 두고 '거세된 시지프'라고 표현한 부분을 본다.

우리는 모두 거세당한 시지프들, 산정을 향해 바위를 밀어올리는 불굴의 의지를 상실한 시지프들이었다. 신을 향한 멸시를 통해 인간의 운명을 극복하려는 반항적인 분투가 사라지고, 이제 지상에는 인간에 의한 인간을 위한 인간의 멸시가 범람하고 있을 뿐이었다. 어느 누구도 희망 없이는 노동을 투자하여 산정으로 올라가지 않으려 하고, 어느 누구도 도로(徒勞)의 절망의 숙연하게 받아들이지 않으려 하는 것이었다. 주어진 형벌의 바위도 부정하고, 지상에 안주하기 위해 인간의 숙명까지 부정하는 가련한 시지프들의 지옥.(52~53쪽)

그날 밤, 나는 거세당한 시지프의 심정으로 포장마차에서 술을 마셨다. 그리고 밤 열 시경, 처음으로 행복한 시지프를 꿈꾸며 비탈진 언덕길을 올라갔다. 하지만 그녀의 옥탑방에는 불이 꺼져 있었고, 그녀는 그 시간까지 귀가하지 않고 있었다. 방으로 들어가서 기다릴까, 잠시 망설였지만 왠지 그래서는 안될 것 같다는 생각이 들었다. 그래서 다시 언덕길을 내려와 한동안 주변을 배회하다가 열한 시경에 형네 집으로 돌아와 버렸다.(53쪽)

인용은, 앞서 밝힌 대로 '나'가 11월에 주희의 꿈을 시지프 신화에 빗대어 이해하고 난 다음에 주희의 옥탑방을 찾아가기 전의 장면이다. 아무리 '거세된 시지프'라 해도 실상은 시지프의 원래 모습 말하자면 행복한 시지프를 지향하고 있다.

11월 말, '나'는 견디기 힘든 심정으로 백화점의 그녀 자리를 일부러 피하면서 주위를 맴돈다. 며칠간 옥탑방에서 추위에 떨며 주희를 기다렸지만 그녀는 돌아오지 않자, '나'는 회사에 결근하면서까지 그녀를 기다린다. 며칠 후 술에 취해 집으로 오는 그녀에게 우산을 씌어주며, 그간 주희의 꿈을 이해하고 실현시켜 주고 싶었고 그럴 능력이 없었다며 털어놓고는 사랑을 고백하며 애써 화해하려고 하지만, 주희는 울면서 매몰차게 거부한다. 그녀가 사회 초년생인 '나'를 거부한 이유는 출세, 돈을 추구하는 현대사회의 영향 탓이다. 당시 '나'는 주희의 눈에 신데렐라의 꿈을 안겨줄 능력이 없는 사람으로 보였던 것이다.

　12월 이후 주희의 외박은 잦아지고 '나'는 주인이 없는 주희의 옥탑방에서 이따금 혼자 지냈다. 그로 인해 '나'는 옥탑방에서 "기인한 인내와 체념을"(57쪽) 익힌다. 어느 날 주희가 옷을 갈아입기 위해 옥탑방에 나타나자, 그녀는 이곳의 주인은 민수 씨이기도 하다면서 계속 이 옥탑방에서 마음 내키는 대로 지내달라고 한다. 주희의 외박은 곧 다른 남자를 만나는 비도덕적 행위를 추측할 수 있지만, 한편으론 '나'를 멀리하려는 전략일 수 있다. '나'는 옥탑방에서 지내달라는 그녀의 부탁을 들은 후 "온전한 지상의 주민이 되고 싶어하는 그녀의 꿈을 물질적으로 해결해 줄 수 없는 나의 처지"(59쪽)를 재차 확인하고는 주희에게 도움을 주지 못했던 자신을 비관한다. 주희를 도울 수 없었던 자신의 처지에 대해 "그것에 대한 속 깊은 체념이 용기와 분노와 열정을 빈틈없이 마취시켜 버린 때문이었다."(59쪽)라며, "사랑의 감정에 스스로 마취제를 투여하는 비루한 청춘의 초상."(59쪽)이라고 한다. 이처럼 '나'는 주희에 대해 무모하게 집착하고 있었다.

　'나'의 주희에 대한 집착을 통해 사람은 보이지 않는 이상理想을 위해 목숨을 걸 수도 있다는 것을 보여준다. 그 과정에서 이성에 입각해 판단력이 없이 무작정 집착한다면 상처와 좌절을 겪기 마련이다. 주희는 밤에 외박이나 하고 순수하게 주희를 사랑하는 '나'를 강하게 거부한다. 그럼에도 '나'는 타락한 삶일지라도 세속적 삶의 이상향을 찾는 주희를 이해하려 한다. 주희에게 사랑을 고백하며 마치 사랑의 결실을 보려듯 하는 '나'에겐 이성에 입각한 판단이 보이지 않는다.

　이후 '나'는 백화점에서 주희에게 다가가 크리스마스 이브날 만나자고 말한다. 그 말이 그녀와 나누던 마지막 말이 되었다. '나'는 케익을 사 들고 와서 옥탑방에서 기다렸지만 주희는 결국 오지 않았고 '나'는 옥탑방에 시 한 편이 담긴 이별 편지를 남긴다.

다음 해 1월 주희는 백화점을 그만두고 '나'에게 이별의 편지를 남겼다. '나'는 주희의 텅 빈 옥탑방으로 가서 편지를 읽는다. "서로 사랑했기 때문에 오히려 등을 돌릴 수밖에 없었던 한 쌍의 사마귀 이야기"(61쪽)란 동화를 떠올린다. 둘은 서로 좋아했어도 가치관이 달라서 헤어졌다. 다른 한편으론, 주희가 바라보았을 때 '나'는 주희의 꿈을 이루어 줄 능력이 없어 보이는 사람으로 판단되었던 것이다. 주희는 편지에서 "아주 우연히 지상에서 다시 마주치게 될지라도, 부디 행복한 시지프의 표정을 당신의 얼굴에서 발견할 수 있었으면 좋겠습니다."(65쪽)라며 기분 좋게 마무리했다. 시지프의 신화 내용을 음미하며 사는 '나'에게 그녀는 '행복한 시지프의 표정'을 기대한다고 한 것이다. 주희가 마음을 정리해서 쓴 편지는 '나'에게 결별을 선언할 때와는 달리 완전 온화한 정서로 전달하고 있다. '나'는 언젠가 주희를 만나면 행복한 시지프의 얼굴을 보여주고 싶다고 생각한다.

그해 가을 '나'는 형의 소개로 결혼하고 대기업 홍보실로 직장을 옮겼다. 이런 표면적 사실로 미루어 '나'는 발전된 삶을 꾸리며 그만큼 안정되고 풍요로운 생활을 꾸려가고 있다. 그런데 10년이 지나도록 '나'는 "관성으로 살아가고, 관성으로 나이가 들고, 관성으로 세상을 견디는 가련한 시지프의 초상."(64쪽)대로 주어진 일에 안주하며 살아가고 있음을 확인한다. 이처럼 "불굴의 의지를 상실해 버린 시지프"(64쪽) 세계에 안주하며 살지만, 그 안에서 나름 자기 각성을 한다. 무언가 이루지 못했던 욕망이 있었기에 교조적이고 사뭇 엄숙한 시지프의 음성을 의식한다.

―인간에 의한, 인간을 위한, 인간의 멸시가 범람하는 세상에서 너는 지금 무엇을 하고 있는가!

시지프가 깊이 잠든 오관을 후려칠 때마다 쩡, 쩡, 어디선가 빙벽을 깨는 소리가 날카롭게 귓전으로 밀려들곤 했다. 문득 정신을 차리면 나는 낯선 지상에 서 있었고, 손가락을 헤아려 보면 나도 모를 나이가 되어 있었다. 옥탑방으로부터 현재까지의 거리, 그리고 옥탑방을 떠나던 때로부터 지금까지의 세월.(65쪽)

'나'는 시간의 흐름을 의식하면서 시지프의 정신을 다시금 새긴다. '나'의 이런 모습은 소설 맨 앞에서 어느 날 지역 신문 전세 광고에서 '옥탑방'이라는 글자를 보고 10년 전에 6개월 동안에 있었던 주희와의 추억을 떠올리는 장면의 원인이 된다.

3. 결론 –옥탑방과 시지프 신화의 융합

소설의 내용을 보면 '나'는 소멸된 과거를 기억하면서 사건을 전개하는 원환적圓環的 서사구조로 되어 있다. 사건 전개는 마지막 장면이 결국 첫 장면의 원인으로 뫼비우스 띠처럼 연결되고 있다. 그러면 소설의 첫 문장과 끝 문장을 본다.

나의 기억 속에는 <u>세월이 흘러도 불이 꺼지지 않는</u> 자그마한 방 한 칸이 있다. 내 나이 스물여덟이었을 때, 나는 삼층 건물의 옥상에 위치한 그것을 처음 목격했었다. 목격했었다, 라고 말하는 건 당시에 내가 받았던 기이한 충격감이 반영된 결과일 터이다. (25) *밑줄 필자

편견과 모순과 아집에 사로잡힌 불행한 시지프의 얼굴이 아니라 자기 운명에 당당하게 맞설 줄 아는 행복한 시지프의 얼굴을 나는 그녀에게 보여주고 싶다. 내가 그녀를 알아보거나 그녀가 나를 알아보는 순간, 혹은 내가 당신을 알아보거나 당신이

나를 알아보는 순간을 상상해 보라. 그러면 옥탑방에서 밀려 나오는 불빛의 의미, 준비된 자세로 항상 깨어 있으라는 준엄한 경고의 메시지라는 걸 알 수 있으리라. 지금, 당신의 옥탑방에 불을 밝혀야 할 때.(65~66쪽) *밑줄 필자

첫 문장에서 자그마한 방 한 칸이란 15평 옥탑방인데, 이어지는 내용에서 주희를 통해서 옥탑방을 알게 되었다는 사연을 설명하고 있다. 끝 문장에선 그 옥탑방에 불을 밝혀야 한다고 했다. '당신'이란 2인칭 대명사의 의미는 화자인 '나' 자신이 자신을 향한 외침이다. 나'는 옥탑방에 불을 밝히자고 하는데, 이것은 스스로 창조한 카이러스 시간이다. 물리적으로 흘러가는 시간 속에서 독자적으로 정지시키고 있는 시간이다.

소설 첫 대목에서 '나'는 옥탑방을 첫사랑의 추억이 깃든 마음의 고향으로 떠올리며 단순한 과거 시간으로 회귀한다. 세월이 흘러 옥탑방이 철거되어서 없어졌든 '나'에게 삶의 각성을 부여하는 추상적 공간으로 남아 있기를 바라는 것이다. '나'는 과거 옥탑방 시절 말하자면 6개월간 주희와의 연애 기간을 회고하면서 주희를 통해서 진정한 시지프의 의지와 고뇌를 발견했고, 그로 인해 그들 자신이 시지프가 되었다. 작가는 현대인이라면 어떤 양상으로든 살아가면서 비극적 운명의 노예가 된 시지프를 발견할 수 있으며, 시지프는 옥탑방과 함께 현실을 돌아보며 존재론적 고민에 빠지게 하는 대상이 될 수 있다는 것을 말해주고 있다. 소설에서 옥탑방은 주인공 민수에게 삶의 가치를 부여해 준 존재가 되었다. 그 옥탑방은 오직 주희와의 추억이 담긴 그만의 개별적인 공간이다.

착각의 시학 시끌리오 제19호
시무릇

초판인쇄 2024년 11월 6일
초판발행 2024년 11월 12일

엮은이_ 한국착각의시학작가회
발행인_ 이현자
발행처_ 도서출판 현자
기획 편집_ 이늦님 장수현 권아올 이현자
E-mail_haje37@naver.com

등 록_ 제 2-1884호 (1994.12. 26)
주 소_ 서울시 중구 수표로 50-1(을지로3가, 4층)
전 화_ (02) 2278-4239
팩 스_ (02) 2278-4286
E-mail_001hyunja@hanmail.net

값 25,000원

2024 ⓒ 한국착각의시학작가회 Printed in KOREA

이 책 내용의 일부를 인용하거나 복사, 발췌를 할 경우.
한국착각의시학작가회의 동의를 받아야 합니다.

ISBN 978-89-94820-00-2 03810